Franzius

MARJETA GURTNER

STARKE PERSÖNLICHKEIT DURCH MENTALKRAFT

INNERE STABILITÄT DURCH RESILIENZ

Ratgeber

Ein Buch aus dem FRANZIUS VERLAG

Cover: Simone C. Franzius
Bildlizenzen: shutterstock
Korrektorat: Franzius Verlag
Verantwortlich für den Inhalt des Textes
ist die Autorin Marjeta Gurtner
Satz, Herstellung und Verlag: Franzius Verlag GmbH
Druck und Bindung: BoD

ISBN 978-3-96050-256-2

Die Deutsche Nationalbibliothek verzeichnet diese Publikation in der Deutschen Nationalbibliografie; detaillierte bibliografische Daten sind im Internet über http://dnb.dnb.de abrufbar.

INHALT

Das Wunder Mentalkraft ... 7
STARTEN SIE! ... 12
Die Gewohnheit macht den Unterschied ... 14
1. Von Versöhnlichkeit zu Persönlichkeit ... 17
Das Tor zur Vollkommenheit ... 21
Bewusste Versöhnung ... 22
Grundlegende Frage ... 26
2. Gedankenkraft ... 35
Qualität der Gedanken ... 37
Fütterung der Gedanken ... 39
Menschen, mit denen Sie sich umgeben ... 42
Nachrichtenkonsum ... 44
Selbstbewertung ... 49
Heraus aus dem Schattendasein ... 51
Selbstgespräche ... 54
Sich selbst ermutigen und fördern ... 59
3. Resilienz: Elastizität und Widerstandskraft ... 66
Bambus als Symbol ... 68
Schleuderkurs ... 69
Vergangenheit als Mutbremse ... 72
Vergangenheit ist nicht Gegenwart ... 77
Emotionskontrolle und Selbstregulation ... 82
Widerstandslosigkeit macht Emotionskontrolle möglich ... 84
Zwischen Reiz und Reaktion ... 88
Reframing ... 93
Freiheit der inneren Einstellung ... 97
Sich zum Optimisten entwickeln ... 98
4. Innere Gelassenheit ... 108
Trainingsfeld »Wahrnehmung« ... 112
Trainingsfeld »Mitmenschen« ... 117
Trainingsfeld »Gedanken« ... 124
Trainingsfeld »Gegenwart« ... 130
Trainingsfeld »Wertfreies Beobachten« ... 139
Trainingsfeld »Erwartungslosigkeit« ... 142
Trainingsfeld »Auf dem Weg bleiben« ... 146
Trainingsfeld »Aktives Nicht-Tut« ... 147

5. Schulung des Willens ... 153
Wörter der Kraft ... 159
Formeln der Kraft ... 161
Erfolg und Wille sind eins ... 165
Willensstarkes Sprechen ... 166
Willensstarke Stimme ... 176
Stimmungsbarometer Stimme ... 179
Gymnastikübungen für den Willen ... 181
6. Body Management ... 184
Signale der Körpersprache ... 186
Die starke Körperhaltung ... 187
So tun als ob ... 190
Körper-Emotion Verbindung ... 193
7. Entspannung ... 197
Der Energiebrunnen ... 199
Der Umgang mit Zeit ... 200
Die Botschaft des »Beschäftigt Sein« ... 204
Der Ursprung des sich getrieben Fühlens ... 208
Warum Stille ein Kraftbrunnen ist ... 214
Die Verbindung mit der Natur ... 216
Das Symbol Wasser ... 219
Kraftquelle Atmung ... 223
Der Atem als Träger der Gedanken ... 227
Die Körper – Atem Verbindung ... 231
Atem – Vorstellungskraft – Körper ... 232
Mentale Körperentspannung ... 234
Meditation ... 241
8. Kraft des Visualisierens ... 245
Basisverständnis des Visualisierens ... 250
Zelebrieren des Lebens ... 255
Visualisieren der idealen Persönlichkeit ... 257
Das Unterbewusstsein: Der Ort der Veränderung ... 262
Die Kraft der Farben ... 266
Danke sagen ... 271
9. Veränderung beginnt JETZT ... 274
Danksagung ... 276
Über die Autorin ... 279

Das Wunder Mentalkraft

»Mentale Stärke ist vielschichtig und schwer zu erklären.
Es handelt sich um einen mentalen Zustand,
den man als Charakter ›in action‹ bezeichnen könnte.
Damit geht auch ein disziplinierter Wille einher,
aufgrund dessen man sich weigert, aufzugeben.«
(Vince Lombardi)

Stellen Sie sich vor, Ihr Ziel eine »starke Persönlichkeit« zu werden, besteht aus drei Räumen. Der erste Raum ist der »Jetzt« Raum, Ihre jetzige Situation. Im dritten Raum sind Sie angekommen. Der zweite Raum ist der umfangreichste, er beinhaltet Ihren Weg. Der erste Raum ist geprägt von »Das will ich nicht mehr, so will ich nicht sein«, Enttäuschung schwingt mit, Unzufriedenheit und auch etwas Angst. Im zweiten Raum herrscht Dynamik, gerichtete Bewegung, Lebendigkeit. Hier ergreifen Sie Initiative.

Machen Sie hier eine erste Übung, experimentieren Sie mit Ihrem eigenen Befinden:

Setzen Sie sich bequem hin und strecken Sie Ihre Arme aus. Mit Ihren Händen machen Sie Bewegungen des Greifens. Wie fühlen Sie sich dabei? Seltsam, lächerlich, dynamisch? Müssen Sie Hemmungen überwinden? Sind Sie für den Schritt in den zweiten Raum und die Reise durch neue Landschaften bereit?

Warum lohnt sich diese Reise?

Ihr Selbstbild kommt zu neuer Kraft, Ihre mentale Stärke und Ihre Leistungsfähigkeit erreichen ein hohes Niveau. Manchmal werden Sie schneller, manchmal langsamer vorankommen, aber immer bleiben Sie handlungsfähig. Diese Erfahrung wird Ihr Gefäß des Selbstvertrauens und der Lebensfreude füllen. Sie werden erkennen, wie gut sich mentale Stärke anfühlt.

Nun, was ist mentale Stärke überhaupt? Warum ist es gut, welche zu haben?

Jeder Mensch trägt in sich das Verlangen nach einem sinnerfüllten Leben. Sinn entsteht, wenn wir uns für eine Aufgabe, eine Idee oder eine Arbeit einsetzen, die uns erfüllt. Dafür brauchen wir Energie, Durchhaltevermögen, Mut und vor allem den Glauben an uns selbst. Das sind unsere inneren Antriebskräfte, unsere mentalen Ressourcen.

Mentalkraft resultiert aus dem energetischen Zusammenspiel Ihrer Gedanken, Emotionen, Worten, Zielen und Vorstellungsbildern. Ziehen diese Komponenten am gleichen Strang, haben sie unermessliche Kraft. Dieses Buch gibt Ihnen Empfehlungen an die Hand, wie Sie idealerweise die einzelnen Komponenten verbinden und mit ihnen arbeiten.

Mentalkraft zeigt sich auf mannigfache Weise, auch in alltäglichen Situationen: Sie befähigt, belastende Situationen aus einer höheren Perspektive zu sehen und dadurch schneller Lösungen zu finden. Konflikte eskalieren nicht, weil Sie Ihre eigenen Emotionen regulieren und Ihre eigenen Handlungen steuern können. Mentalkraft ist Elastizität, um nach einem Misserfolg wieder zurückzufedern.

Die Grundlage, auf der Mentalkraft aufbaut, ist die Gestaltung eines starken Selbstbildes. Dies setzt voraus, dass wir unsere

Überzeugungen und Denkprogramme beobachten, analysieren und hinterfragen. Sind wir achtsam zu uns selbst, dann erkennen und benennen wir unsere Schwächen, würdigen unsere Stärken und entwickeln sie weiter. Selbstverurteilungen schwächen, deshalb müssen wir sie auflösen und uns permanent mit aufbauenden Selbstgesprächen unterstützen.

Sagen Sie immer wieder: »Ich bin eine starke Persönlichkeit«, bis Sie vollkommen davon überzeugt sind. Dies ist der Startknopf für alle Veränderungsprozesse.

Ein starkes Selbstbild ist das Kernstück einer starken Persönlichkeit und steht im Zentrum des mentalen Trainings. Nichts bestimmt stärker unsere Gefühle und unsere Handlungen als unser Selbstbild. Was wir über uns selbst denken, wie wir über uns selbst sprechen und wie viel wir uns zutrauen, entscheidet darüber, wie wir das Leben um uns herum wahrnehmen und was das Leben für uns bedeutet.

Mehrheitlich tendieren Menschen dazu, sich selbst durch eine »negative Linse« zu betrachten. Konzentriert auf ein Problem, denken sie ausführlich darüber nach, was in ihrem Leben nicht funktioniert und was sie nicht können. Sie gehen davon aus, dass ihre Fähigkeiten und Bedürfnisse im Vergleich zu anderen weniger zählen. Dann sprechen sie darüber und sind sich dessen gar nicht bewusst, wie sich das abwertende Denken und Sprechen über sich selbst in eine immer enger werdende Abwärtsspirale verfestigt.

Die eigene »Persönlichkeitsstruktur« ist nichts Gegebenes, das nicht verändert werden kann. Oft zucken Menschen ratlos mit den Achseln: »So bin ich nun einmal«, und sie finden sich damit ab, dass sie sind, wie sie sind. Erst wenn die Unzufriedenheit unaufhaltsam steigt, entsteht die vage Idee, dass es auch anders ginge. Dann erwacht der Wunsch nach Aufbruch und den alten Staub hinter sich zu lassen.

Die gute Botschaft lautet: Unser »SO SEIN« ist jederzeit veränder- und formbar. Ein zusätzliches Geschenk auf unserer Reise zu mentaler Stärke ist die aufkeimende Empfänglichkeit für Lebensfreude. Sobald wir beginnen, uns weiterzuentwickeln, erwacht die innere Freude und motiviert uns von innen heraus. Wir leben die wahre Motivation, die unsere Beharrlichkeit und unseren Willen nährt. Sie zeigt Mittel und Wege, aus dem »So will ich nicht sein« herauszukommen.

Vielleicht können Sie sich vorerst gar nicht vorstellen, Ihre Gedanken, Ihre Gewohnheiten und Ihr Verhalten zu ändern. Suchen Sie nicht danach, was Sie bisher falsch gemacht haben, sondern konzentrieren Sie sich darauf, was werden soll.

Das vorliegende Trainingsbuch ist Ihr Begleiter auf diesem Weg der Veränderung. Ihre mentale Stärke wird Ihnen mehr Türen öffnen als jede andere Fähigkeit.

Grundsätzlich sind alle Übungen einfach

Wählen Sie im ersten Schritt nur wenige aus, spüren Sie, welche Ihnen zurzeit den stärksten Nutzen bringen und vertrauen Sie der inneren Stimme. Trainieren Sie die ausgewählten Übungen mindestens drei Wochen lang. Erst danach wählen Sie weitere oder ersetzen die bisherigen.

Sie werden erleben, dass jeder noch so kleine Erfolgsschritt Ihre Motivation vermehrt, Ihre Lebensfreude vervielfacht und Sie glücklich macht.

Die Tatsache, dass jeder Erfolgsschritt ein Resultat von beständiger Übung ist, soll Sie nicht abschrecken. Der Weg zu einer starken Persönlichkeit resultiert aus Übungen. Wenn Sie wissen, warum Sie trainieren, ist jede Übung ein Geschenk.

Eine starke Persönlichkeit denkt über das eigene Leben nach und gestaltet es aktiv. Ihr Leben ist zu kostbar, um Dinge einfach hinzunehmen und nicht zu erschaffen, was Sie wirklich wollen. Die Aussagen: »Ich habe keine Zeit« oder »Es ist ja gar nicht so schlimm« gelten einfach nicht mehr.

Im Leben gibt es Dinge, die Sie kontrollieren können und es gibt Dinge, die Sie nicht kontrollieren können. Einerseits bietet Ihnen dieses Buch die Möglichkeiten, das Kontrollierbare in den Griff zu bekommen. Sie bekommen Kontrolle über Ihr Denken, Fühlen und Handeln. Sie kontrollieren Ihre Worte und achten auf eine starke Ausstrahlung.

Andererseits gibt Ihnen dieses Buch eine Vielzahl von Übungen, damit Sie mit dem Unkontrollierbaren besser umgehen lernen. Ihre Resilienz ist Ihre starke Waffe und gibt Ihnen Kraft, auch mit dem Unvorhersehbaren und dem Katastrophalen fertig zu werden.

Das Ziel kann es niemals sein, es einfach *gut zu haben* und ein reibungsloses Leben zu führen. Vielmehr *gut zu sein* und mit starkem Schritt durch das Leben zu gehen, bringt Erfüllung. Der Genuss des Lebens kann niemals darin bestehen, es bequem zu haben, sondern besteht im Spüren der eigenen Kraft und der Selbstwirksamkeit, das eigene Leben aktiv zu gestalten.

Streben Sie es an, sich genau da, wo Sie sind, gut und stark zu fühlen, dann sind Sie für jeden jetzigen und kommenden Augenblick gerüstet, Sie fühlen sich frei und zufrieden, was auch immer geschieht, Sie vertrauen sich und getrauen sich.

STARTEN SIE!

Mentalkraft ist ein Krafttraining des Geistes, das heißt, Ihrer Gedanken und Ihrer Emotionen. So, wie ein Sportler lange trainiert, bevor er in den Wettkampf geht, müssen auch Sie unaufhörlich üben, vor allem in Zeiten, in denen es Ihnen gut geht. Damit rüsten Sie sich für Herausforderungen und Krisen. Wie weit Sie mental gekommen sind, zeigt sich in engen Situationen.

Mentalkraft erwächst aus einem Trainingsprogramm und ist demnach lernbar. Das hört sich vorerst mühsam und anstrengend an, doch das einzig Schwierige am Mentaltraining ist die stete Wiederholung der mentalen Gesetzmäßigkeiten. Diese sind sehr einfach und klar.

Goethe sagte es so: »Zwar ist es leicht, doch ist das Leichte schwer.« (Faust II, 1. Akt, Szene II)

Auf unser Thema bezogen: Die Übungen sind ganz einfach und verständlich. Das einzig Schwierige daran ist Ihre Konsequenz, sie wirklich täglich zu tun. Üben, üben und nochmals üben. Verstehen Sie?

Flechten Sie mentale Übungen in Ihren Alltag ein. Sagen Sie nicht: »Jetzt muss ich noch zwanzig Minuten mentales Training machen.«

Das ist vollkommen unsinnig. Mentale Übungen geschehen leicht, durchdringen allmählich Ihr Leben, werden zum

Bestandteil Ihres Lebens. Ja, schließlich wird Ihr ganzes Leben eine mentale Episode, unaufdringlich, bereichernd, leichtfüßig.

Das vorliegende Trainingsbuch liefert Ihnen Informationen und stellt Ihnen eine Vielzahl von sehr wirksamen Übungen vor, um sich Mentalkraft anzueignen. Die Gliederung in acht Themenbereiche erleichtert Ihnen den Überblick. Sie lernen die acht Säulen kennen, auf denen Mentalkraft beruht.

Jeder Themenbereich beginnt mit einer Selbstbetrachtung, das heißt, Sie werden sich jeweils Ihrer bisherigen Denk- und Handlungsgewohnheiten bewusst und entscheiden selbst, welche zielführend sind und welche nicht. Beantworten Sie dazu die Frage: »Hilft mir meine bisherige Gewohnheit, der Mensch zu werden, der ich sein will?«

Dieses Buch ist darauf ausgerichtet, dass Sie die Kapitel in der gegebenen Reihenfolge durchlesen. Vielleicht sind Sie ungeduldig und möchten einzelne Kapitel oder einzelne Übungen mit dem Argument: »Das weiß ich schon« überspringen. Das empfehle ich Ihnen nicht, denn jede Zielerreichung erfolgt in kleinen Schritten und diese müssen aufeinander abgestimmt sein. Seien Sie also geduldig. Die Themen sind in einer Reihenfolge vorgestellt, sodass Ihre Mentalkraft harmonisch wachsen kann. Genau gleich verhält es sich in der Natur. Betrachten Sie Mentalkraft als eine Pflanze, das Keimen, sich Entwickeln und Gedeihen braucht Zeit. Auch die Natur hat ihre festgelegte Reihenfolge des Wachstums.

Machen Sie beim Lesen Randnotizen und markieren Sie diejenigen Übungen, die Ihnen sympathisch sind und zu Ihrem Veränderungsthema passen. Daraus erstellen Sie Ihren persönlichen Trainingsplan. Wählen Sie zu Beginn nur einige wenige Übungen, trainieren Sie diese zwei bis drei Wochen, ergänzen oder ersetzen Sie sie erst nach dieser Zeit. Jede Übung trägt einen Namen, das erleichtert Ihnen den Überblick.

Das Aufschreiben beweist die Ernsthaftigkeit Ihres Entschlusses und erleichtert es Ihnen, sofort mit dem Tun zu beginnen. Die Übungen eignen sich sehr gut, in Ihren Alltag integriert zu werden. Alltag heißt alle Tage. Kein Verschieben! Keine Ausreden!

Merksatz:

Die Übungen sind einfach. Was einfach zu machen ist, ist auch einfach, es nicht zu machen. Vernachlässigen Sie nicht kleine Dinge, welche die großen Dinge im Leben ermöglichen.

Die Gewohnheit macht den Unterschied

Die einzige Möglichkeit, eine Veränderung im Leben zu bewirken, besteht darin, die eigenen Gewohnheiten zu überprüfen und diese gegebenenfalls zu ändern. Die Menschen tun nicht immer das Beste, das ihnen zur Verfügung steht und sie machen könnten. Die Menschen tun das, was sie gewohnt sind zu tun.

Kennen Sie die Geschichte von der Fischersfrau, die nur einschlafen konnte, wenn sie Fischgestank roch?

Sie kam aus dem Dorf in die Stadt, um Fisch zu verkaufen. Nachdem sie den Fisch verkauft hatte, traf sie zufällig eine alte Bekannte. Diese war sehr reich und die beiden hatten einander seit Jahren nicht mehr gesehen. Die reiche Frau lud die Fischersfrau ein, zumindest für eine Nacht bei ihr zu bleiben. Sie hatte eine schöne Villa mit einem wunderschönen Garten und sie war sich sicher, dass es ihrer Freundin sehr gefallen würde. Vor dem Zubettgehen brachte sie aus ihrem wunderschönen Garten viele

Rosen und legte sie an die Bettseite der Fischersfrau. Doch die Zeit ging vorbei und so sehr sich die Fischersfrau bemühte einzuschlafen, es gelang ihr nicht.

Schließlich stand sie auf, ging zu ihrer Gastgeberin und sagte: »Du wirst mir vergeben müssen. Gib mir bitte die Kleider, in denen ich gekommen bin, um Fisch zu verkaufen, zurück. Nimm diese Rosen weg. Wenn ich Fisch riechen kann, dann schlafe ich sofort ein. Diese Rosen werden mich nicht schlafen lassen.«

Die Rosen wurden weggenommen und die Fischersfrau war glücklich: »Jetzt kann ich gut schlafen. An dieses Parfum bin ich gewöhnt. Rosen passen nicht zu mir.«

Gewohnheiten zu ändern ist etwas vom Schwierigsten, da sie so eintrainiert und automatisiert sind, dass sie gleich einem Autopiloten ablaufen. Für das menschliche Gehirn sind sie eine bequeme Angelegenheit. Gewohnheiten, Altes und Bekanntes brauchen wenig Energie und signalisieren dem Gehirn keine Gefahr.

Es leuchtet uns allen ein, dass jede Gewohnheit zu einem Ergebnis führt und wenn wir mit dem Ergebnis nicht zufrieden sind, müssen wir zuerst einmal kritisch unsere Gewohnheiten überprüfen. So klingt zuerst einmal die Theorie, doch was ist zu tun, wenn die Zugkraft der Gewohnheit so unerträglich stark wirkt?

Ihre Denkgewohnheiten sind der Schlüssel zu jeder Veränderung, die Sie anstreben. Jede Veränderung vollzieht sich von innen nach außen. Fühlen Sie sich unsicher, zaghaft, minderwertig, erfolglos, dann ist es schwierig, im Außen etwas Zufriedenstellendes zustande zu bringen.

Wühlen Sie zuerst einmal in Ihrem Persönlichkeitsbrunnen. Haben Sie dort Unrat entdeckt, beginnt jetzt ein Veränderungsprozess in kleinen, sehr kleinen Schritten. Eine Kathedrale ist nicht an einem Tag, nicht in einer Woche und auch nicht in einem Jahr erbaut worden. Sie ist zuerst in der Vorstellung eines Architekten da gewesen, bevor Stein um Stein aufeinandergeschichtet wurde.

Genauso verhält es sich mit Ihrer Persönlichkeit. Damit Sie motiviert bleiben, beständig an Ihren Gedankengewohnheiten zu arbeiten und Ihre positiven Gedanken gleich den Bausteinen einer Kathedrale aufeinanderlegen, müssen Sie sich zuerst klar werden, was für ein Mensch Sie sein wollen.

Stellen Sie sich jetzt die Frage: »Was für ein Mensch will ich sein?«

Identifizieren Sie sich vollkommen mit diesem Vorstellungsbild. Vor Ihrem inneren Auge sehen Sie Ihre persönliche Kathedrale. Das ist der Beginn Ihrer Entwicklung. Daraus wächst Ihre Motivation. Diese macht Sie unaufhaltsam. Sie wissen jetzt, dass Sie mit Ihren Gedanken und jeder Handlung darüber abstimmen, welcher Mensch Sie sein wollen. Tragen Sie unaufhörlich Ihre starke Persönlichkeit als Ziel in Ihrem Innern, damit dieses Ziel zu Ihrer Überzeugung wird und zu einem Verlangen, das jede Gewohnheitsänderung möglich macht.

Merksatz:
Die Summe vieler kleiner Gewohnheitsänderungen bildet eine Gesamtverbesserung und bringt nachhaltig die Waage des Lebens ins Gleichgewicht.

Jetzt ist der genau richtige Zeitpunkt. Gemeinsam richten wir unsere Aufmerksamkeit auf die treibende Kraft: Mentaltraining.

Ihre Marjeta Gurtner

1. Von Versöhnlichkeit zu Persönlichkeit

Beobachten Sie einmal Kinder. Kinder spielen und Kinder streiten, beides gehört zur Kindheit dazu. Wenn Kinder streiten, dann versöhnen sie sich wieder und sie machen es sich dabei beneidenswert einfach. Sie hören schlicht auf, sich zu streiten und fragen: »Willst du wieder mein Freund sein?«, dann spielen sie weiter und sind selten nachtragend.

Ganz anders ist das Verhalten der Erwachsenen. Wenn sie miteinander streiten, kann sich der Streit bis zur Eskalation zuspitzen, Beleidigungen werden ausgeteilt und Beziehungen abgebrochen: »Ich will dich nie wieder sehen!«, »So einen, wie dich, nein danke!« Mit der Versöhnung tun sich Erwachsene schwer.

Wenn der Gegner dort draußen ist, können Sie ihn zukünftig meiden und nichts mehr mit ihm zu tun haben wollen. Doch wenn der Gegner in Ihnen selbst ist, was dann? Wenn der Mensch sich selbst zum stärksten Gegenspieler wird? Sie können vor sich selbst nicht davonlaufen, Sie können die Beziehung zu sich selbst nicht abbrechen. Sie sind.

Einen inneren Gegner zu haben bedeutet, das eigene Wesen nicht zu akzeptieren, nicht so sein zu wollen, wie man ist. Ein Teil der eigenen Persönlichkeit wird zum Störfaktor erklärt. Der mentale Kampf gegen den eigenen Charakter hat begonnen:

»Ich bin zu schüchtern, ich bin zu zurückhaltend, ich bin zu unbegabt, ich bin ideenlos, ich bin zu dick, mit mir stimmt etwas nicht, ...«

Und das alles wollen Sie nicht sein, Sie wollen eine starke Persönlichkeit sein.

»Wodurch zeichnet sich eine starke Persönlichkeit aus?«, fragen Sie sich berechtigterweise. Aus jeder Stellenanzeige springen Ihnen Begriffe entgegen wie kommunikativ, teamfähig, offen, belastbar, zukunftsorientiert, innovativ.

»Ja, so sollte ich sein«, denken Sie, dazu noch optimistisch, lebensfreudig und unermüdlich positiv.

Die Werbung im Fernsehen und in Zeitschriften beeinflusst in hohem Maß das Denken des Menschen. Die Werbung hebt den glücklichen und erfolgreichen Menschen hervor, der immer lächelt, seine Probleme in kürzester Zeit löst, den idealen Partner gefunden hat und genau das richtige Auto fährt, um jemand zu sein. So werden Wünsche nach einem idealen ICH geweckt, das man erreichen sollte und doch niemals erreichen kann.

Mit diesem »ich sollte, ich sollte, ich sollte, ...« beginnt eine Gedankenspirale der Unzufriedenheit und der Minderwertigkeitsgefühle. Und so kann es sein, dass Sie sich an einem Meeting, in einer Gesprächsgruppe, vor Entscheidungen, in einer Alltagssituation unter Druck gesetzt fühlen. Sie sollten doch und finden den Mut nicht, etwas zu sagen, am Gespräch teilzunehmen, eine Idee selbstsicher vorzubringen, eine Entscheidung zu treffen. Mit Respekt und Neid bewundern Sie die Entschlossenen, Sie hören den Lautstarken und Eloquenten zu und sehen sich selbst nur noch als ein introvertiertes Sensibelchen.

Viele Menschen sind mit ihrem Äußeren unzufrieden, es fällt ihnen schwer, ihren Körper im Spiegel zu betrachten.

Haben Sie sich schon einmal überlegt, wie Sie Ihren Körper wahrnehmen? Fallen Ihnen zuerst die Fältchen auf und die Fettpölsterchen? Möchten Sie keine Sommersprossen mehr haben oder stechen Ihnen zuerst Ihre Segelohren ins Auge? Auch hier geben die Medien ein Schönheitsideal vor, das die Wahrnehmung des eigenen Körpers verzerrt und in letzter Konsequenz zu seiner Ablehnung führt.

Merksatz:
Beim Blick in den Spiegel ist es nicht wichtig, was Sie sehen, sondern mit welchen Augen Sie schauen.

Denken Sie kurz nach, mit welchen Menschen Sie gerne zusammen sind. Vielleicht fällt Ihnen eine berühmte Persönlichkeit ein, die sympathisch und stark auf Sie wirkt. Diese Menschen sind sicher weit entfernt von einem Schönheitsideal. Sie wirken stark, weil sie eine natürliche Selbstsicherheit ausstahlen. Sie fühlen sich stark und wirken stark.

So wie Sie Ihr Inneres und Äußeres betrachten und bewerten, daraus entsteht Ihr Selbstbild und das strahlen Sie auf andere Menschen aus. Das heißt: Man sieht Ihnen an, wie Sie über sich selbst denken. Menschen, die Sie umgeben, spüren genau, ob Sie sich annehmen oder ablehnen.

Ihre Selbstbewertung können Sie nicht überspielen, sie beeinflusst Ihr Sprechen und Ihr Verhalten. Ihre Selbstbewertung wirkt auf Ihr Umfeld und kommt auf Sie zurück. Wenn Sie an sich zweifeln, werden Sie als zweifelhaft wahrgenommen.

Stellen Sie sich einmal vor: Sie machen eine Bergtour und rufen in den Wald. Ist eine Felswand in der Nähe, wird das Echo besonders deutlich zu hören sein. Was Sie rufen, kommt als Echo zurück. Genauso verhält es sich mit Ihrer Wirkung auf andere

Menschen. Der Umgang anderer Menschen mit Ihnen hängt davon ab, wie Sie auf die Menschen wirken.

Übung: Wirkung anderer Menschen auf Sie

Dies ist eine Übung, um Ihre Wahrnehmung zu verfeinern, indem Sie beginnen, bewusst auf die Ausstrahlung anderer Menschen zu achten.

Schreiben Sie spontan Namen von Menschen auf, die Sie kennen. Zu jedem Namen notieren Sie:

- ❖ Ihre Beobachtungen im Kontakt mit diesen Menschen. Sie beschreiben Bewegungen und Gesten, Sie erinnern sich an die Melodie der Stimme und ihre Dynamik.
- ❖ Die Wirkung dieser Menschen auf Sie (freundlich, forsch, geduldig, verhetzt).

Überlegen Sie nun, wovon die Wirkung dieser Menschen auf Sie abhängt. Warum wirkt jemand forsch auf Sie, warum geduldig, warum abweisend?

Als nächstes schreiben Sie spontan Namen von berühmten Persönlichkeiten, die Sie nur aus Medien kennen, auf. Notieren Sie:

- ❖ Nur Ihre Beobachtungen. Was fällt Ihnen am Äußeren dieser Menschen auf? An den Gesten, Bewegungen, am Sprechen, an der Wortwahl?
- ❖ Wie wirken diese Menschen auf Sie?
- ❖ Welche dieser Menschen wirken sympathisch, welche weniger? Welche wirken stark und welche schwach? Wie erklären Sie sich diesen Unterschied der Wirkung auf Sie?

Das Tor zur Vollkommenheit

Sich mit sich selbst zu versöhnen und sich selbst anzunehmen, damit tun sich manche Menschen besonders schwer. Sie verlangen von sich selbst sehr viel und sind selten zufrieden und niemals stolz auf ihre Leistung. In ihrem Inneren tragen sie ein ideales Bild von fleckenloser Schönheit, von Sportlichkeit und Vitalität, von einer steilen Karriereleiter und materiellem Überfluss. Sie wollen beliebt sein und spontan, sich nie aus der Ruhe bringen lassen, eine konfliktlose Beziehung führen und mit beruflicher Leistung stets auf der Überholspur alle hinter sich lassen.

Stellen Sie sich vor, es gäbe zwei Türen zur Erleuchtung. Auf der einen steht »Vollkommenheit«, auf der anderen »ich bin«. Die Tür zur Vollkommenheit ist geschmückt, reich verziert. Sie wirkt so einladend und Sie möchten sie gerne öffnen und hindurchgehen.

Die Tür mit der Aufschrift »ich bin« wirkt dagegen schmucklos und düster. Grässlich! Wer will denn sie!

Entschlossen gehen Sie durch die »Vollkommenheitstür«, doch welche Überraschung: Sie stehen vor einer hohen Steinmauer. Da geht es nicht weiter und Sie können kaum atmen. Mit Ihren Händen versuchen Sie die Steinmauer zu durchbrechen, sich Luft zu verschaffen. Ihre Hände sind wund und Sie sind erschöpft. Mit Mühe schaffen Sie den Durchbruch, doch was geschieht? Sie stehen vor einer neuen Steinmauer und sind am Verzweifeln.

Hinter der schlichten Tür »ich bin« dagegen befindet sich ein zauberhafter Garten, aber das wissen Sie nicht. Die Tür war zu schlicht, zu gewöhnlich und gar nicht einladend. Es ist Ihnen nicht in den Sinn gekommen, diese Tür zu öffnen und hindurchzugehen!

Diese Geschichte gibt uns zwei Wahrheiten zu verstehen. Die erste Wahrheit besagt: »Vollkommenheit« und »ich bin« sind zwei verschiedene Türen. Die eine Tür schließt die andere aus. Die zweite Wahrheit zeigt die Not eines Menschen, der nur mit Vollkommenheit zufrieden ist. Die angestrebte Zufriedenheit erreicht er nie. Hinter jeder Mauer wartet die nächste.

Es gehört zu einer starken Persönlichkeit, auf gute Qualität zu bestehen und sich mit durchschnittlicher Leistung nicht zufrieden zu geben. Das Beste zu geben, ist gut genug. Das Beste ist nicht das Perfekte. Das Beste zu geben kann heißen, dass Sie lernen, ein köstliches Essen zuzubereiten, dass Sie sich entschließen, jede Woche einige Stunden der sportlichen Betätigung zu widmen, dass Sie mit Freude Ihre Sprachkenntnisse vertiefen.

Merksatz:

Sie können nur dann Ihr Bestes geben, wenn Sie nach ausgezeichneter Leistung streben und zugleich Ihre Unvollkommenheit akzeptieren.

Bewusste Versöhnung

Das leidenschaftliche Streben nach Vollkommenheit ist gut, doch wenn unsere inneren Maßstäbe unrealistisch hoch sind, entsteht ein Druck, der uns blockiert und den Erfolg verhindert anstelle zu verursachen. Nicht nur das eigene Leben entwickelt sich zu einem Leidensweg, sondern die Wirkung auf andere kann zum Problem werden. Wer möchte mit einem Vollkommenen zusammen sein?

Merksatz:

In jedem von uns steckt die Fähigkeit, uns von diesem inneren Druck zu lösen.

Sie verbringen Ihr ganzes Leben mit sich selbst, deshalb ist es heilsam, eine freundschaftliche und verständnisvolle Beziehung zu Ihrem SELBST zu schaffen. Das geling Ihnen, wenn Sie sich im ersten Schritt mit Ihrem SELBST, mit Ihrem SO SEIN versöhnen. Tun Sie das genau gleich, wie wenn Sie sich mit Ihrem Freund versöhnen. Sie sagen zu sich selbst, am wirksamsten ist es, wenn Sie laut sprechen: »Ich weiß, dass du es gut meinst und immer das Beste anstrebst. Du machst auch Fehler, das ist menschlich und ich habe Verständnis dafür. Ich verzeihe dir und liebe dich trotzdem.«

Vielleicht denken Sie jetzt, dass es viel einfacher ist, einem Freund zu verzeihen, als sich selbst. Wir haben gelernt, dass Verzeihen, Trösten und Lieben etwas ist, das wir von außen empfangen oder wir einem anderen Menschen geben. Jemandem einen Fehler zu verzeihen, ist eine Tugend. Mit uns selbst sind wir strenger, fühlen uns beschämt, bloßgestellt und weniger wert.

Denken Sie nach, was würden Sie einem Freund, einer Freundin verzeihen, sich selbst aber nicht? Was würden Sie an Ihrem Freund, Ihrer Freundlich akzeptieren, Sie selbst würden sich schämen dafür?

Merksatz:

Die Versöhnung mit sich selbst bringt Ihnen den inneren Frieden. Versöhnung bedeutet loslassen und Platz schaffen für eine Weiterentwicklung.

Die Versöhnung mit sich selbst löst eine Kettendynamik aus:

- ❖ Sie akzeptieren und lieben sich so, wie Sie sind, Sie gewinnen Freude an der eigenen Person.
- ❖ Diese Freude an sich selbst stärkt Ihren Selbstwert.
- ❖ Ihr Selbstwert bringt zielgerichtete Gedanken.
- ❖ Ihre Gedankenklarheit steigert Ihren Mut.
- ❖ Sie treffen Entscheidungen und getrauen sich.
- ❖ Ihr Auftritt nach Außen wird klarer und wirkungsvoller.
- ❖ Sie sind motiviert.
- ❖ Ihre Selbstakzeptanz führt zu einer wertfreien Einstellung zu sich selbst und zu anderen Menschen.

Übung: Destruktive Vergleiche loslassen

Das kennen Sie bestimmt: Sie lesen über erfolgreiche, finanziell gut gestellte und mutige Menschen und betrachten sich selbst als einen Versager. Sie bewundern Fotos von athletischen, sportlichen, attraktiven Menschen und sind über Ihren eigenen Körper verzweifelt. Sie sehen Bilder von lachenden und glücklichen Gesichtern und Sie fragen sich: Wie machen die das bloß?

Ihre Übung besteht nun darin, den Vergleich mit anderen Menschen loszulassen, denn dieser Vergleich macht Sie unglücklich.

Nehmen Sie ein Blatt Papier und einen Bleistift. Als Überschrift schreiben Sie:

»Da, wo ich heute stehe, ist gut. Das ist ein guter Ausgangspunkt.«

Darunter folgt:

»Hier stehe ich, das sind meine Fähigkeiten, meine Talente. Das ist an mir liebenswert. Das ist mein Ausgangspunkt.«

Nun graben Sie tief in Ihrer Schatzkiste der Persönlichkeit. Sie werden staunen, wie viel Sie entdecken werden.

Als nächstes schreiben Sie:

»Dorthin will ich. Was genau will ich fördern und verändern?«

Es geht um Ihre innere Veränderung, Ihre innere Stärke. Machen Sie sich bewusst, dass Sie sich nur mit dem Fortschritt beschäftigen können, der grundsätzlich möglich ist und in Ihrer eigenen Verantwortung liegt. Wenn Sie klein gewachsen sind, macht es keinen Sinn, sich eine andere Körpergröße vorzunehmen. Ein Pferd wird nie sagen: »Warum bin ich nicht ein so starker Kämpfer wie ein Löwe.«

Übung: Liebeserklärung an sich selbst

Nehmen Sie ein schönes, wenn Sie mögen, ein farbiges Blatt Papier. Darauf zeichnen Sie ein großes Herz, das schneiden Sie aus. Ins Herz schreiben Sie: »Ich bin gut, so wie ich bin. Ich liebe mich so, wie ich bin.« Nun sprechen Sie diese beiden Aussagen mehrere Male laut.

Wie fühlen Sie sich dabei? Ganz in Ordnung, ungewöhnlich oder lächerlich? Haben Sie die Liebeserklärung an sich selbst gar nicht über die Lippen gebracht? Sich selbst zu lieben, das fällt aus jedem Rahmen heraus, denken Sie?

Je ungewöhnlicher diese beiden Sätze in Ihrem Ohren klingen, desto mehr ist dies ein Hinweis dafür, dass Ihr Inneres genau diese Liebeserklärung benötigt.

Befestigen Sie das Herz an einem Ort, wo Sie oft hinschauen und damit oft an die Liebe zu sich selbst erinnert werden. Sprechen Sie zweimal pro Tag - das erste Mal am Morgen und dann nochmal während des Tages - zwanzig Mal ohne Unterbrechung diese beiden Sätze laut.

Bleiben Sie drei oder noch besser fünf Wochen lang bei dieser Übung. Lassen Sie keinen Tag aus.

Wenn ein Mensch fähig ist, produktiv
zu lieben, dann liebt er auch sich selbst;
Wenn er nur andere lieben kann, dann
kann er überhaupt nicht lieben.
(Erich Fromm »Die Kunst des Liebens«)

Merksatz:
Das Glück sagt: »Tu alles, was du tust, mit Eigenliebe.«

Grundlegende Frage

Welchem Menschen schenken Sie Ihre volle Aufmerksamkeit?

Ja, richtig: Ihre volle Aufmerksamkeit schenken Sie immer (idealerweise) demjenigen Menschen, mit dem Sie es gerade zu tun haben, mit dem Sie gerade zusammen sind:

- Ein Lehrer dem Schüler, der vor ihm steht.
- Der Ehemann seiner Frau, die ihm etwas erzählt.
- Der Verkäufer seinem Kunden.

Ergänzen Sie: Nennen Sie verschiedene Situationen aus Ihrem Leben und geben Sie an, wem Sie in der jeweiligen Situation ihre volle Aufmerksamkeit geschenkt haben.

Mit Ihrer Aufmerksamkeit drücken Sie Ihre Wertschätzung aus: »Du bist mir wichtig.«

Menschen kommen in Ihr Leben und gehen aus Ihrem Leben. Eine Person bleibt aber immer da: Ihre eigene Persönlichkeit, Ihr SELBST. Sie sind sich also selbst der unzertrennliche Begleiter. Ihr ganzes Leben lang verbringen Sie mit sich selbst.

Wer ist der erste Mensch, den Sie am Morgen wahrnehmen? Wer ist der letzte Mensch, den Sie vor dem Einschlafen wahrnehmen? Sich selbst. Schenken Sie sich Aufmerksamkeit und Wertschätzung?

Haben Sie sich selbst schon einmal »Guten Morgen« oder »Schlafe gut« gewünscht? Haben Sie sich vor einem Auftritt oder einer Prüfung schon einmal auf die Schulter geklopft und gesagt: »Mach's gut, ich glaube an dich, du liebes SELBST!«

Merksatz:
Seien Sie aufmerksam und wertschätzend zu sich selbst, denn Ihr ganzes Leben lang stehen Sie sich am nächsten.

Die folgenden Übungen stärken Ihre Wertschätzung des eigenen SELBST.

Übung: Der Wunsch an sich selbst

Sie begrüßen sich jeden Morgen laut: »Guten Morgen, liebes SELBST! Ich wünsche dir einen schönen und erfolgreichen Tag!«

Sie verabschieden sich jeden Abend laut: »Vielen Dank für den heutigen Tag, liebes SELBST. Ich wünsche dir eine gute und erholsame Nacht.«

Vor jedem Termin sagen Sie: »Ich wünsche dir, liebes SELBST, ein gutes Gelingen!«

Wenn Sie sich ins Auto setzen, sagen Sie: »Liebes SELBST, ich wünsche dir eine sichere und angenehme Fahrt.«

Diese Wünsche an sich selbst werden schon nach kurzer Zeit Ihre Wahrnehmung des eigenen Wertes verstärken.

Der Mensch lobt selten, lieber weist er auf Fehler hin, bei anderen wie bei sich selbst. Wann haben Sie das letzte Mal ein Lob ausgesprochen?

Am schwersten ist es, sich selbst zu loben. Man hat uns so erzogen: »Eigenlob stinkt.« Das ist ganz falsch. Eigenlob duftet köstlich, tut der Seele und dem angeknacksten SELBST gut. Wenn Sie sich selbst loben, haben auch alle anderen etwas davon, denn Sie wirken glücklicher.

Merksatz:
Lob schafft Freude bei dem, der gelobt wird und bei dem, der lobt.

Übung: Das Lob an sich selbst

Sie stellen sich jeden Morgen vor den Spiegel und betrachten Ihr Gesicht und Ihren Körper mindestens drei bis fünf Minuten. Sie lächeln. Dieses Lächeln ist, nachdem Sie sich ja bereits mit einem fröhlichen »Guten Morgen« begrüßt haben, Ihr erstes Kompliment an Ihr SELBST.

Sollten Sie kein natürliches Lächeln zustande bringen, dann nehmen Sie zwei Finger zu Hilfe und drücken Ihre beiden Mundwinkel nach oben. Mindestens zwei Minuten so bleiben. Sie verstärken die wohltuende Wirkung, indem Sie dreimal laut und aus dem Herzen lachen.

Vielleicht denken Sie jetzt: »Das ist unmöglich, ich kann nicht lachen, wenn es nichts zu lachen gibt.« Jetzt liegen Sie falsch. Diese Übung hilft Ihnen, optimistischer durch das Leben zu gehen, auch dann, wenn es eng wird. Lächeln oder lachen heißt vorerst nicht: »Es ist witzig«, sondern: »Mir geht es gut, ich komme zurecht, ich stehe über der Sache.«

Übung: Die Erlaubnis an sich selbst

Die Pause ist diese kostbare Zeit dazwischen, die für Unterbruch sorgt, in der man etwas tun kann, das erholsam ist:

Durchatmen, etwas essen oder trinken, in die Sonne schauen, Luftsprünge machen, einen unbeschwerten Schwatz führen, eine Tasse Tee trinken. Sie liegt zwischen zwei intensiven Arbeitsphasen, zwischen den einzelnen Akten eines Theaterstücks, zwischen den einzelnen Schulstunden. Kurz: Der Platz der Pause ist zwischen etwas.

Denken Sie einmal darüber nach, wer das Signal zu einer Pause gibt. Ja richtig, die Pause wird in den allermeisten Fällen von außen signalisiert, eingeläutet und ausgesprochen. Wann und wie lange Pause gemacht werden darf, wird von außen definiert. Die meisten Menschen leben in dieser Überzeugung: Die Erlaubnis muss mir von außen gegeben werden.

Übung: Imaginärer Rollentausch

Stellen Sie sich vor, Sie seien Ihr eigener Chef. Sie sind die Autoritätsperson, die sich selbst Anweisungen gibt. Diese Anweisungen sind Erlaubnissätze. Sie erlauben sich ausdrücklich etwas und befolgen es dann auch. Diese Erlaubnissätze können Sie auf eine konkrete Situation beziehen oder auf Ihre Persönlichkeit.

Es folgen zwei Beispiele. Zwei Personen machen eine Aussage. Welche Aussage »wiegt« mehr? Spüren Sie den Unterschied.

Beispiel 1:

Sie denken: »Soll ich eine Pause machen? Ein kurzer Spaziergang draußen würde mir guttun.«

Der Vorgesetzte sagt: »Sie können ruhig eine Pause machen und bei diesem schönen Wetter einige Schritte spazieren gehen.«

Beispiel 2:

Sie denken: »Meine Bedürfnisse sind wichtig und ich sollte sie aussprechen.«

Ihr Lebenspartner sagt: »Deine Bedürfnisse sind wichtig, sprich sie aus.«

Spüren Sie den Unterschied?

Beginnen Sie bewusst, sich selbst die Erlaubnis für etwas zu geben. Es ist sehr wirksam, diesen Erlaubnissatz aufzuschreiben und ihn dann mehrmals laut zu lesen.

Wählen Sie aus nachfolgenden Beispielen für Sie zutreffende Erlaubnissätze oder formulieren Sie in diesem Sinn die neue Persönlichkeit:

- »Ich erlaube mir, spontan, lebendig und glücklich zu sein.«
- »Ich erlaube mir, liebevoll mit mir umzugehen.«
- »Ich erlaube mir, so zu sein, wie ich bin.«
- »Ich erlaube mir, mich selbst zu loben, denn Eigenlob ist gut.«
- »Ich erlaube mir, auch Angst zu haben.«
- »Ich erlaube mir, heute NEIN zu sagen.«

Sie können auch so formulieren:

- »Ich darf einen Fehler machen.«
- »Ich darf meine Kreativität fördern.«
- »Ich darf nachfragen, wenn ich etwas nicht verstehe.«

Konkrete Situationen:

- »Ich erlaube mir, in aller Gemütsruhe ein Glas Wein zu genießen.«
- »Ich erlaube mir heute, nicht zu kochen.«
- »Ich erlaube mir heute, alles nur 60% gut zu machen.«

Welche Erlaubnissätze sind zusätzlich sinnvoll für Sie? Welche fühlen sich befreiend an?

Hören und fühlen Sie in sich hinein. Formulieren Sie, bis Sie sagen: So stimmt es jetzt für mich.

Schreiben Sie Ihre Erlaubnissätze auf, wiederholen Sie sie oft. Die Botschaften prägen sich in Ihr Unterbewusstsein ein. Ihre inneren Fesseln werden sich lockern.

Übung: Ich schaue mir in die Augen

Dies ist ein Augen- und ein Konzentrationstraining. Je stärker die Konzentrationskraft der Augen, desto faszinierender ist Ihre Ausstrahlung.

Stellen Sie die Uhr auf fünf Minuten.

Stellen Sie sich vor einen Spiegel oder halten Sie einen Handspiegel auf Augenhöhe, so, dass Sie mit geradem Blick Ihre Augen im Spiegel fokussieren.

Entscheiden Sie sich für das linke oder das rechte Auge im Spiegel. Beide gleichzeitig anzuschauen, geht nicht. Hin und her zippen von einem Auge zum anderen ist nicht erlaubt.

Angenommen, Sie haben sich für das rechte Auge entschieden: Sie blicken nun während fünf Minuten in Ihr rechtes Auge im Spiegel. Blinzeln ist erlaubt, wegschauen nicht.

Vermutlich schweifen Ihre Gedanken bald ab, das ist anfänglich ganz normal. »Ich habe Besseres zu tun als diese langweilige Übung«, »Wann sind endlich diese fünf Minuten vorbei?«, »Ich sollte noch …«

Lassen Sie die Stimme zu. Sie wird leiser, wenn Sie zu ihr sagen: »STOPP, jetzt habe ich keine Zeit für dich, du Stimme, ich bin mit dem konzentrierten Schauen beschäftigt.«

Schauen Sie weiterhin in den Spiegel und sprechen Sie laut:

- »Ich entspanne meine Augen. «
- »Mein Blick ist klar.«
- »Mein Blick ist ruhig.«

- »Mein Blick ist weich. «
- »Mein Blick ist kraftvoll und konzentriert.«
- »Mein Blick ist voll Vertrauen und Liebe.«

Was geschieht, während Sie sich selbst in die Augen schauen?

Sie haben Kontakt zu Ihrem Unterbewusstsein geschaffen. Ihre Worte, die Sie sprechen, sind Botschaften an Ihr Unterbewusstsein: »Klar, ruhig, weich, kraftvoll, konzentriert, Vertrauen, Liebe.« Das Unterbewusstsein versteht Ihre Botschaft, als eine Anweisung und Ihr SO SEIN nimmt allmählich diese Eigenschaften an.

Übung: Ich schaue dir in die Augen

Als starke Persönlichkeit nehmen Sie mit Ihrem klaren, ruhigen, konzentrierten und kraftvollen Blick Ihre Mitmenschen wahr. Sie schauen Ihren Mitmenschen in die Augen, Sie weichen nicht aus, Sie blicken nicht zur Seite, Sie schauen nicht weg. Nageln Sie aber auch nicht mit Ihrem Blick fest, das ist für Ihr Gegenüber sehr unangenehm. Konzentration und zugleich innere Ruhe, das ist das Ziel.

Sie nehmen sich bewusst vor:

- Den Menschen, denen Sie begegnen, in die Augen zu schauen, ruhig und entspannt. Ihr Blick ist weich und angenehm. Sie fixieren nicht und starren nicht.
- Den Blicken der anderen standzuhalten und nicht wegzuschauen.

Fühlen Sie sich vom Blick einer Person unangenehm angestarrt und gemustert, dann lächeln Sie, brechen den Augenkontakt ab und wenden sich ab. Niemals zurückschauen! Lächeln, ignorieren, weggehen. Das ist Stärke.

Nehmen Sie an einer Gesprächsgruppe teil oder hören Sie einem Vortrag zu, ist es unpassend, die Augen des Sprechers ununterbrochen zu fixieren. Sie pflegen weichen Blickkontakt und schweifen gelegentlich ab, indem Sie auf Augenhöhe bleiben. Nicht auf die Tischplatte oder den Boden starren.

Diese Übung macht Sie mutig und sympathisch. Ihr klarer und heller Blick ist die Sprache Ihrer klaren und hellen inneren Einstellung. Zudem spricht aus Ihrem geraden Blick die Überzeugung: »Ich bin jemand und ich schaue hin, die Augenhöhe ist stimmig.«

Merksatz:

Ihr klarer, ruhiger und konzentrierter Blick birgt eine faszinierende Anziehungskraft.

Übung: Die Tür zum Herzen

Selbstverständlich ist es edel, sich für die anderen einzusetzen, den anderen zu helfen, ein offenes Herz für Ihren Freund oder Ihre Freundin zu haben, für Ihr Haustier und den Nachbar, für die Benachteiligten und Bedürftigen.

Doch bevor Sie beschließen, die ganze Welt retten zu wollen, öffnen Sie Ihr Herz Ihnen selbst. Ihnen, dem Menschen, der Ihnen seit immer besonders nahe ist.

Sprechen Sie: »Mir selbst öffne ich die Tür und mir selbst öffne ich mein Herz. Ganz gleich, wer ich bin und was ich bin, ich trete in mein Herz ein.«

Merksatz

Sie brauchen nicht vollkommen zu sein, um in Ihr Herz einzutreten. Erst Ihre Selbstannahme macht Sie vollkommen. Selbstliebe ist der innerste Kern einer starken Persönlichkeit.

Es lebte einmal eine Frau, die sich vornahm, nach einem perfekten Baum zu suchen. Sie ging in den Wald und sah sich dort die Bäume ganz genau an. Doch alle Bäume, die sie fand, hatten windschiefe Stämme mit teils abgeblätterter Rinde, oft fehlten die Äste. Da schüttelte sie den Kopf und begab sich in eine Baumschule, wo sie die perfekten Bäume fand. Die Baumstämme kerzengerade mit unversehrten Rinden und Ästen, gewachsen wie nach einem vorgezeichneten Plan.

Die Frau fühlte sich hier gar nicht wohl, es schien ihr, als würde ein ungemütlich kühler Wind zwischen den kerzengeraden Baumstämmen hindurchblasen. Sie kehrte in den Wald zurück und es fiel ihr sofort auf, wie beruhigend diese krummen, urwüchsigen Bäume auf sie wirkten.

So ist es auch mit uns Menschen, dachte sie. Die Menschen mit ihren Mängeln und Unebenheiten sind viel angenehmer als solche, die vorgeben, perfekt zu sein.

Mit dieser Erkenntnis ging sie nach Hause und fühlte sich in ihrer Haut schon viel glücklicher. Ja, sie war schon immer »gut genug« gewesen. Erst heute im Wald hat sie es erkannt.

2. Gedankenkraft

»Das Leben besteht nicht in der Hauptsache aus Tatsachen und Geschehnissen. Es besteht im Wesentlichen aus dem Sturm der Gedanken, der jedem durch den Kopf tobt.«
Mark Twain

Was verstehen Sie unter »Denken«? Vielleicht sagen Sie jetzt, dass jeder denkt, immer und ohne Anleitung und Übung. Dann meinen Sie diesen ungeordneten und unbestimmten geistigen Prozess, Entropie, die sich in den meisten Köpfen abspielt.

Vergleichen Sie sich mit einem Kleinkind. Ein Kleinkind gurgelt zufrieden vor sich hin, kreischt und kräht. Das sind Geräusche und noch keine Sprache. Das Kleinkind muss zuerst lernen, diese Geräusche in Worte zu formen. Mit Ihren Gedanken ist es ebenso. Das Gewirr verlangt nach Ordnung.

Denken, um das es hier geht, ist ein geistiger Vorgang, der geübt und gelernt werden kann.

Gedanken zu lenken und zu beherrschen ist eine durchaus erstrebenswerte Fertigkeit. Sie hört sich erst einmal einfach an, doch ehrlich zugegeben, Gedankenkontrolle ist eine Leistung, die stete Übung, Aufmerksamkeit und Disziplin erfordert. Es wird immer wieder Situationen geben, in denen Sie die Gedankenkontrolle vergessen werden. Das ist auch in Ordnung.

Ganz vereinfacht ausgedrückt, handelt es sich beim Denken um eine chemische Reaktion, bei dem Neuronen abgefeuert werden. Das Denken allein darauf zu reduzieren, wäre zu vereinfacht, denn mit unserem Denken können wir gestalten und erschaffen. Denken führt zu realen Ergebnissen, obwohl es sich um einen Vorgang handelt, der nicht real fassbar ist.

Dieser chemische Prozess des Neuronenfeuerns geschieht ununterbrochen. Es erfordert Übung, den Gedankenfluss zu unterbrechen. Haben Sie schon beobachtet, dass Sie ununterbrochen Selbstgespräche führen? Nehmen Sie einmal ganz bewusst wahr, mit wem und wie Sie innerlich Gespräche führen. Diese Selbstgespräche sind Ihre Gedanken, Sie denken sozusagen laut mit sich selbst. Manchmal haben Sie sogar den Eindruck, fremde Stimmen zu hören, die in Ihrem Kopf Anweisungen geben oder Sie zurechtweisen. Obwohl Sie andere Stimmen zu hören glauben, sind es trotzdem Ihre eigenen Gedanken.

Für Ihre seelische Gesundheit ist es wichtig, sich mit den eigenen Gedanken nicht zu identifizieren.

Was heißt das? Sie können jederzeit aus Ihren Gedanken heraustreten, wie aus einem Kleid. Sie sind der oder die Denkende, Sie haben Gedanken, aber Sie sind nicht Ihre Gedanken. Diese Einsicht bedeutet für Sie eine Freiheit. Sie können Gedanken wechseln, so wie Sie ein Kleidungsstück wechseln. Sie können jederzeit so denken, dass Sie sich dabei gut fühlen. Ihr Gehirn ist nichts anderes als Ihre Gedankenverarbeitungsmaschine, die Sie richtig nutzen müssen.

Stellen Sie sich einen Tiger vor, der ununterbrochen in seinem Käfig rotiert. Genauso sind Ihre Gedanken unterwegs, genauso drehen sie im Kreis, Sie denken jeden Tag dasselbe in den gewohnten Bahnen. Sie haben die Fähigkeit, den Tiger zu beruhigen, zu zähmen und sein Kreisen zu durchbrechen.

Merksatz:
Gedanken lassen sich zähmen. Dieser Vorgang erfordert lediglich Geduld, Zeit und die richtige Vorgehensweise.

Qualität der Gedanken

Wenn Sie sich besser ernähren wollen, müssen Sie zuerst festhalten, welche Nahrungsmittel Sie zurzeit zu sich nehmen. Bevor Sie sich zu einem Sprachkurs anmelden, müssen Sie zuerst Ihren jetzigen Sprachlevel definieren. Sie beobachten zuerst und danach legen Sie den Veränderungsweg fest.

Genauso verhält es sich mit Ihren Gedanken. Schaffen Sie sich Klarheit darüber, was Sie denken und wie sich Ihr Denken in unterschiedlichen Situationen verändert.

Übung: Beobachten der eigenen Gedanken

Nehmen Sie sich vor, während einer Woche Ihre Gedanken zu beobachten. Während dieser Woche tun Sie nichts Anderes als sonst auch. Sie gehen Ihren Geschäften nach, verbringen Ihre Freizeit, pflegen Ihre Beziehungen und erleben die üblichen Höhen und Tiefen. Der einzige Unterschied besteht darin, dass Sie bewusst beobachten, was Sie bei all diesen Tätigkeiten denken. Analysieren Sie nicht, beobachten Sie den Tanzreigen Ihrer Gedanken.

Jeder Gedanke wirkt. Jeder Gedanke, den Sie denken, macht mit Ihnen etwas. Während Sie denken, fühlt sich Ihr Gemüt leicht an oder eher belastet, fröhlich, lebendig, ärgerlich, schwer. Kurz:

Ihre Emotionen sind gefühlte Gedanken. Jeder Gedanke hat eine Qualität.

Am besten, Sie halten während dieser Woche Ihre Gedanken schriftlich fest und notieren jeweils auch Ihre Empfindungen. So haben Sie einen Beweis dafür, dass Gedanken die Ursache Ihrer Emotionen sind.

Merksatz:

Die Qualität Ihrer Gedanken ist von großer Bedeutung. Zaghafte, unentschlossene, ärgerliche und angstvolle Gedanken schwächen Ihre Seele und Ihren Körper. Zuversichtliche, vertrauensvolle und lebensfreudige Gedanken stärken Ihre Seele und Ihren Körper.

Drei Arten von Gedanken dominieren:

- Gedanken, die zur Problemlösung und zur Zielerreichung dienen: »Wie soll ich es anpacken?«
- Gedanken, die auf ein bestimmtes Thema, das von Interesse ist, fokussiert sind. Das kann eine Bildbetrachtung sein, eine Landschaft, eine Buchlektüre, ein Gespräch mit dem Gegenüber.
- Nutzloses Kreisen, das immer dann geschieht, wenn die Gedanken »unterbeschäftigt« sind und sich ohne Kontrolle in einen energieschwachen Raum begeben. Beispielsweise können das unbegründete Angstfantasien sein, Grübeln über Ärgernisse und Misserfolge, Übertreibungen und unbegründete Prophezeiungen.

Übung: Gedankenqualität steuern

Schritt 1: 2x pro Tag sagen Sie STOPP und beantworten die Frage: »Tut mir mein jetziger Gedanke gut?« Heißt Ihre Antwort nein, beantworten Sie die zweite Frage: »Wie formuliere ich meinen Gedanken um, damit ich mich besser fühle?«

Schritt 2: Sie verkürzen die Intervalle, indem Sie jede Stunde STOPP sagen und die beiden Fragen beantworten. Danach verkürzen Sie die Interwalle noch weiter.

Schritt 3: Das STOPP ist Ihnen zur Gewohnheit geworden. Mehrheitlich wissen Sie, was Sie denken und welche Qualität Ihre Gedanken haben.

Führen Sie ein Gedankentagebuch: Halten Sie schriftlich fest, welche Gedanken Sie traurig, ärgerlich, ängstlich, unruhig oder glücklich machen. Welche Situationen gehen diesen Gedanken und diesen Empfindungen voraus?

Merksatz:

Jede Empfindung ist ein gefühlter Gedanke. Jedem Gedanken geht eine Situation voraus, die ebendiese Kettenreaktion verursacht.

Fütterung der Gedanken

Gedanken sind formbar, beeinflussbar und steuerbar. Das ist zuerst einmal fantastisch. Da wählt doch jeder glücklich machende Gedanken. Das wäre logisch, so einfach könnte es sein. Ist es aber nicht. Gedanken entziehen sich der Logik, Gedanken sind Geschwister der Emotionen und nicht der Logik.

Sie leben nicht isoliert, Sie sind umgeben von anderen Menschen, die auf Ihre Gedanken einwirken. Jede Situation, alles Geschehen, alles, was Sie über Ihre Sinne wahrnehmen, beeinflusst Ihr Denken, ergibt den Inhalt Ihres Denkens. Frei zu denken ist eine Illusion. Sie können in Ihrer Gedankendatenbank nichts speichern, ohne es vorher wahrgenommen und erlebt zu haben.

Merksatz:
Ihr Denken und damit auch Ihre Empfindungen sind unmittelbar verbunden mit der Außenwelt und sind abhängig von ihr.

Stellen Sie sich etwas ganz Alltägliches und Einfaches vor: Sie wollen ein Haarpflegeprodukt kaufen. Ihr Auge gleitet von einem Fläschchen zum anderen, unbewusst wirken die verschiedenen Farben, Schriften, Namen auf Sie und beeinflussen Ihre Entscheidung. Sie erinnern sich an den einnehmenden Werbespot im Fernsehen und aus dem Lautsprecher tönt anmutige Musik. In Ihrer Vorstellung sehen Sie sich mit wallenden Haaren, die unwiderstehlich glänzenden. Sie kaufen das Haarpflegeprodukt, das Ihnen dieses Gefühl der Attraktivität vermittelt. Dass Sie sich frei entschieden haben, ist eine Illusion.

Genauso verhält es sich bei Ihrer Ferienplanung, bei teuren Anschaffungen. **Sie kaufen nie das Produkt, sondern das Lebensgefühl, das Sie mit diesem Produkt in Verbindung bringen: Freiheit, Liebe, Status, Selbstwert.**

Je empfänglicher Sie für Außenreize sind, das heißt, je mehr sich Ihre Gedanken von Außenreizen beeinflussen lassen, desto steuerbarer sind Sie. Dabei geht es nicht nur um Werbung, die das Kaufverhalten steuert, es geht um viel mehr.

Übung: Umfeld und Gedankenabhängigkeit prüfen

Bei dieser Übung geht es darum zu prüfen, welchen Einfluss Ihr Umfeld auf Ihre Gedanken ausübt. Achten Sie während einer Woche auf den nicht abreißenden Strom Ihrer täglichen Begegnungen, auf Ihren bevorzugten Medienkonsum, auf Ereignisse, denen Sie viel Bedeutung beimessen. Wessen Meinung ist Ihnen wichtig, wer oder was vermag Ihre Stimmung zu beeinflussen? Ihre Familie oder Ihre Freunde, der überfreundliche Verkäufer, der Nachbar, der Sie vergisst zu grüßen, die Zeitungsberichte, die Sie schon zum Frühstück konsumieren, die Nachrichten, die mehrmals täglich immer mit derselben Botschaft aus Ihrem Radio tönen, Fotos, Schaufenster, Werbespots, jammernde Stimmen, strengen Blicke, fröhliches Kinderlachen, Ihre schlechte Selbstbewertung …

»Die Gedanken sind frei«, so beginnt ein deutsches Volkslied. Na ja, so einfach geht es dann doch nicht mit der Gedankenfreiheit. »Ich denke, was ich will und was mich beglücket«, heißt es dann weiter in diesem Lied. Das hingegen trifft zu. Worüber Sie bestimmen können und wofür Sie verantwortlich sind, ist: Welche Einflüsse Sie zulassen (viele sind vermeidbar) und wie Sie auf die Einflüsse reagieren.

Um körperliche Höchstleistung zu erbringen, ist es notwendig, darauf zu achten, nur die nahrhaftesten Lebensmittel zu sich zu nehmen. Wenn Sie möchten, dass Ihr Gehirn Mentalkraft entwickelt, müssen Sie darauf achten, mit welcher geistigen Nahrung Sie es füttern.

Ihre geistige Ernährung ist direkt verantwortlich für Ihre Lebensqualität und Ihr Wohlbefinden, für Ihre Selbstbewertung und Ihren Erfolg. Kurz: Sie sind das, was Sie zu sich nehmen:

Input = Output

Merksatz:

Es ist überaus sinnvoll und notwendig zu kontrollieren, was Ihr Gehirn aufnimmt, weil sich das direkt und messbar auf Ihre Lebensqualität auswirkt. Starkes Umfeld fördert die Entwicklung zu einer starken Persönlichkeit.

In Ihrem Umfeld werden Sie beeinflusst durch …

- …Menschen, mit denen Sie sich umgeben.
- … Selbst- und Fremdbewertungen.
- … Gespräche, die Sie führen.
- … Nachrichten, die Sie konsumieren.

Menschen, mit denen Sie sich umgeben

»Wir sind der Durchschnitt der fünf Menschen, mit denen wir am meisten Zeit verbringen«, besagt ein Zitat des Autors und Motivationstrainers Jim Rohn.

Die Menschen, die uns umgeben, beeinflussen uns nicht nur durch das, was sie direkt zu uns sagen, sondern auch über ihre Ausstrahlung, ihre Überzeugungen und die Meinung, die sie über uns haben.

Durch unser Leben zirkulieren verschiedene Gruppen von Menschen:

Zur ersten Gruppe gehören Menschen, denen wir kurz begegnen und sie dann bald wieder vergessen haben. An diese Menschen können wir uns im Nachhinein nicht mehr erinnern, wir sind mit ihnen energetisch nicht in Kontakt gekommen. Dies können kurze Begegnungen im Zug sein, in einem Restaurant, im Theater.

Zur zweiten Gruppe gehören Menschen, mit denen wir es nur entfernt zu tun haben, die uns beeindrucken, ohne dass wir direkt mit Ihnen in Kontakt treten. Dies kann eine prominente Person sein, die wir bewundern und nachahmen, eine Autorität, die uns beeindruckt. Zu uns persönlich verhält sie sich weder positiv noch negativ. Sie beeinflusst uns, weil wir ihr Aufmerksamkeit beimessen.

Zur dritten Gruppe gehören Menschen aus unserem direkten Umkreis. Ihr Einfluss ist negativ. Die Gespräche dieser Menschen drehen sich um Bewertungen, Katastrophenthemen, Krankheiten, negatives Weltgeschehen. Nichts ist in Ordnung, alles geht den Bach hinunter.

Zu dieser Gruppe gehören auch Menschen, die unsere Ideen belächeln und uns zu verstehen geben, dass sie an uns und unsere Ziele nicht glauben. Sich mit diesen Menschen zu umgeben, ist gefährlich, denn diese sind unsere Energievampire. Unglücklicherweise finden sich diese Menschen oft in der eigenen Familie.

Zu der vierten Gruppe gehören Menschen, die uns ehrlich unterstützen und fördern. Wir spüren, dass sie an uns glauben und uns so akzeptieren, wie wir sind. Dies sind starke Menschen, von denen wir etwas lernen können, die uns inspirieren, uns Kraft geben. Mit ihnen teilen wir gerne unsere Ideen, sie anerkennen unsere Leistung und sind ehrlich mit uns.

Es ist sicher nicht angebracht und nicht notwendig, jeden Menschen zu prüfen und ihm zuerst einmal zu misstrauen. Hören Sie auf Ihre Intuition, auf Ihr Bauchgefühl. Sehr bald spüren Sie, wer Ihnen Kraft gibt und in wessen Gegenwart Sie sich nicht gut fühlen.

Wenn Sie ein Ziel im Leben haben, wenn Sie eine selbstsichere und starke Persönlichkeit sein wollen, dann müssen Sie Ihre Kontakte genau prüfen. Ihre Zeit ist kostbar, also gehen Sie negativen Menschen, die sich immer nur beschweren und unzufrieden sind, aus dem Weg. Verstricken Sie sich nicht in unnötige, zeitfressende Gespräche, telefonieren Sie nicht stundenlang und seien Sie kein Abfallkübel für die immer gleichen Geschichten von irgendjemandem.

Viele Menschen geben ihre Träume und Ziele auf, weil jemand sie ihnen ausgeredet hat. Also suchen und verbinden Sie sich mit Menschen, welche die gleiche Lebenseinstellung haben wie Sie. Will Sie jemand ablenken, sagen Sie: »Nicht jetzt, ich habe ein Ziel und dem bleibe ich treu.«

Andere Menschen zu unterstützen, ihnen zu helfen, für sie da zu sein, ist edel, sich von ihnen bremsen zu lassen ist jedoch töricht.

Nachrichtenkonsum

Es gibt Menschen, denen genügt es nicht, eigene Probleme zu haben. Sie stellen den Fernseher an, versinken in Katastrophennachrichten, surfen im Internet, konsumieren angstschürende Bilder, sie tauchen in Probleme ein, die sie nicht beeinflussen und ändern können und die oft erfunden sind.

Merksatz:
Medienhygiene ist für die mentale Gesundheit und Leistungskraft unabdingbar.

Medienhygiene bedeutet für Sie, dass Sie genau die Zeit, in der Sie Nachrichten konsumieren, zeitlich definieren und einschränken.

Denken Sie über folgende Punkte nach:

- In 24 Stunden geschieht auf unserem Planeten so viel (Negatives), dass Sie nie alles erfahren können.
- Der Konsum von Negativnachrichten und Katastrophengeschichten kann zur Sucht werden.

- In Ihr Unterbewusstsein prägen sich Bilder ein, die Ihnen die Botschaft vermitteln: Die Welt ist ein schlechter und gefährlicher Ort.

Medienhygiene bedeutet, das Gehirn bewusst zu putzen, so wie Sie Zähne putzen oder Hände waschen. Ihr Gehirn braucht gute Nahrung, schließlich trinken Sie auch nicht aus Pfützen und essen nichts Schimmliges.

Übung: Input-Check

Denken Sie kurz über Ihren Tagesrhythmus und Ihre Gewohnheiten nach. Machen Sie einen Input-Check, indem Sie aufschreiben, wie viel Zeit Sie täglich mit folgenden Beschäftigungen verbringen:

- Morgennachrichten in Radio oder TV
- TV-Nachrichtensendung tagsüber
- Nachrichtenhören während des Autofahrens
- Abendnachrichten im Fernsehen
- Surfen im Internet
- Tageszeitung
- Klatschmagazine und Klatschblogs
- Diskussionssendungen zu belastenden Themen (die sich im Kreis drehen)
- Nicht lebensbejahende Filme
- Werbung, die Ihnen Ihren Mangel zeigt
- Herumzappen auf Ihrem Handy
- Gespräche über Katastrophen, Unfälle, Kriminalität, Kriege

Die so erhaltene Summe der Stunden und Minuten multiplizieren Sie nun mit sieben. Dies ist Ihre Zeit, die Sie mit Negativkonsum pro Woche verbringen. Danach berechnen Sie Ihren Jahreskonsum (Multiplikation mit 52,143).

Stellen Sie sich nun vor: Ihr Gehirn ist ein leeres Glas. Seine einzige Aufgabe ist es, alles aufzunehmen, was Sie hineingeben. Was geben Sie hinein? Schmutzwasser, klares Wasser, selbstzerstörerische Überzeugungen, strahlende und inspirierende Ideen?

Vergessen Sie nie: Output = Input

Die Medien beeinflussen Ihre Art zu denken, indem sie ein Interesse daran haben, mit schockierenden und sensationellen Schlagzeilen Aufmerksamkeit zu gewinnen. Obwohl das menschliche Gehirn der Sensationslust nicht widerstehen kann, müssen Sie streng darauf achten, Ihr Wasserglas nicht zu verschmutzen.

Die schockierenden Schlagzeilen lenken Ihre Aufmerksamkeit immer auf das, was nicht funktioniert. Ihre Aufmerksamkeit erschafft im Gehirn die Überzeugung, dass das Leben etwas Negatives und Sinnloses ist.

Merksatz:
Gedanken haben etwas Tückisches an sich: Sie sind unsichtbar und trotzdem wirken sie immer.

Gedankenhygiene ist die Voraussetzung für Gedankenkraft und sie soll Ihnen zur Routine werden.

Übung: Mediendiät

Nehmen Sie sich für drei Wochen eine Mediendiät vor. Danach fügen Sie noch eine Woche dazu und dann noch eine…

- ❖ Nachrichten hören: 1x pro Tag.
- ❖ Sensations- und Katastrophensendungen streichen.
- ❖ Zeitungsartikel über Katastrophen, Verbrechen, Unglücksfälle streichen.
- ❖ Gespräche mit stärkendem Inhalt führen: 3x pro Tag.
- ❖ Definitive Zeit festlegen für: Spazieren gehen, Sport machen, Buch lesen, Entspannen.
- ❖ Sinnleeres Herumzappen auf dem Handy ersetzen mit: Gespräch führen, gutes Essen genießen, Natur und schöne Plätze besuchen, sich eine entspannende Pause gönnen, das Nichtstun aushalten.

Eine Geschichte erzählt von einem Mann, der am Straßenrand lebte und heiße Würstchen verkaufte. Er war schwerhörig, deshalb hatte er kein Radio. Er sah schlecht, deshalb las er keine Zeitung.

Aber er verkaufte köstliche heiße Würstchen. Das sprach sich herum und die Nachfrage stieg von Tag zu Tag. Er kaufte einen größeren Herd, musste immer mehr Fleisch und Brötchen einkaufen. Er holte seinen Sohn von der Universität zurück, damit er ihm half. Aber dann geschah etwas …

Der Sohn sagte: »Vater, hast du denn nicht Radio gehört? Eine schwere Rezession kommt auf uns zu. Der Umsatz wird zurückgehen. Du solltest nicht mehr investieren!«

Der Vater dachte: »Mein Sohn hat studiert. Er schaut Fernsehen, hört Radio, liest Zeitung. Der muss es wissen.«

Also verringerte er seine Fleisch- und Brötcheneinkäufe, sparte an der Qualität des Fleisches. Er verringerte seine Kosten, indem er keine Werbung mehr machte.

Und das Schlimmste: Die Ungewissheit vor der Zukunft ließ ihn missmutig werden im Umgang mit seinen Kunden. Was passierte daraufhin? Sein Absatz an heißen Würstchen fiel über Nacht.

»Du hattest Recht, mein Sohn«, sagte der Vater, »es steht uns eine schwere Rezession bevor.«

Übung: Sinn geben

»Wenn ich wüsste, dass morgen die Welt unterginge, würde ich heute noch ein Apfelbäumchen pflanzen.«

Dieses Zitat, das Martin Luther zugeschrieben wird, begleitet mich seit meiner Schulzeit. Immer dann und genau dann, wenn es schwierig wurde, sei es während meines Studiums, im Beruf oder privat, war mir diese Weisheit ganz gegenwärtig und ich sagte mir innerlich: »Jetzt weitermachen, jetzt erst recht.«

Machen Sie sich bewusst: Was auch immer um Sie herum geschehen mag, Ihr Leben hat immer einen Sinn, Sie müssen ihn nur erkennen. Sie besitzen die Fähigkeit, Ihre Gedanken in jede Richtung zu lenken, also lenken Sie Ihre Gedanken vollkommen auf die Tätigkeit, die Sie gerade erledigen. Sprechen Sie laut: »Das, was ich jetzt tue, ist sinnvoll.«

Wenn Sie diesen Satz nicht sagen können und er für Sie nicht zutrifft, dann entscheiden Sie sich für eine Tätigkeit, die sich für Sie sinnvoll anfühlt. Setzen Sie sich für eine Idee ein, streben Sie etwas an, tragen Sie etwas zu Ihrem guten Befinden bei, aber hören Sie auf, sich von Negativdenkern und Negativnachrichten einnehmen zu lassen.

Sinnerfüllte kleine Tätigkeiten ergeben am Ende des Tages einen sinnerfüllten Tag, eine sinnerfüllte Woche, Monat, Jahr, ein sinnerfülltes Leben. Treffen Sie die Entscheidung, das zu tun, was Ihrem Leben einen Sinn gibt. Dann tun Sie auch etwas für Ihr soziales Umfeld, denn Sie sind glücklicher, stärker, motivierter. Ihre zufriedene Ausstrahlung wirkt auf andere. Sie machen auch andere Menschen glücklich. Mit Ihrer starken und optimistischen Ausstrahlung tragen Sie Ihren kleinen Teil zur Verbesserung der globalen Situation bei. Arbeiten Sie im Kleinen, dann wird Ihre Wirkung groß sein.

Selbstbewertung

Stellen Sie sich einen Pantomimen vor. Er steht da und will nach den Sternen greifen. Er sagt: »Wenn ich darstellen will, dass ich nach den Sternen greife, dann muss meine Bewegung damit beginnen, dass ich zuerst auf den Boden stampfe.«

Genauso steht es mit uns: Wenn wir uns nach oben, nach dem Erfolg strecken, brauchen wir einen festen Boden unter den Füßen. Ist der Boden morastig, ist Abdrücken nach oben nicht möglich. Dieser feste Boden ist Ihr starkes Selbstbild, das heißt, ist Ihr Bild, das Sie von sich selbst haben.

Wie denken Sie über sich selbst? Gewinner oder Verlierer? Ihr Bild, das Sie von sich selbst haben beruht auf Ihrer Selbstbewertung und diese steht in unmittelbarer Parallelität zu Ihrer Denkweise.

Merksatz:

Ihre Denkweise und Ihre Persönlichkeit gehen Hand in Hand. Sie sind der Mensch, der Sie denken zu sein.

Der Glaube an sich selbst ist das Elixier und der Maßstab für Ihre Mentalkraft. An der Art, wie Sie über sich denken, sprechen und sich darstellen, können Sie und können andere leicht erkennen, welchen Wert Sie sich selbst geben. Das Anerkennen Ihres

Selbstwertes ist der Ausgangspunkt, von dem aus Sie alles verwirklichen können.

Stellen Sie sich einmal vor, Ihre Gedanken, Ihre Selbstgespräche, Ihre Selbstdarstellung gegenüber anderen, bilden ein Orchester auf der Bühne des Lebens. Fragen Sie sich: »Bin ich der Dirigent meines eigenen Orchesters?« Ein Dirigent übernimmt die Führung, schafft Harmonie und korrigiert die falschen Töne. Der Dirigent seines inneren Orchesters zu werden und zu sein, ist eine verantwortungsvolle Aufgabe, sie allein führt zur Selbst-Meisterschaft.

Schaffen Sie eine Harmonie zwischen:

- So denke ich über mich.
- So spreche ich mit mir selbst über mich.
- So spreche ich mit anderen über mich.

Übung: Innere Stimme wahrnehmen

Sie sind diejenige Person, die sich selbst am nächsten ist. Wie denken Sie über diese Person? Welche Worte wählen Sie im Gespräch mit dieser Person? Geben Sie Befehle, kritisieren Sie oder sind Sie geduldig und verständnisvoll?

Glauben Sie an diese Person? Was glauben Sie? Sind Sie überzeugt davon, dass dieses »Ich selbst« kraftvoll, stark, selbstsicher und erfolgreich ist?

Vielleicht hören Sie diese innere Stimme, die Ihnen zu verstehen gibt, wie Sie sein sollten und was an Ihnen nicht stimmt. Hören Sie ihr einmal ganz genau zu. Es kann sein, dass Sie sich beim Lauschen vollkommen abgelehnt fühlen und ein innerer Alarm wird ausgelöst. Was sagt diese Stimme? Schreiben Sie es auf!

Die innere Stimme sagt:

- Du sollst nicht….
- Du darfst nicht….
- Sei nicht…
- Du musst…

Wenn Sie alles aufgeschrieben haben, lesen Sie die Aussagen nochmal, noch ein letztes Mal, schließen Ihre Augen und halten die Spannung, die dieser Aussagen in Ihnen auslösen, aus. Dann öffnen Sie die Augen und schreiben mit großen Buchstaben darunter: »Euch brauche ich ab jetzt nicht mehr!«

Heraus aus dem Schattendasein

»Wo Licht ist, ist auch Schatten«, besagt eine uralte Volksweisheit. Tatsächlich ist uns der Schatten omnipräsent. Mehrheitlich wird er negativ assoziiert. Licht ist gut, Schatten nicht. So zu denken, ist zu einfach und oberflächlich. An heißen Tagen suchen wir gerne den Schatten im Garten unter Bäumen oder einer Pergola. Wir haben die Wahl, an einem sonnigen Tag im Schatten einer Häuserfassade entlangzugehen oder auf der sonnenüberfluteten Straßenseite. In diesem Zusammenhang wird der Schatten als erholsam und schützend erlebt.

»In jemandes Schatten stehen« oder »Ein Schattendasein führen«, sind hingegen Redensarten, die auf eine schwierige Gefühlswahrnehmung hinweisen. Schatten bedeutet hier einen Mangel an Aufmerksamkeit bekommen, im Hintergrund stehen und nicht zur Geltung zu kommen. Wer in »jemandes Schatten steht«, hat es schwer, seine Fähigkeiten »ins rechte Licht zu rücken« und findet nicht die rechte und verdiente Anerkennung.

Überlegen Sie nun, in welchen Situationen Sie diese Empfindung erlebt hatten, sich nicht beachtet und anerkannt gefühlt zu haben? Sie waren das unauffällige Mauerblümchen?

Treffen Sie bewusst die Entscheidung, einmal mehr im Hintergrund zu bleiben, ist das sehr in Ordnung und in manchen Situationen edel. Doch wenn Sie vorankommen wollen, funktioniert ein Schattendasein eher schlecht. Besonders schwierig sind Beziehungen und Partnerschaften, privat oder beruflich, in denen Sie sich eben als »Schattengewächs« erleben.

Hervorzutreten erfordert Mut. Den Schritt ins Helle müssen Sie tun, der Schatten wird von Ihnen nicht weichen, nur weil Sie ihn nicht wollen.

> *Merksatz:*
> Der Schritt aus dem Schattendasein wird Ihnen gelingen, indem Sie Ihren Selbstwert stärken.

Beginnen Sie, diesen Schritt aus der Bedeutungslosigkeit in Ihrer Vorstellung zu trainieren.

Übung: Tapete

Setzen Sie sich ruhig hin. Schließen Sie Ihre Augen und stellen Sie sicher, dass Sie die nächsten zehn Minuten nicht gestört werden.

Stellen Sie sich nun vor, Sie sitzen in einem Raum, dessen Wände mit einer grauen Tapete überzogen sind. Dieser Raum ist leer, nur Sie und die graue Tapete. Spielen Sie in Gedanken folgenden Wechsel durch:

Als erstes stellen Sie sich vor, Sie wären ein Teil der Tapete, vollkommen unscheinbar und unsichtbar. Obwohl Sie im Raum sitzen, sind Sie nicht da, Sie sind niemand, Sie verschwimmen vollkommen mit dem Hintergrund. Die Tapete und Sie sind eins.

Danach stellen Sie sich vor, wie Sie aus der Tapete hervortreten, sich exponieren und den Raum ausfüllen. Sie sind nun jemand, dessen Ausstrahlung den Raum belebt, Sie sind der Inhalt des Raumes, die graue Tapete verschwimmt mit dem Hintergrund und wird nicht wahrgenommen. Sie sind im Mittelpunkt des Raumes, etwas Anderes existiert nicht.

Wechseln Sie diese beiden Vorstellungen und achten Sie darauf, wie sich Ihre Empfindungen verändern. Einmal sind Sie der unscheinbare Hintergrund, das andere Mal sind Sie der Raum.

Übung: Kraftvolle Selbstbewertung

Fragen Sie sich jetzt: »Welcher Gedanke über mich selbst tut mir gut?« Formulieren Sie ihn, Sie brauchen genau diesen unterstützenden Gedanken über sich selbst. Schreiben Sie ihn auf und wiederholen Sie ihn unablässig. Zum jetzigen Zeitpunkt ist es gleichgültig, ob Sie von diesem Gedanken überzeugt sind oder nicht. Stete Wiederholung ist entscheidend. Bald wird Ihnen der unterstützende Gedanke selbstverständlich sein, bald ist er ein Teil von Ihnen. Ein Gedanke entwickelt sich durch stete Wiederholung zur Gewissheit. Eine Gewissheit ist Ihre Überzeugung: »Ja genau, so ist es. Das bin ich.«

Überlegen Sie zuerst, wovon Sie gerne mehr hätten. Welche Eigenschaft ist im Minusbereich? Geduld, Ausdauer, Selbstsicherheit, Lebensfreude, Entscheidungsstärke? Formulieren Sie nun eine Überzeugung, die genau die erwünschte Eigenschaft verstärkt. Schreiben Sie die Überzeugung auf eine kleine Karte.

Formulieren Sie in diesem Sinn:

- Geduld ist meine Stärke.
- Es fällt mir leicht, geduldig zu sein.
- Ausdauer zeichnet mich aus.
- Mit Ausdauer bleibe ich dran.
- Mit Selbstsicherheit gehe ich durch jede Situation.
- Lebensfreude erfüllt mein Leben.
- Es ist leicht, mich zu entscheiden.
- Ich bin liebenswert.
- Ich konzentriere mich und bleibe ruhig.
- Innere Gelassenheit durchströmt mich.
- Ich bekomme Wertschätzung und genieße sie.

Mehrere Male im Tag nehmen Sie sich Zeit und wiederholen Sie Ihre Überzeugung, jeweils 20-mal ohne Pause. Unmittelbar nach dem Aufwachen und vor dem Einschlafen wirken diese Wiederholungen besonders stark. Von nun an tragen Sie die kleine Karte mit Ihrer neuen Überzeugung immer bei sich.

Selbstgespräche

Stellen Sie sich einmal vor, Sie machen in Ihrer Wohnung einen Großputz, sorgfältig wischen Sie die Erinnerungsgegenstände, die Sie aus den Ferien mitgebracht haben, ab. Da fällt Ihnen eine Vase zu Boden und zerbricht. Was denken Sie jetzt: »Ich bin doch das größte Trampeltier, ein ungeschickter Trottel«, oder denken Sie: »Ja, ja, wieder einmal hat die Schwerkraft gewirkt.«

Oder: Sie sind daran, eine E-Mail an eine, für Sie wichtige Person zu schreiben. Sie möchten auf jeden Fall einen tadellosen Eindruck vermitteln. Jetzt ist die Nachricht geschrieben, erleichtert drücken Sie auf »Senden«, die Nachricht ist weg. Zu spät realisieren Sie, dass Sie das Korrekturlesen vergessen haben. Sie gehen auf »Gesendete Objekte«, um nochmals durchzulesen. Sofort fällt Ihnen ein Orthografiefehler auf. Eine Hitzewelle durchströmt Sie, Sie erröten vor Scham. Was denken Sie jetzt? »Was bin ich doch für ein Idiot, jetzt stehe ich wie ein ungebildeter Dummkopf da«, oder lachen Sie laut und denken: »Ach ja, habe es wohl eilig gehabt.«

Was sich jetzt in Ihren Gedanken abspielt, entscheidet über Ihr Wohlbefinden. Kloß in der Kehle, Klumpen im Bauch? Wut und Ärger über sich selbst oder Verständnis und Nachsicht? Besteht Ihr inneres Selbstgespräch aus Verurteilungen, Beschimpfungen und Nörgeleien, sind Sie als innerer Kritiker stark unterwegs. Dadurch entstehen für Sie Nachteile:

- Sie sind unzufrieden mit sich selbst und haben schlechte Laune.
- Schlechte Laune bringt Sie nicht weiter. Das, was passiert ist, ist vorbei und ist geschehen, ob Sie sich ärgern oder nicht.
- Sie fokussieren sich auf Ihr Missgeschick.
- Sie versuchen krampfhaft, zukünftig keine Fehler zu machen und provozieren dadurch neue.

Merksatz:

Reden Sie mit sich so, wie Sie mit einem guten Freund oder einer guten Freundin reden würden.

Übung: »Selbstabwertung verboten«

Lauschen Sie bewusst Ihren Selbstgesprächen. Fragen Sie sich: Mit wem spreche ich da wirklich? Mit einem Freund oder einem Feind, Dummkopf, Tollpatsch, Versager?

Steht Ihnen eine Prüfung bevor, haben Sie ein schwieriges Gespräch oder stehen Sie vor einer Herausforderung, dann ist es sehr wahrscheinlich, dass Ihre Selbstgespräche um das Scheitern kreisen, obwohl Sie hoffen, nicht zu scheitern. Etwa so: »Hoffentlich läuft es nicht schief, hoffentlich blamiere ich mich nicht, hoffentlich verliere ich nicht den Faden, hoffentlich merkt niemand, dass ich zittere, …«

Beachten Sie, dass Sie mit »hoffen«, dass etwas nicht Wünschenswertes nicht passiert, genau das provozieren, was Sie nicht wünschen zu bekommen. Sie sprechen das, wovor Sie sich fürchten, aus und das ist ein Fehler. Ob Sie ein »ich hoffe« vorausschicken, ist in diesem Zusammenhang bedeutungslos.

Warum?

Mit »ich hoffe« bewegen Sie sich in Gedanken in Ihre Befürchtung hinein, weil Sie diese aussprechen (zum Beispiel: die Prüfung nicht bestehen, will ich nicht). Sie sagen, was Sie nicht haben wollen, und das ist für Ihr Unterbewusstsein eine Aufforderung, genau das zu verursachen.

Sie hoffen, Misserfolg zu vermeiden. Diese »Vermeidungsstrategie« ist falsch, weil Ihr Gehirn genau diese Vorstellungsbilder von Situationen, die Sie vermeiden wollen, erschafft. Das heißt: Bewegen Sie sich im Denken auf die Lösung zu und nicht vom Problem weg. Einfacher gesagt: Denken Sie darüber nach, was Sie haben wollen und nicht, was Sie nicht haben wollen. Das ist ein entscheidender Unterschied, weil Sie beim Denken andere Begriffe und andere Vorstellungsbilder wählen.

Einen Misserfolg nicht haben wollen, heißt, sich mit dem Misserfolg gedanklich zu beschäftigen. Das ist falsch. Sich auf die Lösung zuzubewegen heißt, Fokus der Gedanken liegt auf der Lösung. Das ist richtig.

Merksatz:

Es ist wichtig, sich in Gedanken nicht von dem, was Sie nicht haben wollen, wegzubewegen, sondern sich auf das, was Sie haben wollen, hinzubewegen. Diese Ausrichtung nach vorn in die Lösung ist wichtig.

Beachten Sie den emotionalen Unterschied: Es ist leichter, mutig zu sein, als keine Angst zu haben.

Vergleichen Sie positive Selbstgespräche mit dem Händewaschen. Händewaschen ist Ihre tägliche Gewohnheit, die Sie vor Krankheiten schützt. Sie überlegen nicht lange »soll ich oder soll ich nicht«, Sie tun es. Das ist das Wesen einer Gewohnheit, etwas automatisch zu tun.

Machen Sie positive Selbstgespräche zur Gewohnheit. Händewaschen schützt Ihren Körper vor Bakterien, aufbauende Selbstgespräche schützen Ihr Gemüt vor bakteriellen Gedanken.

Merksatz:

Sie können ihr Leben nur ändern, wenn Sie etwas ändern, das Sie täglich tun. Also ändern Sie Ihren inneren Dialog.

Übung: Inneren Dialog verändern:

Haben Sie einen Fehler gemacht und beschimpfen sich danach, manchmal noch Tage danach? Beenden Sie mit einem STOPP die Gedankenspirale, sprechen Sie laut folgenden Erlaubnissatz: »Ich erlaube mir diesen Fehler. Ich erlaube mir, etwas vergessen zu haben. Ich erlaube mir, unachtsam gewesen zu sein.« Unterscheiden Sie nicht, ob es sich um einen großen oder einen kleinen (vermeintlichen) Fehler handelt. Sie sprechen in jedem Fall einen Erlaubnissatz.

Sie loben sich selbst. Wie bereits gesagt: Eigenlob stinkt nicht, wie es die Redewendung besagt. Eigenlob öffnet dem Selbstwert den Weg. Dabei sprechen Sie sich mit Ihrem Namen an. Am besten wieder laut. »Robert, das hast du gut gemacht.«

Wenn Sie von fünf Aufgaben drei richtig gelöst haben und zwei nicht, sagen Sie: »Die drei Aufgaben habe ich jetzt wirklich toll gelöst.« War nur eine Aufgabe richtig gelöst, sagen Sie: »Super, diese Aufgabe habe ich verstanden und perfekt gelöst.«

Egal, wie viele Aufgaben Sie richtig oder falsch gelöst haben, Sie würdigen die richtigen.

Denken und sprechen Sie nicht über Gewohnheiten, die Sie abschütteln wollen: »Ich bin scheu, ich kann mich nur schwer entscheiden, ich bin faul, ...«

Ihre Selbstgespräche lauten: »Das werde ich«, »das will ich erreichen, das steht bevor.«

Merksatz:
Durch Beachten des Guten vermehren Sie das Gute.

Übung: Wer spricht denn da: »Du solltest doch…«

Der Lieblingssatz der inneren Stimme lautet: »Du solltest doch…« Eine einfache Tätigkeit kann so zu einer Vorschrift werden. Aus Freude entsteht Zwang.

Nehmen wir einmal an, Sie freuen sich, Ihre Schwiegereltern gelegentlich zum Kaffee einzuladen. Sobald Sie eine Vorschrift an Ihre Einladungen knüpfen, entsteht eine Regel und damit verbunden ein schlechtes Gewissen, wenn Sie diese Regel nicht einhalten. Ihre Regel könnte heißen: Schwiegereltern lädt man jeden Sonntag zum Kaffee ein, das ist höflich. Was werden Sie tun, wenn Sie an einem Sonntag keine Lust haben, Besuch zu bekommen? Werden Sie Ihre Schwiegereltern trotzdem einladen, nur um Ihr schlechtes Gewissen zu beruhigen?

Achten Sie darauf, wie oft Sie etwas tun, weil eine innere Stimme sagt, Sie sollten es tun, Sie aber etwas ganz Anderes tun möchten. Stellen Sie dieser inneren Stimme eine Gegenfrage. Auf: »Du solltest doch…«, entgegnen Sie: »Warum sollte ich? Wer sagt, dass ich soll?«

Es ist wichtig, dass Sie sich diese beiden Fragen auch beantworten. Danach geben Sie sich die Erlaubnis, etwas nicht zu tun.

Sich selbst ermutigen und fördern

Die inneren Selbstgespräche sind besonders dann wichtig, wenn wir vor einer neuen Erfahrung stehen, einer noch unbekannten Situation, einer Entscheidung. Damit wir vor Neuem nicht zurückschrecken, sind unterstützende Selbstgespräche dringend wichtig, da sie uns fördern und uns Vertrauen in unsere Bewältigungsfähigkeiten geben.

Immer dann, wenn wir vor schwierigen Situationen stehen, wenn wir den vertrauten und bekannten Boden verlassen, verstricken wir uns gerne in angstbesetzte Selbstgespräche und zweifeln an unseren Fähigkeiten. Wir vertrauen uns nicht, mit einer ungewissen Situation zurechtzukommen und nehmen das Misslingen schon voraus. Der innere Dialog läuft wie automatisiert, wir merken gar nicht, wie sehr er uns schadet.

Sie spüren es ganz genau, welchen Aktivitäten Sie am liebsten aus dem Weg gehen möchten, möglicherweise organisieren Sie Ihren Alltag so, dass Sie das nicht tun, was Angst auslösen könnte. Jedes Vermeiden verstärkt jedoch in Ihnen das Gefühl, nicht fähig zu sein, Probleme zu lösen.

Der Mensch denkt den ganzen Tag und er führt den ganzen Tag Selbstgespräche. Er gewöhnt sich an eine Denk- und Selbstgesprächsweise. Das heißt, je mehr Sie sich daran gewöhnen, entmutigend mit sich zu sprechen, desto mehr erziehen Sie sich zu einer schwachen Person.

Stellen Sie sich einen Schreibtisch vor, der vollkommen unaufgeräumt ist, alles liegt wahllos und unordentlich herum. Sie können erst produktiv arbeiten, wenn Sie Ordnung auf Ihrem Schreibtisch schaffen. Ebenso verhält es sich mit Ihren Gedanken und Ihren Selbstgesprächen. Ordnung schaffen heißt, alle belastenden Wörter und hinderliche Sätze wegräumen.

Übung: Mit Worten experimentieren

Nehmen Sie ein Blatt Papier und schreiben Sie angenehme Worte auf. Freude, Lebendigkeit, Stärke, Entspannung, Kraft, Energie, Übermut, …

Schreiben Sie ermutigende Selbsthilfesätze auf, beispielsweise:

- Ich vertraue mir, dass ich mich im entscheidenden Moment gut konzentriere.
- Ich weiß, dass ich mein Bestes gebe.
- Ich getraue mich.
- Ich freue mich, eine neue Erfahrung zu machen.
- Ich freue mich auf das Ergebnis.
- Ich setze mich für meine Bedürfnisse ein.

Nehmen Sie sich vor, die Aussagen ganz langsam zu sprechen, jedes Wort zu »zerkauen« und es sich »einzuverleiben.«

Übung: Situationsbezogene Ermutigungen

Der erste Schritt besteht darin, möglichst klar zu beschreiben, was Ihnen den Mut wegnimmt. Danach, im zweiten Schritt, wechseln Sie die Position, Sie reden sich gut zu. Sie führen ein mutmachendes Selbstgespräch, dabei schildern Sie fantasievoll, wie Sie die schwierige Situation gut meistern und Erfolg haben werden, wie Sie sich über Ihr Gelingen freuen. Am besten schreiben Sie alles auf. Je öfters Sie Ihre mutmachenden Worte dann lesen, desto stärker verinnerlichen Sie sie und schließlich werden sie Ihnen selbstverständlich, sie gehen Ihnen sozusagen in »Fleisch und Blut« über.

Beispiel: »Beim morgigen Gespräch mit meinem Arbeitgeber bleibe ich ruhig und konzentriert. Ich weiß, dass ich sympathisch bin. Ich werde laut und deutlich sprechen und ruhig atmen. Ich bin sehr neugierig auf dieses Gespräch. Ich mute mir den Erfolg zu. Ich wirke kompetent und selbstsicher auf mein Gegenüber. Ich bin begabt. Ich fühle mich stark und das strahle ich aus.« Die Wiederholung des Wortes »Ich« ist wichtig. Schreiben Sie noch weitere kurze Geschichten, das ist die beste Art, sich selbst stark zu machen.

Merksatz:

Sie sind in der Wahl Ihres Selbstgesprächs frei. Gibt es einen Grund dafür, WARUM Sie negativ sprechen sollten?

Übung: Die Partner Übung

Nehmen Sie einen Gegenstand, den Sie gerne haben, das kann ein kleines Kissen sein, eine Figur, kurz, Ihr Glücksbringer, Ihr neuer Partner. Das ist Ihr neuer Partner, dem Sie etwas über sich selbst erzählen. Ihre Aufgabe besteht darin, fünf Minuten (Sie stellen einen Zeitmesser) positiv über sich selbst zu sprechen, das machen Sie laut, lebhaft und begeistert. Sie erzählen Ihrem Glücksbringer, was Ihnen schon alles gelungen ist, worauf Sie stolz sind, was Sie sich vorgenommen haben und es Ihnen sicher gelingen wird. Im Grunde spielt es keine Rolle, über welches Erlebnis oder über welche Erfahrung Sie sprechen. Folgende Bedingungen muss die Aufgabe erfüllen:

- ❖ Sie sprechen laut und mit Begeisterung.
- ❖ Sie sprechen in der Ich-Form.
- ❖ Sie sprechen nur mit positiven Worten.
- ❖ Sie sprechen lösungsorientiert (»Das wird mir sicher gelingen«).

Übung: Der tägliche Frosch

Es gibt ein altes amerikanisches Sprichwort: »Eat that frog!«

Im übertragenen Sinn: Tun Sie genau das, wovor Sie sich fürchten, tun Sie es jeden Tag zuerst, tun Sie es bei jeder Gelegenheit.

Wenn Sie Ihre Angst, Ihren lebendigen Frosch, erst einmal verspeist haben, werden Sie beruhigt durch den Tag gehen, denn das Schlimmste ist bereits hinter Ihnen und Sie haben es überlebt!

Damit machen Sie wichtige Erfahrungen, die Ihnen Selbstvertrauen geben:

- ❖ Sie haben Mut entwickelt, den Frosch zu essen (Ihrer Angst ins Auge zu sehen)
- ❖ Sie haben den Frosch gegessen (Sie haben das getan, wovor Sie Angst hatten)
- ❖ Sie haben überlebt (Sie wissen nun, dass Sie genug stark sind)

Anstelle: »Ich habe Angst vor...«, sagen Sie: »Frosch, komm, ich verspeise dich, dann habe ich meine Ruhe...«

Ihre neue Gewohnheit heißt: Frosch essen - überleben – sich freuen – weiter machen

Im ersten Schritt nehmen Sie sich einen kleinen Frosch vor:

- Tauschen Sie eine defekte Ware um, obwohl das Wegwerfen einfacher wäre.
- Erledigen Sie einen Telefonanruf, den Sie lieber nochmal verschieben möchten.
- Fragen Sie eine kompetente Fachperson, wenn Sie ein Problem haben, anstelle zuerst alle Verwandten nach gutgemeinten Ratschlägen abzuklappern.
- Essen Sie nicht aus Höflichkeit etwas, das Sie nicht essen möchten. Sagen Sie ruhig NEIN, wenn es Ihrem Gesundheitsempfinden nicht entspricht.

Im zweiten Schritt nehmen Sie sich widerlichere Frösche vor…

Merksatz:

Die Gewohnheit, das Unangenehme zuerst zu erledigen, ist eine Erfolg bringende Tugend.

Übung: Das Sonnen-Tagebuch

Bestimmt haben Sie sich schon einmal in die Natur zurückgezogen, haben einen Waldspaziergang gemacht oder eine Wanderung unternommen. Dann haben Sie in die Sonnen geschaut, die Arme zum Himmel hinaufgestreckt und fühlten sich leicht und glücklich. Zu Hause erinnerten Sie sich an das wunderbare Erlebnis: An die Sonne, an die Wärme, an das freie Gefühl. Mit dieser Erinnerung haben Sie Ihr seelisches Immunsystem gestärkt.

Vielleicht seufzen Sie jetzt, das Schöne sei vergänglich und das Glücklich Sein eine Ausnahme. Und was, wenn nicht?

Stellen Sie sich einmal vor, Ihr Unterbewusstsein sei eine Speicherplatte, welche alles speichert, was Sie erleben, was Sie sehen, was Sie fühlen. Ihr ganzes Leben ist in Tausenden von Dateien dort für immer gespeichert. Nichts lässt sich löschen. Aber Sie können immer neue Dateien hinzufügen. Dateien des Glücks und der schönen Momente. Und das ist das Entscheidende. Sie können sich ganze Ordner mit Zuversicht und Licht füllen.

Beginnen Sie, ein Sonnen-Tagebuch zu führen. Das ist nicht irgendein Tagebuch, in das Sie die Ereignisse des vergangenen Tages einschreiben. Nein, in das Sonnen-Tagebuch schreiben Sie ausschließlich ausgewählte, glückliche, freudige Momente ein. Dieses Tagebuch ist eine Sammlung Ihrer ganz persönlichen schönen Augenblicke im Alltag. Jedes noch so kleine Ereignis zählt. In dieses Sonnen-Tagebuch können Sie Eintrittskarten und Fotos hineinkleben, Skizzen und Zeichnungen spontan kritzeln oder getrocknete Blumen einfügen. Dieses Tagebuch ist Ihre geheime Schatzkiste des Glücks.

Was bewirkt dieses Sonnen-Tagebuch? Dadurch, dass Sie die schönen Augenblicke festhalten, achten Sie im Alltag vermehrt auf das Positive. Ja, Sie sensibilisieren sich für das Schöne um Sie herum. Sie würdigen die Glücksmomente und dadurch vermehren Sie sie.

Viele Menschen neigen dazu, wenn es einmal nicht nach Wunsch läuft, zu verallgemeinern: »Nichts klappt und mir geht es nur noch schlecht.«

In so einem Augenblick der Niedergeschlagenheit können Sie in Ihrem Sonnen-Tagebuch zurückblättern, schöne Einträge lesen und sich vergewissern, dass es in Ihrem Leben ganz viele glückliche Erlebnisse gegeben hat. Dann können Sie die Sonne vor Ihr inneres Auge und in Ihr Herz holen.

Dieses Sonnen-Tagebuch ist Ihre persönliche Kraftquelle, die Ihre Lebenseinstellung verändern wird. Ihre Augen und Ihr Herz werden sich für das Positive öffnen und sich auf das Freudige ausrichten. Je mehr Sie das Schöne wahrnehmen, desto mehr des

Schönen werden Sie entdecken. Das wird sich auf Ihre Erwartungshaltung dem Leben gegenüber auswirken. Sie lernen, sich auf das Schöne zu fokussieren, Sie erwarten es und Sie erleben es.

Kaufen Sie sich ein schönes Notizbuch, betrachten Sie es als Ihre Schatzkiste, gestalten Sie es auf Ihre ganz persönliche Weise. Dieses Sonnen-Tagebuch ist Ihre Kraft-Tankstelle.

3. Resilienz: Elastizität und Widerstandskraft

Es gibt zwei Arten, auf Scheitern, Misserfolg oder Schicksalsschläge zu reagieren:

Es gibt Menschen, die gleich alles aufgeben, sie verfallen in dumpfes Grübeln und lang andauernde Hilflosigkeit. Sie kapseln sich ab, sie suchen Schuldige und fallen in die Opferrolle. Kurz: Wenn ein Faden ihres Lebens reißt, löst sich das ganze Gewebe auf.

Andererseits gibt es Menschen, die, nachdem ein Teil Ihres Lebens in Brüche gegangen ist, sich aufraffen und ihr Leben fortsetzen. Sie sind traurig, sehr traurig, doch sie sehen in Ihrem Leben einen Sinn, übernehmen die Verantwortung und leiden nicht. Bildlich gesprochen besitzen sie die Fähigkeit, ihre Probleme fein säuberlich in eine Schachtel einzupacken und mit Kraft das Gewebe ihres Lebens zusammenzuhalten. Kurz: Sie sind widerstandsfähig, sie sind resilient.

Merksatz:

Eine starke Persönlichkeit zeichnet sich durch ihre Resilienz aus, nach jedem Misserfolg erholt sie sich schnell und federt zurück, sie ist elastisch und bricht nicht.

Sei wie der Bambus.
beuge und biege dich anmutig, so wie der Wind es will
und du wirst niemals brechen …
(Japanisches Sprichwort)

Voraussetzung für Resilienz ist Ihre innere Stabilität, wirksam fördern Sie diese, indem Sie sich regelmäßig mit der Energie der Erde verbinden. Sie werden »bodenständiger«, Sie lassen sich nicht so schnell durch Ereignisse aus der Ruhe bringen.

Übung: Erdungsübung

Diese einfache Übung stärkt Ihr Vertrauen in die eigene Kraft und in die gütige Absicht des Lebens. Im Stehen durchgeführt, wirkt sie am intensivsten. Ist Stehen nicht möglich, setzen Sie sich mit geradem Rücken und flach aufliegenden Fußsohlen hin.

- Sie stehen hüftbreit, Schließen die Augen und haben aufrechte Kopfhaltung.
- Sie atmen dreimal tief aus dem Bauch ein und langsam wieder aus.
- Sie stellen sich vor, wie aus Ihren Fußsohlen Wurzeln tief in die Erde hineinwachsen.
- Es sind starke, bis zum Erdmittelpunkt reichende Wurzeln.
- Sie stellen sich vor, wie Ihre Wurzeln Energie aus dem Erdmittelpunkt aufnehmen.
- Diese goldfarbene Energie steigt durch Ihre Wurzeln immer höher, erreicht Ihre Fußsohlen.
- Die goldene Energie durchbricht Ihre Fußsohlen, steigt hoch und füllt Ihre Beckenschale.
- Von hier aus ziehen Sie die Energie mit jedem Atemzug in Ihren Körper hinauf.
- Sie strömt in jedes Organ, in jede Zelle.

- Sie säubert, heilt, vitalisiert und energetisiert jede Zelle Ihres Körpers.
- Sie können auch visualisieren, dass sich Äste an Ihrem Oberkörper bilden.
- Sie sind ein wunderbarer, starker, stabiler Baum.

Diese Erdungsübung beruhigt und stärkt Ihre Gedanken, Ihr Gemüt, Ihre Seele.

Bambus als Symbol

Der Begriff Resilienz stammt aus der Physik und bezeichnet die Fähigkeit eines Werkstoffes, der sich verformen lässt, um danach in die ursprüngliche Form zurückzufinden.

Der Bambus gilt als Symbol für Resilienz. Aufgrund seiner Flexibilität und Stärke ist er ein Vorbild für eine krisenresistente Lebenseinstellung. Der Bambus ist sehr elastisch und zugleich stabil, genau dies zeichnet eine resiliente Persönlichkeit aus.

Der Unterschied zwischen einer schwachen und einer starken Persönlichkeit liegt nicht darin, dass die schwache Persönlichkeit mehr Misserfolge oder Schicksalsschläge erleidet. Forschungen haben ergeben, dass genau das Gegenteil der Fall ist.

Der Unterschied liegt darin, dass eine starke Persönlichkeit das Hinfallen akzeptiert, aufsteht und weitermacht. Sie erholt sich schnell und kommt zurück. Prüfen Sie einmal selbst: Wie lange brauchen Sie, um sich von einer Enttäuschung, einer Kränkung, einem Misserfolg, einem Fehler zu erholen? Ja, wie lange brauchen Sie, um nach einem Schicksalsschlag den Lebensfaden wieder aufzunehmen und sich der neuen Situation anzupassen?

Noch einmal zur Klärung des Begriffs: Resilient sein, heißt nicht, den Schmerz zu ignorieren, ihn zu verleugnen oder ihn nicht zu spüren. Resilient sein heißt, den Schmerz anzunehmen, zu durchleben, mit dem Leben Frieden zu schließen und dann weiterzumachen.

Merksatz:
Die Erholungszeit ist eine wichtige Größe. Sie ist ein Gradmesser für die innere Stärke, für die Resilienz.

Gleich einem Sportler können Sie Ihre mentale Erholungszeit mit Training verkürzen. Werden Sie zu einem Aufstehmännchen. Ganz gleich wie viel Ablehnung und Misserfolg Sie einstecken müssen, Sie kommen zurück. Als resiliente Persönlichkeit haben Sie gelernt zu scheitern und nichtsdestotrotz handlungsfähig zu bleiben: Das ist Ihr unbezahlbarer Vorteil.

Schleuderkurs

Wann ist es sinnvoller, einen Schleuderkurs zu besuchen, vor oder nach dem Unfall? Ein Schleuderkurs ist ein Sicherheitstraining: Im Voraus reflektieren und analysieren Sie das Fahrverhalten in schwierigen Situationen. Sie schätzen Gefahren rechtszeitig ein und vermeiden Unfallsituationen.

Resiliente Menschen machen genau das, bezogen auf ihr Leben. Sie beobachten und analysieren ihre bevorstehenden Situationen.

Übung: Täglicher Schleuderkurs

Bereiten Sie sich am Anfang des Tages vor. Sie wissen, welche bevorstehenden Situationen und welche Erfahrungen Ihnen negative Gefühle auslösen können. Sie entscheiden im Voraus, wie Sie auf das mögliche Unangenehme reagieren wollen und werden. Mit dieser Übung entwickeln Sie Unverwüstlichkeit, indem Sie jeden Morgen neu entscheiden, elastisch zu bleiben, zurückzufedern und nicht zu zerbrechen. Schon Ihre mentale Vorbereitung auf eine mögliche Attacke entscheidet, wie leicht Sie später hineingezogen werden oder eben nicht.

Bereits am Vorabend machen Sie eine Übung, um Ihre Resilienz vorzubereiten. Sie schreiben auf:

- Welche Situationen stehen mir morgen bevor?
- Welche unangenehmen Erfahrungen könnten sich ergeben?
- Welchen unangenehmen Überraschungen könnte ich gegenüberstehen?

Laut sagen Sie: »Welche Enttäuschung sich ergeben mag, welche Erfahrung ich auch mache, ich bleibe ruhig, ich habe Mut hinzuschauen, ich atme ruhig und denke nach, bevor ich reagiere.«

Visualisieren Sie die schwierige Situation. Schließen Sie die Augen und sehen Sie vor Ihrem inneren Auge, wie es sich abspielen könnte. In Ihrer Fantasie sehen Sie sich dastehen und nicht weichen. Ihr Rückgrat ist aufrecht, Ihr Kopf steht gerade, Ihr Blick ist ruhig, Ihr Atem gleichmäßig.

Mit dieser Übung sind Sie auf jede bevorstehende Erfahrung gut vorbereitet.

Stellen Sie sich einmal vor, Sie werden von einem Regenschauer überrascht. Sie rennen die Straße entlang und suchen Schutz, um nicht nass zu werden. Aber auch wenn Sie beim Laufen die Dachvorsprünge nutzen, werden Sie trotzdem nass. Wenn Sie auf den Regenschauer von Anfang an vorbereitet sind, kann er Sie nicht überraschen, auch wenn Sie trotzdem nass werden. Verstehen Sie diesen Unterschied? Auch von einem Gewitter kann man etwas lernen.

Merksatz:

Nicht die Situation, sondern das unerwartete Eintreffen der Situation verunsichert und schockiert. Resilient sein heißt, auf Überraschungen vorbereitet zu sein, um nicht überrascht zu werden.

Resiliente Menschen handeln, obwohl Sie Angst haben, weil sie Ihrer Fähigkeit, mit jeder Situation umgehen zu können, vertrauen. Sie nehmen das Risiko eines Misserfolgs auf sich, weil sie die Überzeugung haben, dass jeder Misserfolg nur eine Momentaufnahme ist, ein Schlag in die Magengrube, es tut weh, aber der Schmerz vergeht. Resilienz ist Handeln trotz Angst.

Zurück zum Schleuderkurs:

Jeder Schleuderkurs findet erst einmal in geschützter Atmosphäre statt. Danach kommt der Moment, in dem Sie sich ins Auto setzen, um durch den Großstadtverkehr zu manövrieren. Sie haben gelernt, im Schneegestöber, in strömendem Regen oder auf vereister Fahrbahn Ruhe zu bewahren. Sie wissen, wie wichtig es ist, angesichts dieser Herausforderungen Kontrolle über Ihr Fahrzeug zu haben. Trotz Vorbereitung und Übung erfordert dieses Fahrmanöver Mut, das heißt, Ihre Emotionen müssen Sie im Griff haben.

Folgende Vorstellungsübung hilft Ihnen dabei, mutig zu bleiben und durchzuhalten.

Übung: Das Ende des Tunnels

Wie schwierig Ihre Situation auch sein mag, schließen Sie Ihre Augen und stellen Sie sich vor, Sie befänden sich in einem finsteren Tunnel. Da, wo Sie stehen, sehen Sie gar nichts, doch weit vorne schimmert schwaches Licht. Mit beiden Händen halten Sie sich an einem Seil fest, Sie können es nicht sehen, Sie spüren es nur. Langsam, Schritt für Schritt, ziehen Sie sich entlang dieses Seils nach vorne. Bleiben Sie geduldig und zuversichtlich und Sie werden das Ende des Tunnels erreichen.

Merksatz:

Resilienz heißt, Mut zu haben, durch einen Tunnel der Erfahrung zu gehen, obwohl es im Tunnel düster ist.

Im Tunnel ist emotionales Schneegestöber und emotionales Glatteis, aber Sie bewahren Ruhe und gehen hindurch. Ganz einfach ausgedrückt, wenn es emotional eng und sehr eng wird, zerbrechen Sie nicht.

Vergangenheit als Mutbremse

»Mut zu haben bedeutet, der Furcht zu widerstehen; es bedeutet, sie zu beherrschen – nicht, keine Furcht zu haben«
(Mark Twain)

Denken Sie zurück und beantworten Sie folgende Fragen:

- ❖ Wer wären Sie ohne Ihre Vergangenheit?
- ❖ Würden Sie gerne auf Ihre Vergangenheit verzichten wollen?
- ❖ Nur auf gewisse Begebenheiten?

- Auf welche?
- Warum?

Hätten Sie keine Vergangenheit, hätten Sie auch keine Zukunft, denn Zukunft ist Ihre Projektion der Vergangenheit. Etwas verständlicher ausgedrückt: Gedanklich beschäftigen Sie sich mehrheitlich mit dem, was Sie unmittelbar oder länger zurück erlebt haben. Mit Ihren rückwärtsgerichteten Gedanken, die Sie »Erfahrung« nennen, erschaffen Sie Ihre Erwartungen an die Zukunft. Mit neunundneunzigprozentiger Sicherheit erfüllen sich Ihre Erwartungen.

Hätten Sie keine Vergangenheit, hätten Sie auch keine Angst. Die Angst nährt sich von vergangenen Erfahrungen und prägt Ihr Denken, Ihr Sprechen und Ihr Handeln. Ein vergangenes Scheitern lähmt. Sie verschieben Entscheidungen, weil Sie ein erneutes Scheitern vermeiden wollen. Noch einmal die gleiche Enttäuschung erleben, nein, das wollen Sie nicht. Deshalb erfinden Sie Gründe, um einer Entscheidung aus dem Wege zu gehen.

Einer der zerstörerischsten und hartnäckigsten Energieräuber für den heutigen Menschen ist dieser Zustand, dass der Körper an einem Ort ist, die Gedanken an einem ganz anderen. Diese innere Spaltung führt zu enormem Verlust von Energie. Mit einem Bein in der Gegenwart das Gleichgewicht suchen, mit dem anderen Bein in der Vergangenheit kleben bleiben und über vergangene Fehler und Misserfolge grübeln: Sie sehen ein, dass es so nicht geht.

Es wird Ihnen nicht gelingen, etwas Konstruktives zu leisten, wenn Sie sich von Ihrer Angst nicht befreien. Wenn Sie Angst haben, senden Sie Angstgedanken in das Energiefeld um sich herum aus und verändern damit das Sie umgebende Energiefeld tatsächlich. Andere Menschen fangen Ihre angstvollen Gedanken unbewusst auf, Menschen können Angst buchstäblich riechen.

Ein einfaches Beispiel: Stellen Sie sich vor, Sie steigen zu einer etwas späten Stunde aus dem Zug, nur noch zehn Minuten und Sie sind zu Hause. Hinter Ihnen hören Sie Schritte. Was denken und tun Sie jetzt? Sind Ihre Gedanken: »Da verfolgt mich jemand«, beschleunigen Sie Ihre Schritte. Verstohlen schauen Sie mehrere Male zurück. Sie versuchen einzuschätzen, wem Sie die Schritte zuordnen können.

Denken Sie hingegen: »Da ist jemand, der genau wie ich möglichst schnell nach Hause will«, werden Sie Ihren Schritt nicht beschleunigen und sich nicht umdrehen. Eins ist sicher: Wer auch immer sich hinter Ihnen befindet, spürt genau, was in Ihnen vorgeht.

Beobachte Sie bewusst Ihr Umfeld, wenn Sie wieder einmal geängstigt oder aufgewühlt sind. Wie verhalten sich die Kinder? Zieht sich Ihr Partner zurück, um Ihnen nicht in die Quere zu kommen?

Sogar Tiere riechen Ihre Angst. Ein riesiger Elefant lässt sich von einem kleinen Menschen dirigieren, wenn der Mensch keine Angst hat. Wenn aber der gleiche Mensch einem kleinen Hund zeigt, dass er sich vor ihm fürchtet, wird das kleine Tier plötzlich laut, aggressiv und gefährlich.

Merksatz:

Auch resiliente Menschen haben Angst. Sie reden ihre Angst nicht schön und verleugnen sie nicht. Sie akzeptieren die eigene Angst und durchleben sie ohne Widerstand zu leisten. Sie stellen sich ihr, ohne sich gegen sie zu stemmen. Was bleibt, ist die Fähigkeit zu handeln.

Übung: Sich fallen lassen

Unser Denken hat noch nicht begriffen, dass es in den meisten Situationen nichts bringt, Angst zu haben. Ständig wittert es eine Bedrohung unserer Sicherheit und erfindet Gründe, um Angst zu haben. Deshalb ist es schlecht möglich, auf der sachlichen, sprich gedanklichen Ebene, Angst aufzulösen. Oder hat es Ihnen geholfen, wenn Sie jemand mit: »Du brauchst doch keine Angst zu haben«, beruhigen wollte?

Ihre Übung besteht darin, Ihrer Angst keinen Widerstand zu leisten, sondern sie anzuerkennen und sich innerlich fallenzulassen. Nachfolgende Übung ist der Weg zu Ihrer inneren Befreiung.

Am Abend, vor dem Schlafengehen, setzen Sie sich für einige Minuten so in Ihr Bett, dass Sie sich am Kopfteil anlehnen können. Schließen Sie nun Ihre Augen und atmen Sie tief in den Bauch. Spüren Sie die Entspannung. Stellen Sie sich nun vor, dass in Ihnen vollkommene Leere ist, Sie sind ein leeres Gefäß, nur eine Hülle. Sie sind ein leeres Haus, das angstvolle Ich ist nicht zu Hause. Je länger Sie diesen Zustand der Leere aufrechterhalten können, desto mehr und mehr werden sich innere Ruhe und Vertrauen in Ihnen ausbreiten. Anfänglich erscheint Ihnen diese Übung sehr schwierig und Sie schaffen die Empfindung der Leere nur für wenige Augenblicke. Das ist schon ein guter Anfang, üben Sie weiter. Diese Erfahrung der inneren Leere ist die Erfahrung der Widerstandslosigkeit und der inneren Ruhe.

Übung: Tägliches Überschreiben oder »Tagesrückschau«

Sie haben die Möglichkeit, jeden Abend vor dem Schlafengehen den vergangenen Tag zu bereinigen. Sie überschreiben eine Sie bedrückende Situation, eine Kränkung oder Enttäuschung, indem Sie sie mit stärkender Energie neu erleben.

Setzen Sie sich bequem hin und schließen Sie Ihre Augen. Nun stellen Sie sich die negativ erlebte Situation in allen Einzelheiten vor. Welche Rolle haben Sie darin gespielt? Wie haben Sie sich verhalten? Was haben Sie gesagt und getan? Diese Vorstellung der erlebten Situation muss möglichst präzise sein. Lassen Sie sich Zeit.

Jetzt überschreiben Sie energetisch die gleiche Situation, indem Sie sie nochmals durchspielen: Wie hätten Sie besser reagiert? Hätten Sie mehr innere Ruhe bewahren sollen? Was hätten Sie zu Ihrem Vorteil sagen können?

Sie visualisieren jetzt Ihr selbstsicheres Verhalten. Mit dieser Übung geben Sie Ihrem Unterbewusstsein ein neues Programm, das Ihnen hilft, sich das nächste Mal in einer ähnlichen Situation stärker zu verhalten.

Übung: Vorwegnehmen oder »Tagesvorschau«

Dies ist eine Morgenübung, mit der Sie optimal vorbereitet in den Tag starten. Sie erwachen, öffnen die Augen und hinein in die Übung:

In Ihrer Vorstellung gehen Sie durch den bevorstehenden Tag: Welche Termine stehen bevor? Welche Herausforderungen verunsichern? Welche Situationen erfordern viel Konzentration und innere Ruhe? Wie soll der Tag idealerweise werden?

Sie stellen sich vor, wie Sie in jeder Situation selbstsicher und ruhig bleiben, klar sprechen, mentale Stärke signalisieren. Diese Übung fällt Ihnen leichter, wenn Sie am Abend davor den Tag mit der »Schleuderkurs Übung« vorbereitet haben.

Achtung: In dieser Übung geht es nur um Sie, um Ihr Verhalten und Ihre Reaktionen. Zu denken: »Ich will, dass mein Chef freundlicher ist«, geht nicht. Andere Menschen können Sie nur über Ihr eigenes Verhalten beeinflussen.

Merksatz:
Wenn Sie sich eine Situation so vorstellen, wie sie idealerweise wäre, glaubt Ihr Unterbewusstsein, dass es genauso ist und stellt sich darauf ein, dass es auch so wird.

Vergangenheit ist nicht Gegenwart

Vergangenheit ist nicht Gegenwart. Grundsätzlich ist das jedem klar. Das Leben findet JETZT statt und nur JETZT. Das hingegen ist nicht jedem klar.

Das mentale Gesetz besagt: Wenn Sie vergangene Misserfolge in die Gegenwart ziehen, diese immer wieder durchdenken, darüber sprechen, die belastenden Gefühle erneut erleben, dann verstärken Sie jedes Mal die negative Belastung des Erlebten. Das heißt, Sie vermitteln dem Unterbewusstsein mit jeder Wiederholung Ihrer Gedanken und Ihrer Gefühle eine innere Überzeugung. Beispielsweise: »Ich bin ein Versager«. Das Unterbewusstsein antwortet: »Einverstanden, wenn du mir das immer wieder sagst, dann stimmt das, also helfe ich dir dabei, weiterhin ein Versager zu sein.«

Stellen Sie sich bildlich ein Flussbett vor. Ein Gedanke ist vorerst ein schmales Flüsschen, wiederholen Sie einen Gedanken, wächst das kleine Flüsschen zu einem Fluss und gräbt gleichzeitig ein immer tieferes Flussbett aus. Das Flussbett Ihrer Gedanken ist Ihr Unterbewusstsein. Es versteht jeden Ihrer Gedanken und jede Ihrer Aussagen als Befehl. (Mehr zum Unterbewusstsein und seinen Aufgaben in meinem Buch »Dein Erfolg ist ganz oder gar nicht«). Je öfters Sie ihm einen Gedanken senden, desto sicherer wird es Situationen in Ihr Leben hineinziehen, die genau diesem Gedanken entsprechen.

Unser Gehirn ist einerseits bequem, es wählt den Weg des geringsten Energieaufwandes. Besteht Ihre Denkgewohnheit aus Negativspiralen, so wird sich das Gehirn liebend gern mit diesen beschäftigen, weil Gewohnheiten keinen großen Energieaufwand beanspruchen.

Andererseits liebt unser Gehirn Dramageflechte und wenn wir ihm keine liefern, konstruiert es sich selbst welche. Das Drama holt sich das Gehirn aus der Vergangenheit, fügt hinzu und legt sich eine Zukunft zurecht, die ebendieses Drama noch verstärkt.

Merksatz:

Sich auf die Gegenwart zu konzentrieren ist deshalb schwierig, weil dem Gehirn das Drama fehlt. Aus der Gegenwart lässt sich kein Drama machen. Gegenwart ist immer nur Jetzt und das ist ein Fakt und kein Drama.

Betrachten Sie Ihre Vergangenheit als eine Schatztruhe, angefüllt mit vergangenen Ereignissen und Erfahrungen. Prüfen Sie gut, welche Erinnerungen Sie aus der Schatztruhe herausnehmen wollen. Es gibt solche, die Sie stärken und solche, die Sie schwächen. Gerne erinnern sich Menschen mehr an ärgerliche und belastende Ereignisse. Dann sprechen sie oft über diese und ziehen dadurch die gleichen Erfahrungen in die Gegenwart. Die Geschichte von damals wird Bestandteil der Gegenwart. Der Ballast von damals wird zum Ballast der Gegenwart. Der Ballast der Gegenwart bildet den Nährboden für die Zukunft.

Fragen Sie sich: Welche Erinnerungen beschäftigen mich oft und wie fühle ich mich dabei? Was lässt mich nicht los? Nehmen Ihnen gewisse Erinnerungen die Kraft, so ist es sinnvoll, die Wirkung dieser Ereignisse aufzulösen. Es ist nicht möglich, etwas, das man erlebt hat, ungeschehen zu machen. Man kann aber die

Erinnerung daran so verändern, dass sie nicht mehr schmerzt und Sie heute weiterleben können, ohne zu leiden. Lösen Sie alles auf, das Ihnen die Kraft für Ihr gegenwärtiges Leben nimmt.

Die meisten Leute besitzen ein Fotoalbum. Darin bewahren sie Erinnerungen an glückliche Momente auf. Es sind Fotos einer unvergesslichen Ferienreise, eines Geburtstagsfestes, Schnappschüsse von spielenden Kindern, kurz: Es sind Erinnerungen an glückliche Momente. Niemandem würde es in den Sinn kommen, ein Foto von eher kläglichen Momenten zu machen. Haben Sie schon einmal ein Foto gemacht, während Sie im Stau standen und ungeduldig waren, während Sie im Warteraum eines Zahnarztes saßen oder eine schwierige Prüfung schrieben? Solche Fotos existieren in Ihrem Fotoalbum nicht.

Machen Sie sich bewusst, dass Sie im Kopf ein Fotoalbum mit sich herumtragen. Das Fotoalbum heißt »Gedächtnis« und wird von Ihrem Unterbewusstsein sorgfältig verwaltet. In diesem Fotoalbum finden sich nebst glücklichen Schnappschüssen auch solche von unglücklichen Momenten, Streitigkeiten, Missgeschicken, Kränkungen und Enttäuschungen. Hätten Sie die Möglichkeit, würden Sie am liebsten die unerwünschten Fotos herauszureißen und sie verbrennen. Das geht aber nicht, aus dem Unterbewusstsein lässt sich nichts herausreißen. Erlebt ist erlebt, Sie können nicht machen, dass etwas nicht mehr ist, was war. Hingegen ist es möglich, die negativen Emotionen, welche die Fotos in Ihnen auslösen, wirkungslos zu machen. Kurz gesagt: Sie schauen sich die Fotos an, erinnern sich, Ende. Die Erinnerung löst keinerlei belastende Emotion aus.

Merksatz:

Jede Erinnerung ist im Unterbewusstsein abgelegt, so macht es Sinn, auch an diesem Ort anzuknüpfen. Ist das Problem im Unterbewusstsein, so ist auch die Lösung im Unterbewusstsein.

Nachfolgende Übungen richten sich direkt an Ihr Unterbewusstsein. Sie bewirken, dass Sie sich an die belastenden Erlebnisse aus der Vergangenheit erinnern, doch ohne seelisch betroffen zu sein. Akzeptanz und innere Ruhe anstelle Betroffenheit.

Übung: Farbeimer

Schließen Sie Ihre Augen und stellen Sie sich einen Eimer, angefüllt mit zähflüssiger Farbe, vor. Die Farbe der Flüssigkeit wählen Sie selbst. Auf der Oberfläche erscheint das Bild Ihres belastenden Erlebnisses. Es schwimmt auf der Oberfläche und schillert in bunten Farben. Nun nehmen Sie einen Stock und mischen energisch mit kreisenden Bewegungen in der Flüssigkeit. Sie mischen im Uhrzeigersinn. Jetzt ist das Bild Ihres Erlebnisses verzerrt, entstellt. Sie mischen energisch, bis das Bild vollkommen in der Farbe verschwunden ist. Die Oberfläche ist wieder ruhig und glatt.

Übung: Vorwärts- / Rückwärtsfilm

Schließen Sie Ihre Augen. Stellen Sie sich Ihre belastende Situation als einen Kurzfilm vor. Was genau hat sich abgespielt? Welche Personen waren beteiligt? Wer hat was gesagt? Reihen Sie Ihre inneren Bilder zu einem Film zusammen. Lassen Sie den Film einige Male vor Ihrem inneren Auge abrollen. Nun spielen Sie den Film rückwärts ab, alles läuft in entgegengesetzter Richtung ab, das heißt, die Menschen bewegen sich rückwärts. Ohne Unterbruch spielen Sie den Film vorwärts und unmittelbar danach rückwärts ab. Einige Male. Jetzt beschleunigen Sie das Tempo des Films. Bei jedem Durchgang steigern Sie das Tempo. Das Tempo ist so schnell geworden, dass Sie nichts mehr erkennen können. Mit einem Ruck reißt der Film. Stillstand. Leere.

Übung: Einen Brief schreiben

Schreiben Sie einen Brief an die Person, die Sie in der Vergangenheit verletzt hatte. Beschreiben Sie jedes Detail, das Sie beschäftigt und Sie immer noch traurig macht. Beginnen Sie so:

»Heute übernehme ich die volle Verantwortung für alles, was geschehen ist und teile dir hier mit, was für mich nicht in Ordnung war …«

Beenden Sie den Brief mit: »… Heute verzeihe ich dir und lasse dich los. Du hast mir das Gefühl gegeben, wertlos zu sein. Heute gebe ich dir das Gefühl zurück, das brauche ich nicht mehr.«

Diesen Brief falten Sie zusammen und geben ihn in einen Briefumschlag. Sie müssen ihn nicht abschicken, sondern wählen ein Ritual, um ihn zu vernichten. Sehr wirkungsvoll ist es, den Brief zu verbrennen. Sie können den Brief in kleinste Stücke zerreißen und in einen Fluss werfen. Sie schauen den schwimmenden Papierstücken nach.

Übung: Ritual des Löschens

Eine körperliche Handlung, das heißt, ein Ritual, bekräftigt das Loslassen noch zusätzlich. Damit verstärken Sie die Absicht und die Bedeutung des Löschens. Indem Sie ein negatives Erlebnis aufschreiben, holen Sie es erst einmal aus der brodelnden Versenkung an die Oberfläche. Das ist die der erste Schritt. Der zweite Schritt heißt dann: Erinnerung gehen lassen.

Hier einige Möglichkeiten:

- Sie kleben Ihr Schreiben auf einen möglichst schweren Stein und werfen ihn in den Fluss.
- Sie umwickeln einen Stock mit dem Papier und halten den Stock über ein Feuer.
- Sie schreiben die Erinnerung auf Toilettenpapier und betätigen die Spülung.
- Sie vergraben Ihre Erinnerung im Wald in einer tiefen Grube.
- Sie wählen kompostierbares Papier und vergraben es weit unten in einem Kompost- oder Misthaufen.

Ein Ritual, das auf das Unterbewusstsein sehr stark wirkt, ist das Verbrennen.

Emotionskontrolle und Selbstregulation

Emotionen sind existenziell, da wir unsere individuelle Welt vor allem über Emotionen wahrnehmen. Unser Ziel sollte es sein, mit diesen bewusst umzugehen, das heißt, sie wahrnehmen, angemessen ausdrücken und kontrollieren. Ja, Selbstkontrolle und Selbstregulation setzen voraus, dass wir die Verantwortung für unsere Emotionen übernehmen. Sich durch Emotionen zu Aussagen und Handlungen hinreißen zu lassen, kann verheerend sein.

Emotionen sind die Sprache unserer Bedürfnisse, das heißt, eine Emotion deutet immer darauf hin, ob wir ein Bedürfnis als erfüllt oder als nicht erfüllt interpretieren. Eine Emotion ist immer das Ergebnis der eigenen Interpretation einer Begegnung, einer Situation, einer Erinnerung, einer Zukunftserwartung …

So ist es verständlich, dass die gleiche Situation von jedem von uns nicht nur unterschiedlich interpretiert, sondern auch unterschiedlich emotional erlebt wird.

Folgende Übung hilft Ihnen, Ihre Emotionen und deren Schwankungen wahrzunehmen.

Übung: In einer Bilderausstellung

Gehen Sie mit einem gemäßigten Schritt durch eine Bilderausstellung, ohne vor einem Bild stehen zu bleiben. Auf jedes Bild werfen Sie nur einen kurzen Blick und achten auf das Gefühl, das es in Ihnen erregt. Erschrecken Sie über die aggressive Pinselführung oder empfinden Sie die Linien als lieblich und weich, so dass Sie stehen bleiben möchten? Wühlen Sie die Farben auf oder empfinden Sie sie eher als langweilig?

Gehen Sie durch die Räume und achten Sie nur auf Ihre Empfindungen, ohne zu bewerten »Das gefällt mir«, »das gefällt mir nicht.«

Prüfen Sie als nächstes die Wirkung anderer Menschen auf Ihre Emotionen.

Übung: Die Wirkung anderer Menschen

Erinnern Sie sich an eine Situation, in der Ihre Emotionen sehr stark waren. Benennen Sie diese Emotionen. Fragen Sie sich: Mit welchen Menschen hatte ich es damals zu tun? Beschreiben Sie möglichst unberührt und ohne zu bewerten das Verhalten dieser Menschen, ihre Bewegungen, ihre Körperhaltung, Ihre Mimik und Gestik. Die Worte, welche diese Person ausgesprochen hatte, blenden Sie aus. Es geht hier nur um Ihre Wahrnehmung des Äußeren. Hat bereits der äußere Auftritt dieser Person zu der starken Emotion geführt, die Sie dabei erlebt hatten?

Widerstandslosigkeit macht Emotionskontrolle möglich

Eine Geschichte erzählt von einem Zen Meister, der 48 Stunden lang weinte. Sein Schüler sagte zu ihm: »Sie sind kein richtiger Meister. Sie lassen sich von Ihren Emotionen überwältigen und heulen wie ein Kind.«

Der Meister antwortete: »Meine Freiheit besteht darin, zu weinen, wenn ich traurig bin.«

Er war völlig eins mit seiner Trauer und er war wirklich in der Tiefe seiner Traurigkeit. Der Erfolg war aber, dass er den größten Teil seiner Trauer in 48 Stunden bewältigt hatte. Dann war es vorbei.

Emotionen sind starke innere Regungen, sie sind klar definiert als Wut, Eckel, Trauer, Freude, Angst und Überraschung. Menschen teilen Emotionen gerne in positive und negative ein. Was ist schon positiv, was negativ? Das sind subjektiv gefärbte Begriffe, sie besagen nur, dass in dem betreffenden Augenblick etwas als angenehm oder eben als unangenehm empfunden wird.

Trauer wird generell als negative Emotion bewertet, die Menschen möchten sie mit größter Anstrengung loswerden. Es ist so typisch menschlich, sich nicht zu eigenem Kummer und Schmerz bekennen zu wollen. Man will »positiv« sein und wehrt sich gegen alles Unangenehme.

Merksatz:

Resilienz ist die Fähigkeit, Trauer zuzulassen, sie zu durchleben, ohne zu leiden. Resilienz ist die Kraft, durch jede belastende Emotion hindurchzugehen, ohne sich von ihr mitreißen zu lassen.

Resilienz ist die Bereitschaft, das Scheitern, den Kummer, den Schmerz, die Verzweiflung und die Trauer zuzulassen und hindurchzugehen. Resilienz ist die innere Stärke, sich zu den eigenen Emotionen zu bekennen. Sie vermindert Ihre Angst vor Entscheidungen und Ereignissen, denn Sie wissen, dass Ihnen nichts mehr etwas anhaben kann. Sich dem emotionalen Schmerz zu stellen, erfordert Mut, aus diesem Mut erwächst Ihr Vertrauen in die eigene mentale Kraft.

Machen Sie sich bewusst: Emotionen verhalten sich wie eine Herde Wildpferde. Sie taucht auf, rast auf einen zu, donnert vorbei, die Erde bebt, dann wird es wieder ruhig. Das heißt: Eine Emotion ist nicht anhaltend, sie dauert nur eine bestimmte Zeit, sie baut sich auf bis zu einem Punkt und lässt dann wieder nach. Ihre Aufgabe besteht darin, aus Entfernung den Wildpferden zuzuschauen. Sich von Wildpferden mitreißen zu lassen, ist gefährlich. Entfesselte Emotionen verstärken sich, eskalieren und können zu nicht wiedergutmachenden Handlungen hinreißen.

Leid entsteht dadurch, dass wir die Emotion festhalten und sie mit schmerzhaften Gedanken vermehren. Die Gedanken kreisen und verlängern den Schmerz. Stellen Sie sich vor, Sie werfen einen Stein in ruhiges Wasser. Der Stein sinkt auf den Grund, auf der Oberfläche entstehen aber Wellenkreise, immer neue, die sich ausweiten. Der Stein ist Ihre Emotion. Die sich ausbreitenden Kreise sind Ihre Gedanken. Je mehr Gedankenkreise Sie zulassen, desto stärker verstricken Sie sich in neue Empfindungen.

An einem Bespiel erklärt heißt das: Ihre Emotion heißt Trauer. Ihre Gedanken kreisen und konstruieren in Ihrer Vorstellung Bilder von Hilflosigkeit, Opfergefühl, Einsamkeit, Wut, Rache, Angst. Trauer ist gut und menschlich, aber Sie haben sich von ihr wegbewegt, Sie durchleben nicht die Trauer, sondern leben bereits in neuen Empfindungen, die Ihre Lebenskräfte mindern.

Merksatz:

Leisten Sie einer schmerzhaften Emotion keinen Widerstand, produzieren Sie aber auch keine zusätzlichen Leidensgedanken.

Sich TROTZ belastenden Emotionen frei zu fühlen heißt: Hinschauen, benennen, sich zur Emotion bekennen, akzeptieren, die Intensität spüren, nicht reagieren, weiterleben.

Stellen Sie sich einmal vor: Sie sagen zu einer Emotion: »Ich will dich nicht.«

Was geschieht? Die Emotion bildet eine energetische Wand, gegen welche Sie kämpfen. Ihr Denken ist nun unablässig damit beschäftigt zu prüfen, ob Sie diese Emotion noch haben. Die Emotion loszuwerden, ist gar nicht möglich, denn Ihre ganze Aufmerksamkeit ist auf sie gerichtet, Ihr ganzes Denken ist mit etwas beschäftigt, das Sie nicht haben wollen.

Wenn Sie eine Emotion nicht fühlen wollen und Sie sich diese verbieten, löst sie sich dadurch nicht einfach auf. Die Energie der Emotion bleibt in Ihrem Körper und krallt sich in Ihrem Inneren fest.

Sagen Sie aber zu Ihrer Emotion: »Du kannst kommen und auch wieder gehen«, entsteht keine energetische Wand, Sie kämpfen nicht, Sie haben Ihre Aufmerksamkeit von der Emotion weggenommen, die Energie fließt durch Sie und verlässt Sie wieder.

Merksatz:

Die Emotionen haben die Eigenart, sich zu vermindern und sich aufzulösen, wenn man ihnen einen Namen gibt und ihnen Einlass in unser Inneres erlaubt.

Übung: Bewusstes Durchleben

Wenn Sie sich in einer Emotion gefangen fühlen, hilft Ihnen diese Übung, Ihre Emotion zuzulassen und sie aufzulösen. Sie verlieren die Angst vor der Emotion.

Setzen Sie sich bequem hin, Schließen Sie die Augen und gehen Sie ganz in die Empfindung hinein. Nehmen Sie bewusst Ihre Emotion wahr, versinken Sie ganz in ihr, vollkommen widerstandslos. Benennen Sie Ihre Emotion: Trauer, Wut? Ihre Emotion ist eine Strömung, geben Sie ihr eine helle Farbe, rosa, hellgrün, golden. Beobachte Sie Ihre Emotion, wie sie durch Ihren Körper hindurchströmt. In der Vorstellung öffnen Sie alle Poren, die Emotion strömt ein und aus, widerstandslos, absichtslos.

Übung: Bündeln der Emotion

Vergleichen Sie Ihre Emotion mit einem kleinen Kind, das ihre ganze Aufmerksamkeit in Anspruch nimmt. Mit dieser Übung nehmen Sie Ihre Konzentration von der Emotion weg. Bekommt die Emotion keine Aufmerksamkeit, schleicht sie sich davon.

Setzen Sie sich bequem hin, Schließen Sie die Augen und gehen Sie ganz in die Wahrnehmung der Emotion hinein. Begrüßen Sie Ihre Emotion: »Da bist du ja wieder, meine liebe …«

Teilen Sie Ihrer Emotion einen Platzt in Ihrem Körper zu. Beispiel: Ein Punkt auf Ihrem Unterarm (Bauchnabel, ein Zeh, Knie, …). Konzentrieren Sie sich auf diesen Körperpunkt und nur auf diesen. Ihre vollkommene Aufmerksamkeit gilt jetzt diesem Punkt. Halten Sie Ihre Konzentration möglichst lange, Ihre gesamte Emotion befindet sich in diesem Punkt.

Öffnen Sie Ihre Augen. Wie stark ist die Emotion noch? Ist Sie da? Wie intensiv wirkt sie noch?

Übung: Inmitten des Wirbelsturms

Vergleichen Sie Ihre emotionsgeladenen Wellen mit einem Tornado. Im äußeren Bereich des Tornados stürmt es verheerend. In der Mitte des Tornados ist es beinahe windstill, manchmal scheint sogar die Sonne. Der mit voller Wucht tobende Sturm legt sich.

Erreichen Sie diese emotionale Windstille:

Setzen Sie sich ruhig und bequem hin, Schließen Sie Ihre Augen. Visualisieren Sie das Bild eines Tornados, Ihre belastende Emotion ist die verheerende Sturmspirale, die Sie umgibt. Sie befinden sich im Zentrum dieser Spirale, da ist es ruhig. Die Spirale dreht sich im Gegenuhrzeigersinn, Ihre Emotion wird gleich einem Wirbel abwärts in die Erde gezogen. Jetzt ist es ruhig geworden, um Sie und in Ihnen.

Zwischen Reiz und Reaktion

Wut können Sie mit einem Feuerball vergleichen, der durch Ihren Körper rast und den Herzschlag hochgehen lässt. Alles in Ihnen stellt sich auf Angriff ein. Ihre Muskeln verhärten sich, möglicherweise ballen Sie die Faust, beißen die Zähne zusammen, Ihr Atem ist kurz oder Sie vergessen zu atmen.

Die Emotion Wut steht Ihnen als starke Persönlichkeit gar nicht gut. Mit Wut beweisen Sie nur, dass Sie Kontrolle und Ihre Selbstsicherheit verloren haben, in irgendeinem Bereich Ihres Lebens fühlen Sie sich bedroht. Da ist jemand, der Ihre Grenzen überschritten und Ihren wunden Punkt getroffen hatte. Um die angestaute Energie abzubauen, spüren Sie einen Handlungsimpuls. Am liebsten möchten Sie sofort reagieren, losrennen, etwas sagen, den Gegner an die Wand drücken. Geben Sie diesem Impuls nicht nach, im Affekt werden Dummheiten gesagt und Dummheiten gemacht. Die Wut impulsiv herauszulassen ist die schlechteste Art, sich von der Hitze des Feuerballs abzukühlen.

Merksatz:
Lassen Sie sich nie durch eine Emotion zu einer Handlung hinreißen!

Wenn Sie wütend sind, besteht Ihr erster Schritt darin, laut zuzugeben (nicht zu schreien): »Ich fühle eine Wut in mir, eine sehr große Wut, eine wirklich sehr große Wut.«

Und wieder gilt: Eine Emotion zuzugeben ist gut und ist schon der erste Schritt zur Veränderung.

Beachten Sie: Zu sagen: »Ich bin wütend«, ist falsch, weil Sie sich mit der Wut identifizieren. »Ich fühle Wut«, ist richtig, weil Sie sich mit der Wut nicht identifizieren.

Sie gewinnen Abstand, indem Sie mit Ihrer Wut innerlich sprechen: »Wut, ich beobachte dich. Du bist dort und ich bin hier.«

Innerlich treten Sie auf die Seite und beobachten Ihre Wut, Sie identifizieren sich nicht mit Ihrer Wut. Sie warten. Atmen. Warten. Atmen. Nochmals warten. Noch länger warten. Atmen nicht vergessen.

Je länger Sie warten, desto stärker ist Ihre emotionale Intelligenz. Dieser Begriff beschreibt Ihre Fähigkeit, Ihre Emotion wahrzunehmen, zu warten und nicht zu regieren. Sie haben Selbstkontrolle.

Merksatz:

Ihre Fähigkeit, mit den eigenen Emotionen klarzukommen, ist für Ihren Erfolg entscheidend. Emotionale Intelligenz lässt sich trainieren, denn sie basiert auf Gewohnheiten, die Sie erlernen können.

Übung: Eigene Emotionen (beispielsweise Wut, Trauer) erkennen

Diese Übung bildet die Grundlage der emotionalen Intelligenz: Im Außen geschieht etwas, das Sie wütend oder traurig macht: Eine Aussage oder ein Verhalten reizt Sie. Sie fühlen sich ungerecht behandelt, ignoriert, nicht respektiert, gekränkt.

Der erste Schritt besteht darin, auf diesen äußeren Reiz nicht zu reagieren, nichts zu tun. Sie beobachten nur. Sie erkennen Ihre Emotion und benennen sie: »Ich spüre Wut hochkommen, sie fühlt sich kalt an. Ich spüre Trauer, sie macht sich breit in mir, sie macht mich dumpf, ich fühle mich wie gelähmt …«

Sie bewerten nicht: »Ich darf nicht wütend sein und nicht traurig.« Ihr Beobachten ist neutral.

Sie sind sich nun Ihrer Emotionen bewusst. Erst wenn Sie diese Bewusstheit haben, können Sie entscheiden, wie Sie mit Ihren Emotionen weiter umgehen wollen. Ein entscheidender Vorteil dieser Übung ist, dass Sie Zeit gewinnen, bevor Sie reagieren. Sie haben Ihrem Impuls zu schreien, herumzuschlagen, Gegenstände herumzuwerfen, jemanden an die Wand zu drücken oder ihn verbal zu demütigen, Widerstand geleistet. Die Gefühlswelle hat Sie nicht mitgerissen.

Die Vorstellung, dass das Herauslassen unserer Wut eine kathartische Wirkung hat, das heißt, unsere Aufgebrachtheit verringert und unser psychisches Befinden verbessert, ist weit verbreitet. Bestimmt kennen Sie Empfehlungen, man solle bei Wut ein Kissen mit Fäusten bearbeiten, um Dampf abzulassen.

Doch Untersuchungen und Versuchsergebnisse haben diese Theorie des Dampfablassens gründlich widerlegt. Studien haben ergeben, dass der Wut dadurch Luft zu machen, indem man harmlose Gegenstände attackiert, die Wut nur noch verstärkt.

Übung: Abkühlung des Feuerballs

Je länger Sie warten, desto stärker wird sich die Hitze des Feuerballs abkühlen. Was ist jetzt zu tun? Hier einige Möglichkeiten:

- ❖ Zeigen Sie Empathie für Ihr Gegenüber, versetzen Sie sich in Ihr Gegenüber, dadurch verstehen Sie die Beweggründe besser, warum die Person das gesagt oder so gehandelt hat.
- ❖ Sie geben sachlich zu: »Deine Worte, das, was du gemacht hast, hat mich wütend gemacht.«
- ❖ Sie wechseln den Standort, Sie verlassen den Raum, gehen an die frische Luft, Sie entfernen sich, Sie wollen allein sein.
- ❖ Sie weinen, weil Weinen erleichtert. Trauer ist sinnvoll und Sie dürfen weinen.
- ❖ Sie gehen allein in den Wald und schreien: »Jetzt habe ich eine Wut, eine Wut, eine wirklich große Wut, …« Schreien Sie, solange Sie Kraft haben, danach schütteln Sie Ihren Körper und kehren langsam zurück.
- ❖ Sie konzentrieren sich auf Ihre Atmung und entspannen sich. Entspannungsübungen sind bei Wut sehr wirksam, da sie den hohen, inneren Erregungszustand senken.
- ❖ Bei Trauer, Melancholie, depressiver Verstimmung hilft Ihnen Bewegung an der frischen Luft. Der niedrige innere Erregungszustand wird dadurch gehoben.
- ❖ Sie vereinbaren mit der Person, die Sie wütend gemacht hat, einen Zeitpunkt, um ruhig über das Ereignis zu sprechen.
- ❖ Sie widmen sich einer Beschäftigung, die Ihre vollständige Konzentration beansprucht und Sie deshalb ablenkt.

Die wirksamste Strategie, Emotionen zu regulieren, besteht darin, Ihre Gedanken umzulenken und damit Distanz zu schaffen. Nachfolgende Übung hilft Ihnen dabei.

Übung: Orientierung nach außen

Ist Ihre Anspannung sehr hoch und die Gefühlswelle droht, Sie mitzureißen, ist Ihre Aufmerksamkeit sehr stark nach innen gerichtet. Sie sind hundertprozentig von Ihren Emotionen überwältigt und laufen Gefahr, sich in Ängsten und Sorgen zu verlieren. Nun braucht es nicht mehr viel, einen Reiz von außen, eine Bemerkung, eine Geste des Gegenübers und Sie werden unangemessen heftig reagieren.

Innere Distanz zu schaffen und mit Ihrer Aufmerksamkeit nach »draußen« zu gehen, ermöglicht Ihnen, Ihre Emotionen in diesem kritischen Moment zu regulieren.

Diese Übung können Sie an jedem Ort machen, wo Sie auch zurzeit sind. Sie unterbrechen das, was Sie gerade tun für eine Minute. Sie richten Ihre Aufmerksamkeit bewusst nach außen, indem Sie Ihren Blick schweifen lassen. Was sehen Sie? Sie sagen, murmeln oder denken: »Ich sehe ein Buch, ich sehe die Wand vor mir, ich sehe die Lampe, …«

Befinden Sie sich draußen, beschreiben Sie alles, was Sie um sich herum wahrnehmen.

Wichtig bei dieser Übung ist, dass Sie nur beschreiben, nichts bewerten, nichts kommentieren. »Ich sehe eine Vase« ist richtig. »Ich sehe eine Vase, die mich an meine Großmutter erinnert«, ist emotional unterlegt und das ist bei dieser Übung nicht erwünscht. Erst das abstrakte Aufzählen führt zu einer inneren Beruhigung.

Merksatz:

Wenn Sie Ihre Aufmerksamkeit von innen nach außen wenden, gelingt es Ihnen besser, Ihre Emotionen zu regulieren.

Übung: Inmitten des Tornados

Vergleichen Sie Ihre emotionalen Wellen mit einem Tornado. Im äußeren Bereich stürmt es verheerend, so verhält es sich auch mit Ihrer Angst, wenn Sie in Ihre Angst hineinsteigen, werden Sie hin und her gerissen, Ihr Gemüt ist unruhig. In der Mitte des Tornados ist es beinahe windstill, manchmal scheint sogar die Sonnen. Der mit voller Wucht tobende Sturm legt sich.

- ❖ Setzen Sie sich ruhig hin und Schließen Sie Ihre Augen.
- ❖ Stellen Sie sich vor, wie Ihre Emotionen um Sie herumkreisen.
- ❖ Gleich einer Spirale bewegen sich die Emotionen und umkreisen Sie.
- ❖ Die Spirale bewegt sich im Gegenuhrzeigersinn abwärts.
- ❖ Ihre Emotionen versinken allmählich mit der Spirale im Boden.
- ❖ Es ist ganz ruhig geworden um Sie herum.

Reframing

Reframing beschreibt den Perspektivenwechsel einer Situation. Das heißt, indem Sie eine Situation auf eine andere Weise interpretieren, verändert diese Situation ihre Bedeutung, damit verändern sich auch Ihre Gefühle. Reframing hilft Ihnen, Ihre Wut zu bändigen, Sie fühlen sich weniger enttäuscht, weniger traurig und weniger ausgeliefert.

In Ihrer Vorstellung können Sie jederzeit das Ereignis, das Sie wütend macht, so umdeuten und seine Bedeutung so ändern, dass es Sie weniger wütend macht. Sie interpretieren das Vorgefallene auf eine unterstützendere Weise und verändern damit Ihre Gefühle. Reframing ermöglicht es Ihnen, sich weniger als Opfer Ihrer Erfahrung zu fühlen.

Es gibt drei Möglichkeiten, die für Ihren Ärger oder Ihre Wut verantwortlich sind: Die Aussagen oder das Verhalten anderer Menschen, Situationen, in die Sie hineingeraten sind oder Sie ärgern sich über sich selbst.

Merksatz:

Reframing ist ein Verschieben der Aufmerksamkeit. Das Gehirn kommt aus dem Problemdenken heraus und richtet die Aufmerksamkeit auf die Lösung der gegenwärtigen Situation.

Eine Geschichte erzählt von einer Gruppe von Bauarbeitern, die damit beschäftigt war, einen Flussdamm zu bauen. Mitten in der Arbeit jedoch wurde er durch einen Sturm wieder zerstört. Die Bagger waren über und über mit Schlamm bedeckt, und als der Bauführer den Schaden besichtigte, standen die Arbeiter mutlos vor ihren halb im Schlamm versunkenen Maschinen.

»Warum macht ihr so lange Gesichter?«, fragte der Bauführer lächelnd.

»Sehen Sie nicht, was passiert ist?«, sagten die Bauarbeiter verärgert. »Unsere Maschinen sind über und über mit Schlamm bedeckt.«

»Was für Schlamm?«, entgegnete der Bauführer. »Ich sehe keinen Schlamm«, sagte er lachend. »Ich sehe über mir den Himmel, bald scheint wieder die Sonne. Ich kenne keinen Schlamm, der der Sonne widerstehen könnte. Die Sonne wird den Schlamm trocknen, und dann werden wir die Maschinen wieder in Gang bringen.«

Vor mehr als 1 000 Jahren prägte Hildegard von Bingen die Aussage: »Wo du hinschaust, beeinflusst, wie du dich fühlst.«

Merksatz:
Wenn wir eine Situation nicht bewerten, kann sie auch nichts Schlimmes haben.

Übung: Positive Absicht finden

Grundsätzlich haben es Menschen nicht gerne, wenn sich jemand in ihre Angelegenheiten einmischt. Hier ein häufig vorkommendes Beispiel, das für zwischenmenschlichen Ärger sorgt und in letzter Konsequenz zu Beziehungsabbruch führen kann.

Es kann sich so abspielen: Sie haben Kinder und wenden die antiautoritäre Erziehungsmethode an. Sie geben Ihren Kindern den Freiraum, Ihre Hobbys und Aktivitäten selbst auszuwählen. Wertschätzend und liebevoll hören Sie den Kindern zu, wenn sie ihre Wünsche äußern, Regeln und Grenzen setzen ist nicht so Ihr Ding, Individualität der Kinder soll sich frei entfalten.

Ihre Eltern, noch ganz im autoritären Modus ihrer eigenen Generation, kritisieren Ihren Erziehungsstil, den sie als regellos bezeichnen. Nicht nur Ihre Erziehungsmethode wird kritisiert, sondern auch Sie selbst werden als strukturlos und unfähig bezeichnet. Es kommt zu Auseinandersetzungen, das sich Einmischen Ihrer Eltern macht Sie wütend.

Reframing lehrt Sie, Ihren Blickwinkel zu verändern, Sie wechseln auf die Insel der »positiven Absicht«. Sie denken sich in Ihre Eltern hinein und lernen zu verstehen, dass Ihre Eltern einer anderen Generation angehören und sich ganz einfach Sorge machen. Durch diese Einsicht wird sich die Intensität Ihrer Wut mildern, anstelle Wut tritt Verständnis. Sie fühlen sich nicht mehr als

Erziehungsperson angegriffen und reagieren sachlich und milder auf die Aussagen Ihrer Eltern.

Die Metapher mit dem Glas, das bis zur Hälfte mit Wasser gefüllt ist, kennen Sie bestimmt. Nun: Ist es halbvoll oder halbleer? Das ist immer Ihre Entscheidung der Interpretation. Lernen Sie, sich in jeder noch so schwierigen Situation zu fragen:

»Was ist bloß in der vollen Hälfte des Glases drin?«

»Es muss doch etwas geben, das an dieser Situation gut ist. Was ist das?«

Reframing ist Ihr Schalter, um von halbleer auf halbvoll zu drehen.

Merksatz:

Woher wollen Sie wissen, dass das, was Sie soeben erlebt haben, wirklich schlecht ist, auch wenn Sie in genau diesem Moment denken, es sein schlecht?

Beachten Sie, dass Resilienz nicht dadurch gefestigt wird, dass Sie sich über Ihre Gefühlskrise hinwegtäuschen und eine Situation beschönigen. Sie denken nicht: »Es ist ja gar nicht so schlimm, es könnte noch schlimmer werden.«

Verdrängen ist keine sinnvolle Strategie. Durch geübtes Reframing erkennen Sie, dass Ihre Denkweise und Ihre Interpretation einer Situation nicht die einzige Möglichkeit des Denkens und Interpretierens sind.

Stellen Sie sich bildlich vor: Ihre Gefühlskrise ist ein Seilknoten. Jetzt haben Sie zwei Möglichkeiten. Sie können an den beiden Seilenden ziehen. Dadurch wird der Knoten immer fester. Sie können aber auch den Knoten zuerst in Ruhe betrachten, ihn leicht lockern, ihn öffnen, eine Lösung entdecken und ihn lösen.

Merksatz:

Wenn wir uns zur Aufgabe stellen, jeder Situation, auch einer ausweglosen Situation, etwas Gutes abzugewinnen, wird uns bereits diese Leistung glücklich machen.

Freiheit der inneren Einstellung

»Zwischen Reiz und Reaktion ist Raum.
In diesem Raum liegt unsre Freiheit, weil er uns ermöglicht,
uns für eine Reaktion zu entscheiden.
Durch unsere Reaktion können wir reifer werden und haben
Einfluss auf unser Glück.«
(Viktor Frankl)

Dieses Zitat benennt genau die tiefe Macht des menschlichen Lebens. Diese Macht des Menschen liegt in seiner absoluten Freiheit, die Einstellung zu seinen Lebensumständen selbst zu wählen. Selbstverständlich müssen wir alle mit Dingen leben, die sich unserer Kontrolle entziehen, doch wenn wir die Einstellung zu diesen Dingen ändern und uns in einer schwierigen Situation trotzdem zurechtfinden, fühlen wir uns unmittelbar ein Stück angstfreier, zufriedener, glücklicher.

Also macht es von nun an gar keinen Sinn, sich über eine Situation zu beschweren und in deren Problematik stecken zu bleiben. Stets haben Sie die beiden Möglichkeiten zu verändern, indem Sie aktiv werden und handeln, Ihre innere Einstellung so zu verändern, dass Sie sich gut fühlen.

Übung: Extremsituationen

Diese Übung ist ein spezielles Anwendungsbeispiel, mit dessen Hilfe Sie Ihre Fähigkeit zum Perspektivenwechsel trainieren können. Es sind Situationen, denen Sie beim ersten Durchlesen nichts Positives abgewinnen können. Spielen Sie die Beispiele trotzdem durch, wie ungünstig Ihnen die jeweilige Lage auch erscheinen mag, wie hoch Ihre Verzweiflung auch dabei sein mag.

Sie werden gestärkt aus dieser Übung herausgehen. Das, was gestern noch schwierig erschien, wird Sie heute nicht mehr erschüttern können. Lesen Sie die Situationen, Schließen Sie die Augen, gehen Sie ganz in die jeweiligen Umstände hinein und finden Sie zehn gute Aspekte.

- Sie sind inhaftiert und sitzen in Ihrer Zelle, wo Sie voraussichtlich die nächsten Jahre verbringen.
- Ihre Arbeitswoche besteht nicht mehr aus fünf Tagen à acht Stunden, sondern aus vier Tagen à zehn Stunden.
- Sie wissen, dass Sie in zwei Tagen sterben.
- In Ihrer Abwesenheit ist Ihr ganzes Hab und Gut abgebrannt.
- Durch eine Betriebsstörung ist das Verkehrsnetz zusammengebrochen, Wiederherstellen zeitlich ungewiss.

Während Sie die guten Aspekte suchen, werden Sie auch schmunzeln müssen, da Ihnen Ihre Ideen lächerlich und unmöglich scheinen. Trotzdem regt diese Übung Ihre Kreativität an, die für jede Lösungsfindung wichtig ist.

Sich zum Optimisten entwickeln

So wie Resilienz zur Ausstattung einer starken Persönlichkeit gehört, so ist Optimismus eine Lebensauffassung, die resilienten

Menschen eigen ist. Die Einstellung, die Umstände des Lebens für sich und nicht gegen sich zu erklären, zuversichtlich und mutig in die Zukunft zu schauen, sich selbst Leistung zuzumuten, das eigene Tun als sinnvoll zu erleben, das sind alles Bausteine des Optimismus und eines glücklichen Lebens.

Wie erreichen Sie Optimismus? Nach dem Michelangelo Prinzip. Das heißt, indem Sie alles wegnehmen, was Ihren Optimismus gefangen hält. Michelangelo gilt als einer der bedeutendsten Künstler der italienischen Renaissance. In einem rohen Marmorblock sah er bereits die vollendete Skulptur, die daraus entstehen sollte. Er schuf nicht die Skulptur, sondern meißelte alles weg, was der Idealform seiner Skulptur im Wege stand.

Wie arbeiten Sie sich zu Ihrem Optimismus vor?

Übung: Schwarz-weiß Denken verabschieden

Das Schachbrett besteht aus 64 quadratischen Feldern, diese sind schwarz oder weiß, hell oder dunkel. Ein Schachzug kann richtig oder falsch sein, eröffnet neue Möglichkeiten oder er führt in einen Engpass, so dass man nur noch mit einem einzigen Zug reagieren kann, man flüchtet mit dem König oder verteidigt ihn vor einer ernsthaften Bedrohung. Schachspieler denken vor jedem Zug lange, sehr lange nach. Sie wollen mit taktischer Genauigkeit spielen, sehr aufmerksam sein, prüfen, ob sie nicht noch einen besseren Zug machen können, sie wollen keine Flüchtigkeitsfehler machen und haben das ganze Brett im Blick.

Genauso leben manche Menschen, für sie gibt es nur Extreme, sie bewerten sich und ihr Leben in den Gegensätzen schwarz oder weiß. Diese Menschen erkennt man an ihrem Sprechen: Entweder war der Urlaub schön oder eine Katastrophe, entweder schaffe ich die Prüfung oder ich bin verloren, entweder bekomme ich den

Job oder ich bekomme nie einen, entweder war der Kurs toll oder er war enttäuschend und langweilig.

Dieses »Alles-oder-nichts« Denken und Sprechen ist eine Bremse, es schadet Ihren Beziehungen und Ihrer Karriere, es macht Sie unzufrieden und nagt an Ihrem Selbstwertgefühl.

Vergessen Sie nicht:

- Wenn Sie bei einer Prüfung schlecht abgeschnitten haben, sind Sie noch kein Versager.
- Wenn Sie einige Kilos zugenommen haben, sind Sie noch kein gefräßiges Fettpaket.
- Wenn Sie einmal schlechte Laune haben, sind Sie noch kein notorischer Langweiler und Spielverderber.

Die innere Diskussion mit sich selbst kann Sie aus diesem Denken herausbringen:

Vermeiden Sie im Denken und im Sprechen Wörter: immer, alle, nie, perfekt, Katastrophe, unmöglich.

Optimismus erfordert Genauigkeit: Haben Sie eine Prüfung versaut, müssen Sie sich genaue Fragen stellen: Bin ich wirklich dumm oder habe ich zu wenig Zeit investiert? Wie groß ist die Wahrscheinlichkeit wirklich, nie mehr eine Prüfung zu schaffen?

Optimismus verlangt nach Beweisen: Wenn Sie mit Ihrem Partner in Streit geraten an einem Abend, den Sie sich romantischer vorgestellt haben, heißt das noch lange nicht, dass Ihre Partnerschaft schlecht ist. Fragen Sie sich: »Wo ist der Beweis, dass meine Partnerschaft intakt ist?«

Merksatz:

Sobald Sie sich beim schwarz-weißen Denken erwischen, überprüfen Sie Ihre Gedanken und Ihre Selbstgespräche kritisch und hinterfragen Sie Ihre schwarze Bewertung: »Woher will ich wissen, dass mein Denken stimmt?«

Übung: Von Ziellosigkeit zu Zielklarheit

Lange Jahre hatte ich ein Haustier, das ich sehr liebte. Ganz einfach: Eine Katze. Sie war eine sehr glückliche Katze, die viel Zuwendung bekam. Folgendes fiel mir auf: Sie bekam regelmäßig ihr Lieblingsfutter, es schien ihr sehr zu schmecken, denn sie verspeiste es, ließ immer einen Höflichkeitsrest übrig, so wie es Katzen gerne tun. Auf unserer sehr großen Terrasse hatte sie ihren Lieblingsplatz, an dem sie ihre Schläfchen hielt. Doch wenn sie einen Vogel hörte, wurde sie mit einem Mal hellwach, sprang auf, Ohren gespitzt, in Lauerstellung, ganz präsent. Vor Aufregung bewegten sich ihre Barthaare. Was war geschehen? Sie hatte ein Ziel, den Vogel. Ihre ganze Aufmerksamkeit galt jetzt ihrem Ziel.

Genauso funktionieren Menschen. Wenn sie ein Ziel haben, sind sie dynamischer, kraftvoller, freudvoller, denn sie sind auf etwas ausgerichtet, das ihnen wichtig ist.

Stellen Sie sich vor, Sie hätten sich in einem Wald verirrt, ziel- und orientierungslos gehen Sie einmal in diese Richtung und einmal in jene. Dieses »nicht Wissen wohin« raubt Ihnen die Kräfte, seelisch wie körperlich. Halten Sie aber einen Kompass in der Hand, werden Sie Ihre Müdigkeit nicht spüren, Sie werden Kräfte entwickeln und der Kompassnadel folgen. Das Ziel, sich aus der Irrnis des Waldes zu retten, treibt Sie voran, setzt unvorstellbare Energie frei.

Ihre Ziele liegen in Ihrer Zukunft. Wie äußern Sie sich über Ihre Zukunft, vage oder genau? Gehen Sie fokussiert Ihren Weg oder taumeln Sie? Ist Ihre Zukunftsorientierung klar oder reagieren Sie verwirrt, wenn man Sie danach fragt?

Finden Sie Antworten auf diese Fragen. Verstecken Sie sich nicht hinter Plattheiten, die Welt sei ein schlechter Ort und es habe sowieso keinen Sinn, alles gehe den Bach hinunter. So zu denken ist zugegeben bequem, doch verantwortungslos.

Ihre Zielklarheit gibt Ihrem Tun einen Sinn und verleiht Ihrer Persönlichkeit Stärke. Sich in jedem Lebensbereich ein Ziel zu setzen, ist etwas sehr Direktes und kann gelernt werden. Tun Sie heute den ersten Schritt: Setzen Sie sich hin und schreiben Sie, legen Sie fest, wohin Ihr Weg führen soll. Vielleicht fällt Ihnen zuerst gar nichts ein, oder Sie halten es für Zeitverschwendung. Tun Sie es trotzdem, schreiben Sie.

Bereits diese Tätigkeit, über das eigene Leben nachzudenken und ein Ziel festzulegen, wird Sie zufrieden und glücklich machen. Ihr persönlicher Stolz steigt, Sie leben motivierter und übertragen Ihre Motivation und Stärke auf andere.

Machen Sie sich bewusst: Wenn Sie Ziele aufschreiben, ordnet sich Ihr Denken und Fühlen. Wenn Sie Ziele nicht aufschreiben, bleibt Ihr Denken und Fühlen ungeordnet, Transparenz und der Fokus fehlen. Wer nichts aufschreibt, bleibt beim Nichts.

Merksatz:

Glück ist nichts anderes als die progressive Realisation eines erstrebenswerten Ziels. Sie sind nur dann glücklich, wenn Sie sich vorwärtsbewegen, um etwas zu erreichen, was für Sie wichtig ist. Sie fühlen sich stärker, weil Sie Ihr Leben in die Hand nehmen.

Übung: Freude am Tun

Stellen Sie eine Tabelle auf, aus welchen Arbeitsbereichen Ihre Tagesbeschäftigung besteht. Beispielsweise könnte in dieser

Tabelle stehen: Job, Kochen, Aufgaben mit den Kindern machen, Putzen, Joggen, ein Instrument üben, …

Bewerten Sie nun jeden Bereich mithilfe einer Bewertungsskala von 0 bis 10. Null heißt, das tue ich gar nicht gerne, zehn heißt, das tue ich mit Begeisterung sehr gerne.

Wie sieht Ihre Bewertung aus? Sind Sie zufrieden mit dem Ergebnis? Trennen Sie strikt zwischen »das tue ich gerne«, »das muss ich halt tun, aber nicht gerne« oder sogar »das hasse ich«?

Eine ablehnende Haltung, ein innerer Widerstand zu dem, was es gerade zu tun gibt und erledigt werden will, wird an Ihren Kräften nagen und Sie langfristig krank machen. Machen Sie nachfolgenden Test:

Übung: Assoziation zum Begriff »Urlaub«

Prüfen Sie einmal selbst, was Urlaub für Sie bedeutet. Welche Assoziation erzeugt »Urlaub« in Ihnen?

Urlaub = Erholung oder Urlaub = Abwechslung

Fällt Ihnen zuerst »Erholung« ein, dann stellt sich die berechtigte Frage, ob Sie ein Leben führen, von dem Sie sich erholen müssen. Bedeutet für Sie Arbeit das Gegenteil von Erholung? Im Idealfall sollte Urlaub »nur« eine Abwechslung sein.

Merksatz:

Je bewusster Sie leben, desto mehr bekommt »Freude am Tun« eine hohe Priorität und das in jedem Augenblick. Gute Gefühle tragen zu einer guten Leistung bei.

Wenn es um den Begriff »Arbeit« geht, vertreten Menschen verschiedene Ansichten und nehmen das, was sie tun, unterschiedlich wahr. Wenn man die zwei Extreme betrachtet, wie Arbeit und Leben wahrgenommen werden, sieht es so aus:

Arbeit wird mit Stress gleichgesetzt, man spricht von der Burnout-Falle, von Überforderung und Unzufriedenheit, Monotonie und Langeweile. Die Zeit ist wertvoll, man sollte das tun, was man will und nicht das, was man muss, dies die Meinung einer erschöpften Gesellschaft.

Der Gegenpol dazu erlebt Arbeit als Selbstverwirklichung, Freude und Erfüllung. Arbeit fühlt sich ganz einfach gut und richtig an. Sie motiviert zu Leistung. Diese Menschen ermüden weniger, fühlen sich gefordert und nicht überfordert, sie ziehen aus dem, was sie tun eine Befriedigung.

Gehen Sie zurück zur Tabelle, die Sie aufgestellt haben und prüfen Sie, welcher Gruppe der beiden Extreme Sie näherstehen.

Die Tatsache ist, dass alles, was Sie tun, Zeit braucht. Mit allem, was Sie tun, verbrauchen Sie Ihre Lebenszeit. Ihre Lebenszeit zufrieden zu verbringen, stärkt Sie. Warum sollten Sie sich mit Unzufriedenheit abfinden? Vor allem, wenn Sie berücksichtigen, dass Ihre Lebenszeit begrenzt ist.

Aber: Macht Müßiggang wirklich glücklich? Ohne Herausforderung zu leben, welchen Sinn ergibt sich daraus? Sind nicht genau diejenigen unglücklich, die keine Arbeit haben? Sind Arbeit und Freiheit tatsächlich Gegensätze?

Die Überzeugung, dass Arbeit und Muße Gegensätze sind, bringt Ihre Energien ins Stocken und zehrt langfristig an Ihren Kräften. Dann stehen Sie in dieser Bewertung von positiv und negativ und sobald Sie bewerten, leiden Sie. Bevor Sie sich also beschweren, müde und gestresst zu sein, ändern Sie Ihre Einstellung zu dem, was Sie tun. Damit haben Sie Ihrer Lebenszeit Zufriedenheit zurückgegeben.

So besteht das Ziel, das zu einer starken Persönlichkeit gehört und ein glückliches Leben ausmacht, darin, das gerne zu tun, das Sie tun, und zwar alles, was Sie tun. Es gibt keine minderwertige Arbeit, es gibt nur eine minderwertige Einstellung zu ihr. Es gibt keinen falschen Job, es gibt nur einen Job, der nicht zu Ihnen passt. Dann jammern Sie aber nicht, sondern suchen Sie sich einen Job, der zu Ihnen passt.

Merksatz:

Es ist eine Angelegenheit der inneren Einstellung, auch das gerne zu tun, was auf Anhieb unangenehm sein könnte.

Unser tägliches Leben ist angefüllt mit unterschiedlichsten Aktivitäten. Sobald wir beginnen, jede Aktivität als sinnvoll zu betrachten, sie bewusst auszuführen, unser Bestes dabei zu geben, »JA« zu ihr zu sagen, bekommt eben diese Tätigkeit einen ganz anderen Wert, erfüllt uns mit Zufriedenheit. Dann fühlen wir uns stark, ja, wir spüren dieses innere Glück, weil wir etwas Sinnerfülltes erledigt haben.

Beenden Sie die Vorstellung, Glück sei etwas Seltenes, etwas unglaublich Großes. Glück ist die Belohnung Ihrer sinnerfüllten Tätigkeit. Sie erfüllen jede Tätigkeit mit Sinn, wenn Sie diese mit den Werten Sorgfältigkeit, Wertschätzung und Dankbarkeit ausführen. Echte Zufriedenheit und echtes Glück bedeuten, dass Sie keine Widerstände aufbauen, weil es keine Widerstände gibt. Das »Unangenehme« ist erst durch Ihre Bewertung unangenehm geworden.

Merksatz:

Glück ist nicht etwas, das in der Ferne liegt, es ist schon da, in jedem Menschen verborgen. Glück ist eine Art der Wahrnehmung dessen, was gerade ist.

Übung: Freiheit des Denkens während des Tuns

Die Entscheidung, ob Sie eine Tätigkeit lieben oder hassen wollen, steht Ihnen frei. Etwas zu hassen schwächt Sie, damit vergeuden Sie Ihre Lebenszeit. Etwas zu lieben, stärkt Ihre Kräfte, verschönert und verlängert Ihre Lebenszeit.

Trainieren Sie mit folgenden Übungen Ihre innere Freiheit, das zu lieben, was Sie tun:

- **Verantwortung übernehmen:** Sagen Sie laut: »Ja, genau, ich entscheide mich, das zu tun. Das, was ich jetzt zu tun habe ist sinnvoll. Auch wenn ich es unangenehm empfinde. Ich entscheide und ich mache. Ich bin glücklich, weil ich auch für das Unangenehme aus freier Entscheidung mache.« Dann strukturieren Sie den Arbeitsablauf, was zuerst, was danach.
- **Sofort beginnen:** Sagen Sie laut: »Ich beginne sofort, das stärkt mich.«
- **Engagement zeigen:** Sagen Sie laut: »Weil ich mich entschieden habe, werde ich diese Arbeit auch gut machen. Etwas gut zu tun, zeichnet mich aus.« Sie erledigen Ihre Arbeit in gutem Tempo und mit klaren Bewegungen.
- **Gedankenanwesend sein:** Sagen Sie laut: »Meine Gedanken sind ganz anwesend bei dem, was ich tue. Es macht mir Freude, weil ich meine Arbeit gedankengegenwärtig erlebe.«
- **Interesse und Freude ausstrahlen:** Sagen Sie laut: »Ich freue mich, ich kann, ich schaffe es, ich werde Neues lernen. Das Neue bringt mich voran. Auch wenn ich immer dasselbe mache, will ich jedes Mal neu entdecken.«

Ein Zen-Meister und ein Buddhist der alten Schule führten ein Streitgespräch.

»Was mir an der Zen Lehre nicht so gut gefällt, ist die Betonung des Lebens im Augenblick«, sagte der Buddhist. »Wodurch unterscheidet sich diese Haltung des Zen von der eines Hedonisten, der unmittelbar nach der Befriedigung seiner Bedürfnisse verlangt?«, fragte er den Zen-Meister.

»Ich sehe nichts Schlechtes in der unmittelbaren Befriedigung der Bedürfnisse«, antwortete der Zen-Meister. »Diejenigen, die es im Leben nach verschiedenen Dingen gelüstet, sind meist nicht die, die im Augenblick leben und den Augenblick genießen können. Sie können nie mit dem zufrieden sein, was sie haben, weil sie schon wieder nach etwas Anderem gieren. Die Suche nach dem Glück kann die Menschen tatsächlich unglücklich machen, denn sie lenkt den Menschen davon ab, dass wahre Glückseligkeit aus dem Inneren kommt.«

4. Innere Gelassenheit

Oft denken die Menschen, das Leben sei schwer, man müsse kämpfen. Dann sprechen sie darüber und ihr Leben wird noch schwerer.

Eine Geschichte erzählt von einem jungen Schwertkämpfer, der zu einem Meister kam, der bis dahin unbesiegt gewesen war. Der junge Schwertkämpfer war entschlossen, den Meister zu besiegen. Er werde, so dachte er, den ersten Schlag des Meisters abwarten und ihm dann mit blitzartiger Geschwindigkeit einen tödlichen Stoß versetzen. Der Meister nahm die Herausforderung an.

Beide gingen in Stellung und der junge Krieger begann, den Meister herauszufordern, zu beschimpfen, mit Schmutz zu bewerfen, aufs schlimmste zu beleidigen und ihm ins Gesicht zu spucken. Der Meister stand nur bewegungslos da. Schlussendlich ermüdete der junge Kämpfer, vollkommen verausgabt sah er ein, dass er geschlagen war.

Die Schüler des Meisters versammelten sich um ihn und fragten: »Meister, wie konntet Ihr solch eine Schmach über Euch ergehen lassen? Und wie kam es, dass der Krieger, ohne zu kämpfen, von dannen zog?«

Der Meister antwortete: »Wenn jemand kommt, um dir ein Geschenk zu geben, und du nimmst es nicht an, wem gehört dann das Geschenk?«

Überlegen Sie: Wie oft haben Sie sich in Ihrem Leben herausfordern lassen? Wie oft hätten Sie dieses Geschenk der Herausforderung besser dem Gegner überlassen?

Stellen Sie sich vor, in Ihrem Inneren ist ein Wasser, ein See. Die Oberfläche des Sees ist ruhig. Da geschieht etwas im Außen. Das, was soeben geschehen ist, ist vergleichbar mit einem Stein, den jemand ins Wasser geworfen hat. Dieser Stein verursacht Wellen, die ruhige Wasseroberfläche Ihres Sees ist gestört. Zuerst sind die Wellen stark, dann verebben sie. Sie beobachten nur die Wellen, bis die Wasseroberfläche wieder ruhig ist.

Merksatz:

Innere Gelassenheit ist die Fähigkeit, sich neben die emotionalen Wellen zu stellen, sie wahrzunehmen und zu warten, bis sie sich beruhigen.

Übung: Nichts in den Fokus nehmen

Setzen Sie sich auf einen Platz, wo reges Treiben herrscht. Dies kann ein Dorfplatz sein, ein Marktplatz in einem größeren Ort, eine Terrasse an Ihrem Ferienort, ein dichtbelegter Strand. Sie können sehr gut diese Übung machen, wenn Sie in einem Konzertsaal sitzen, inmitten eines rege diskutierenden Publikums, in Kürze beginnt ein klassisches Konzert und auf der Bühne werden Instrumente gestimmt. Oder Sie gehen mit Ihren Kindern in ein Puppentheater und sitzen inmitten der begeisterten Kinderschar.

Lernen Sie nun, das Treiben und die Menschen um Sie herum zu beobachten, ohne etwas Bestimmtes in den Fokus zu nehmen. Sie sehen, ohne zu fixieren. Sie hören, ohne zu lauschen.

Übung: Selbsterkenntnis

Schreiben Sie auf, in welchen vergangenen Situationen Sie Ihre innere Ruhe verloren haben. Was muss geschehen, um Sie aus der Reserve zu holen? Wer ist Ihr Herausforderer?

Die Geschichte des Schwertkämpfers gibt Ihnen eine wichtige Einsicht: Ihre innere Gelassenheit ist eine mächtige Waffe. Wer Sie herausfordert, erwartet eine Reaktion, Ihren Wutausbruch oder Ihren Rückzug. Reagieren Sie nicht, geht die Absicht des Gegners ins Leere, einen Kampf gibt es nicht, weil Sie sich nicht angegriffen fühlen. Sie reagieren einfach nicht.

Im Alltag ist das Trainingsfeld für innere Gelassenheit grenzenlos. Menschen und Situationen, der Tag bietet Ihnen viele Gelegenheiten, sich angegriffen zu fühlen, mit Ärger zu reagieren und sich zu beschweren.

Nehmen Sie sich für den Anfang vor, täglich in drei Situationen, in denen Sie bisher emotional reagiert hatten, es eben nicht zu tun.

Beispiele:

Sie wollten nach der Arbeit möglichst schnell nach Hause und haben die Höchstgeschwindigkeit überschritten. Nun nehmen Sie eine Ordnungsbusse aus dem Briefumschlag. Sagen Sie laut: »Aha, in einem Jahr ist das nicht mehr wichtig für mich«.

In einem Restaurant lässt man Sie länger warten, als Ihnen lieb ist. Sie strecken den Hals, heben die Hand, aber das Servierpersonal geht an Ihnen vorbei, scheint Sie nicht zu sehen. Sie fühlen sich ignoriert und das kränkt Sie, Hitze steigt Ihnen in den Kopf.

Am liebsten möchten Sie auf den Tisch schlagen: »Hallo, was ist hier los, ich bin auch jemand.« Ventil auf, Frust raus.

Sagen Sie doch ganz einfach: »Aha, lange Wartezeit, in einem Jahr ist das nicht mehr wichtig für mich.«

An Ihrem Arbeitsplatz, in der Familie, in der Partnerschaft, überall dort, wo Menschen aufeinandertreffen, bieten sich Übungsmöglichkeiten, um Gelassenheit zu trainieren.

Merksatz:

Üben Sie in alltäglichen und einfachen Situationen, damit rüsten Sie sich für schwierige, denn schwierige kommen bestimmt.

Das Gegenteil Ihrer inneren Gelassenheit ist Ihre innere Erregung. Sind Sie innerlich aufgewühlt, beschleunigen sich Ihre Gedankenimpulse. In der Folge reagieren Sie überschnell und handeln unkoordiniert.

Die gute Botschaft heißt, dass Gelassenheit lernbar ist. Sie gehört zu einem unabdingbaren mentalen Fundament und besteht aus verschiedenen Trainingsfeldern. Es folgen Übungen, um sich die Kunst des »Nicht Reagierens« anzueignen. Der Lernprozess geht langsam voran. Wie immer ist Erfolg die Summe kleiner Schritte.

Innere Gelassenheit bringt Ihnen viele Vorteile. Je mehr Sie üben, desto mehr wird es Ihnen gelingen, in schwierigen Situationen Überblick zu bewahren, klare Gedanken zu fassen, Ihrem Ärger und Ihrer Wut nicht nachzugeben, Entscheidungen zu treffen, handlungsfähig zu bleiben. Die Fähigkeit, ruhig zu bleiben wirkt gleich einem Schutzschild vor seelischen Verletzungen, da Sie sich mit diesen nicht identifizieren. Zusammengefasst: Sie bauen Ihre Stressresistenz auf.

Das Ausmaß Ihrer inneren Gelassenheit zeigt sich erst in Zeiten großer Herausforderungen und Belastungen. Innere Gelassenheit ist ein Kraftbrunnen, füllen Sie ihn unablässig, damit Sie in Extremsituationen schöpfen können. Ist Ihr Brunnen leer, wird es schwierig. Es gibt Situationen, in denen innere Gelassenheit lebensrettend ist.

Trainingsfeld »Wahrnehmung«

Ein buddhistischer Mönch und ein kleines Mädchen gingen im Wald spazieren. Sie blieben vor einem Baum stehen und das Mädchen fragte:

»Lieber Mönch, sage mir, welche Farbe hat dieser Baum!«

Und der Mönch antwortete: »Er hat die Farbe, die Du siehst.«

Das Wort »Wahrnehmung« ist ein zusammengesetztes Wort aus »wahr« und »Nehmung«. Das heißt, dass das, was der Mensch wahrnimmt, er für die persönliche Wahrheit hält. Daraus folgt, dass seine Welt das Resultat seiner Wahrnehmung ist, und diese verteidigt er als Wahrheit.

So einfach ist es aber nicht mit dieser Wahrheit. Stellen Sie sich folgende Situationen vor:

Herr Fröhlich und Herr Nebel arbeiten gemeinsam an einem Projekt, jeder muss Entscheidungen treffen. Herr Fröhlich genießt seine Position, Entscheidungen treffen zu können. Herr Nebel fühlt sich bedroht durch die Entscheidungen, die er treffen muss.

Frau Morgen und Frau Stern arbeiten zusammen. Frau Morgen leidet darunter, dass sie viele Entscheidungen treffen muss, Frau Stern leidet darunter, dass sie keine Entscheidungen treffen darf.

Überlegen Sie: Tut es gut, Entscheidungen zu treffen oder eher nicht? Entscheidung bleibt Entscheidung. Die Wahrnehmung macht daraus etwas Belastendes oder etwas Erstrebenswertes.

Merksatz:

Ihre persönliche Wahrnehmung der Welt entscheidet darüber, ob Sie sich angespannt, unter Druck, glücklich, gelassen oder gestresst fühlen.

Ein Wahrnehmungsphänomen, das für unsere Zeit sehr bezeichnend ist, heißt »Stress«. Es ist erschreckend, dass sich dieser Begriff in unserer Gesellschaft so festgekrallt hat. Er ist in aller Munde und bereits Kinder sprechen ihn unbedacht nach. Obwohl es einen positiven Stress gibt, den sogenannten Eustress, meinen die Menschen, wenn sie sich als gestresst bezeichnen, den belastenden Stress, den sogenannten Dysstress.

Grundsätzlich ist der Begriff Stress neutral und bezeichnet eine Anspannung. Ihre Wahrnehmung entscheidet, welche Farbe Sie dieser Anspannung geben.

Übung: Eustress macht glücklich

Stellen Sie sich einmal vor, Sie hätten sich schon lange ein Haus gewünscht, etwas erhöht liegend mit Aussicht auf einen See. Nun haben Sie das Haus gefunden und freuen sich darauf, sich darin einzurichten und das Wohnen zu genießen. Schon im Voraus sind Sie aufgewühlt und können es kaum erwarten, dort einzuziehen. Sie erleben den Eustress.

Gehen Sie auf Entdeckungstour und suchen Sie nun selbst nach positivem Stress in Ihrem Leben.

Vielleicht bereiten Sie ein schönes Familienfest vor und sind beim Schmücken des Festraumes freudig aufgewühlt. Sie freuen sich schon im Voraus, nach langer Zeit die Familie beisammenzuhaben. Vielleicht geht es um die Planung einer schönen Ferienreise, um die Geburt Ihres Kindes oder um eine Beförderung im Beruf.

Sehr wichtig ist Eustress im Sport, diese freudige Spannung vor dem Start. Hier wird die Anspannung als Herausforderung erlebt und mobilisiert zusätzlich Kräfte.

Merksatz:

Wenn Sie etwas sehr gerne tun, sich auf etwas freuen und Ihr Herz dabei schneller schlägt, dann erleben Sie den belebenden Eustress, der Sie glücklich macht.

Doch der Stress, der heute zum Normalzustand zu gehören scheint, ist der belastende Dysstress. Er bezeichnet eine Belastung, einen Druck, dies vor allem psychischer Art. Wenn sich Situationen der eigenen Kontrolle entziehen, wenn sie bedrohlich erlebt werden, wenn die Angst besteht, das Bevorstehende nicht bewältigen zu können, wenn zu wenig Zeit für zu viele Aufgaben zur Verfügung steht, dann entsteht ein inneres Ungleichgewicht.

Stellen Sie sich die Entstehung von Stress bildlich so vor: Vor dem Tor Ihres Gehirns sitzt ein Wächter. Seine Aufgabe besteht darin, sobald er eine Gefahr wittert, einen »Panikknopf« zu drücken. Alles Neue, noch nie Erlebte, Unbekannte und Unbequeme stuft der Wächter als gefährlich ein und drückt den Knopf. Drückt er diesen Knopf sehr stark, werden Hormone Adrenalin und Noradrenalin in die Blutbahn ausgeschüttet und verteilen sich im ganzen Körper. Der Körper reagiert unmittelbar mit erhöhtem Blutdruck, Schwitzen, flacher Atmung, Mundtrockenheit, angeregter Darmtätigkeit. Auch Gedankenklarheit geht verloren, die Gedanken schwirren ungeordnet oder es entsteht

Gedankenleere. Drückt der Wächter vor Ihrem Gehirn den Knopf sehr oft, bekommt diese Stress-Reaktion ein Eigenleben und läuft automatisch ab. Der Körper gibt Ihnen keine Zeit, um sich zu erholen und Sie bleiben in diesem Dauerzustand der Anspannung.

Sie sind Ihrem »Gehirnwächter« nicht ausgeliefert, Sie können ihn so erziehen, dass er sich sicher fühlt und gelassen bleibt, auch wenn Unbekanntes und Unangenehmes, Schwieriges und Unbequemes bevorsteht. Mit Ihrer Mentalkraft trainieren Sie Ihren Gehirnwächter so, dass er Probleme nicht als Bedrohung erlebt, dass er keinen Widerstand vor Neuem empfindet und Ihnen Zeit zusichert, wo Sie glauben, keine zu haben.

Es geht hier nicht darum, die Umwelteinflüsse auf Ihr Leben zu verändern, es geht darum, wie Sie diese verstehen, interpretieren, es geht um Ihren inneren Monolog.

Ein altes Sprichwort besagt: »Es kommt darauf an, wie man die Last trägt, nicht wie schwer sie ist.«

Merksatz:

Die Antwort auf die Frage »Wie erlebe ich meine Welt?«, entscheidet, ob Sie negativen Stress erleben.

Machen Sie sich bewusst: Mit dem Begriff »Stress« müssen Sie sehr vorsichtig umgehen, das heißt, ihn nicht in Gedanken nähren und ihn nicht aussprechen. Streichen Sie ihn aus Ihrem Wortschatz, denn Ihre Worte sind Energien, die genau das in Ihr Leben hineinziehen, worüber Sie immer wieder sprechen und worüber Sie nachdenken. Beachten Sie genau, was Sie sich antun, wenn Sie sagen, Sie seien gestresst.

Merksatz:

Sie können nicht über etwas nachdenken und über etwas sprechen und zugleich erwarten, dass es nicht da ist.

Übung: Stress genau definieren

Mit dem Begriff »Stress« verhält es sich gleich wie mit dem Begriff »Angst«. Solange Sie Ihren Stress nicht unter die Lupe nehmen, ihn analysieren und ihn nicht in Worte fassen, wird sich nichts ändern. Es kann sich ja gar nichts ändern, wenn Sie selbst nicht wissen, um was es geht. Stellen Sie sich folgende Situation vor: Sie und ich, wir treffen uns zufällig auf der Straße. Ich frage Sie: »Wie geht es Ihnen?«, Sie antworten: »Bin im Stress, habe viel um die Ohren zurzeit.«

Ich frage: »Was ist es denn genau?«

Was antworten Sie mir?

Praktizieren Sie im Alltag folgende Übung: Immer dann, wenn Sie daran sind, das Wort »Stress« auszusprechen, sagen Sie innerlich STOPP und überlegen, wie Sie diesen Zustand beschreiben wollen. Packen Sie ihn in konkrete Worte. Um was geht es? Vermeiden Sie das Wort »ich muss«.

Beispiele:

- Ich muss dem Kunden antworten: falsch / Der Kunde bekommt meine Antwort: richtig
- Morgen muss ich noch Mitarbeitergespräche führen: falsch / Morgen werde ich mich vollkommen den drei Gesprächen widmen: richtig.
- Ich muss alle Korrekturen heute noch erledigen: falsch / Ich mache mich jetzt an die Korrekturen und erledige eine nach der anderen: richtig.

- Pünktlich um 12 Uhr muss ich das Mittagessen fertiggekocht haben: falsch / Ich freue mich, dass sich um 12 Uhr die Familie zum Mittagessen trifft: richtig

Möglicherweise denken Sie jetzt, man solle eine Situation nicht beschönigen, Druck bleibt Druck, was gemacht werden muss, muss gemacht werden, Punkt. So stimmt das aber nicht. Sie haben jederzeit die Möglichkeit, mit Ihrem Denken und Sprechen Druck herauszunehmen. Sie haben jederzeit auch die Möglichkeit, etwas nicht zu tun. Nur wenn es um lebensrettende Maßnahmen geht, dürfen Sie nichts weglassen, aber solche Situationen kommen im Leben eines Menschen eher selten vor.

Wichtig bei dieser Übung ist das Aufschreiben. Alles, was sich ändern soll, muss aufgeschrieben werden. Innere Gelassenheit ist lernbar. Wenn Sie innerlich entspannt sein wollen, dann müssen Sie aufschreiben, welche Situation Sie anspannt. Dann formulieren Sie Ihre Bewertung der Situation um, so dass sie sich entspannt anfühlt.

> *Merksatz:*
> Bereits das schriftliche Umformulieren des Stressfaktors verändert Ihre Wahrnehmung und führt zur Beruhigung des inneren Wellenganges.

Trainingsfeld »Mitmenschen«

Nennen Sie ganz spontan und ohne lange zu überlegen eine Person, die Sie gut kennen. Diese Person sagt »Idiot« zu Ihnen. Wie reagieren Sie?

Ihre Reaktion 1 darauf: Sie sind gekränkt und grübeln: »Warum bin ich ein Idiot? Wie kommt er dazu, mich Idiot zu nennen? Er ist ein unhöflicher Mensch, weil er Idiot zu mir gesagt hat. Ich werde es ihm heimzahlen, dass er mich Idiot genannt hat. Mit ihm will ich nichts mehr zu tun haben.«

Begreifen Sie, was Sie soeben getan haben? In Ihrem inneren Gespräch haben Sie es diesem Menschen zugelassen, Sie noch vier weitere Male als Idiot zu bezeichnen.

Ihre Reaktion 2 darauf: Sie lassen die Äußerung einfach stehen. Wenn jemand sagt, Sie seien ein Idiot, lassen Sie die Bemerkung buchstäblich draußen. Augenblicklich. Sie sind nicht bereit, sich Ihre innere Ruhe durch andere Menschen stehlen zu lassen.

Das ist der Unterschied: Schwache Reaktion – Starke Reaktion.

Soziale Kontakte sind wichtig, doch andere Menschen können uns mit ihrem Verhalten fassungslos machen, uns ärgern und verletzen, uns Geduld und Energie aussaugen und nicht zuletzt fühlen wir uns von einzelnen unter Leistungsdruck gesetzt. Diesen Druck nennen wir dann Rücksichtslosigkeit, Macht oder Ausbeutung. Wir reagieren wütend, gekränkt und rennen, weil wir es genau diesen Menschen Recht machen wollen. Wir verlieren die innere Gelassenheit und das ärgert uns dann noch zusätzlich.

Beobachten Sie Ihre Denkmuster, wenn Sie mit Menschen zusammen sind. Überprüfen Sie Ihre Einstellung zu den Menschen, mit denen Sie es zu tun haben. Ist es Ihnen sehr wichtig, immer gerecht behandelt, wertgeschätzt und respektiert zu werden, dann könnte Ihre innere Gelassenheit tatsächlich gefährdet sein.

Merksatz:

Ihre innere Gelassenheit steht im direkten Zusammenhang mit dem Wert, den Sie sich selbst beimessen. Sind Sie überzeugt, ein wertvoller Mensch zu sein, sind Sie standhafter und weniger angreifbar.

Kennen Sie das Ultimatum Spiel? Dies ist ein Experiment, das den Gerechtigkeitssinn des Menschen ins Herz trifft. So tickt also der Mensch:

Zwei Spieler A und B sind an diesem Experiment beteiligt. A hat einen Geldbetrag gewonnen, B nicht. A erklärt sich bereit, dem Spieler B einen Teil von seinem Gewinn zu geben. A steht es frei, welchen Geldbetrag er an B weitergeben möchte, doch wird folgende Vereinbarung getroffen: Nimmt der Spieler B den Geldbetrag von A an, gilt der Deal. Lehnt B den Vorschlag ab, bekommt keiner der beiden etwas, beide gehen leer aus, A verliert also seinen Gewinn.

Nehmen wir einmal an, Sie sind der Spieler B und verhalten sich so, wie die Mehrheit der Menschen es tut: Bietet Ihnen der Spieler A die Hälfte seines Gewinns, werden Sie freudig zustimmen. Doch wenn Ihnen A nur einen Drittel geben möchte, dann finden Sie A möglicherweise unfair und lehnen ab. Ihr Empfinden für Gerechtigkeit ist verletzt und Sie wollen es dem Spieler A heimzahlen.

Noch extremer wird es, wenn Ihnen der Spieler A nur eine einzige Münze geben will. Dann sind Sie gekränkt und lehnen mit Sicherheit ab. Innerlich freuen Sie sich, wenn der andere auch nichts bekommt, schließlich ist er ein ungerechter Schmarotzer und hat Sie in Ihrer Würde verletzt.

Wie verhalten Sie sich, wenn Ihnen ein, auf Zufall beruhendes Computerprogramm eine Münze herauswirft?

Selbstverständlich nehmen Sie die Münze an. Schließlich ist ein Computer kein Mensch, der Sie ungerecht behandelt.

> *Merksatz:*
> Wenn der Mensch mit Menschen zu tun hat, ist er sehr dünnhäutig.

Lesen Sie das Experiment nochmal, möglichst objektiv und emotionslos. Werden Sie sich dabei bewusst, welchen Beitrag Ihre subjektive Bewertung zur Entscheidung beiträgt, ob Sie den Geldbetrag von A annehmen oder nicht. Versuchen Sie zwischen objektiver Beobachtung und subjektiver Bewertung zu unterscheiden.

Bewertungen entstehen automatisch, doch ist es notwendig, sich deren bewusst zu sein und sie gewollt zu ändern.

Jeder Mensch ist nur ein leeres Boot, so besagt die folgende Geschichte, die Ihnen in kritischen zwischenmenschlichen Situationen hilft, nicht zu reagieren.

Das leere Boot

Ein Schüler fragte seinen Meister, wie er besser mit seiner Wut umgehen könne.

Der Zen-Meister antwortete: »Stell Dir vor, es ist ein nebliger Tag. Du bist mit deinem Boot draußen auf dem See. Durch den Nebel kannst du kaum etwas erkennen. Bis plötzlich ein anderes Boot durch die Schwaden genau auf dich zukommt.

Du wirst zornig. Du denkst: Na so ein Idiot, ich habe erst gestern mein Boot neu angestrichen … und schon kracht das fremde Boot in deins hinein. Du kannst die frische Farbe, die du gestern so mühevoll aufgetragen hast, geradezu abblättern hören. Deine Emotionen glühen.

Dann schaust du genauer hin und siehst: Das andere Boot ist leer. Niemand drin. Niemand, der dich absichtlich gerammt hat. Dein Zorn verfliegt. Du seufzt und denkst: Ach was soll's, dann muss ich demnächst eben noch mal streichen. Die Sache ist für dich damit gelaufen.«

Der Zen-Meister fuhr fort: »So ist es mit allem im Leben und mit allen Menschen, denen du begegnest: Es ist, als würden wir von einem leeren Boot gerammt werden.«

Der Schüler sagte: »Hmm, da ist was dran. Aber selbst wenn ich sehe, dass das Boot leer ist, ich werde erst einmal die ganze Welt verfluchen und mir einfach vorstellen, es säße jemand in dem Boot, der mir absichtlich schaden will.«

Da antwortete der Meister: »Wohl wahr. So ticken wir Menschen. Doch je mehr wir üben, umso leichter können wir uns beruhigen und sehen, wie lächerlich und nutzlos es doch ist, an Zorn festzuhalten. Schuld ist immer das leere Boot.«

Das Boot, das uns anstößt, ist im übertragenen Sinne immer leer. Es sind unsere Gedanken, unsere Interpretationen, unsere Emotionen, die ein Problem erst so richtig aufkochen lassen und dazu führen, dass wir nicht angemessen reagieren.

Ja, manchmal reagieren wir sogar auf Gegenstände persönlich. Stellen Sie sich vor, wie Sie auf Ihren Drucker reagieren, wenn er nicht funktioniert, wie er sollte. Dann werden Sie wütend und wettern laut. Doch der Drucker ist nur ein Gegenstand und meint es nicht persönlich.

Übung: Positive Aspekte finden

Jeder Mensch möchte wertgeschätzt werden, das heißt, nicht nur Sie, sondern der andere auch. Anerkennung ist ein Grundbedürfnis. Zeigen Sie Wertschätzung, lächeln Sie Ihrem Gegenüber zu und er kann gar nicht anders, er wird zurücklächeln. Mit Ihrer Wertschätzung tun Sie nicht nur etwas für den anderen, Sie tun auch etwas für sich selbst. Wer Ihre Wertschätzung spürt, wird Ihnen auch seine zuteil kommen lassen. Diese Übung ist ein tägliches Trainingsfeld und besteht darin, dass Sie:

- ❖ an jedem Menschen, mit dem Sie regelmäßig zu tun haben, drei gute Aspekte finden.
- ❖ an jedem Menschen, den Sie nicht mögen, fünf gute Aspekte finden.
- ❖ strikt zwischen der Person und ihrem Verhalten trennen. Auch wenn das Verhalten unerwünscht ist, kann die Person trotzdem erwünscht und liebenswert sein.

Übung: Wer ist »jedermann«?

Der Druck und der Stress aus der Außenwelt sind neutral, sie sind kein Problem, bevor man sie durch das eigene Denken für sich zum Problem macht. Wer sich durch Menschen in seinem sozialen Umfeld unter Druck gesetzt fühlt, wird jeder neuen Begegnung mit Vorsicht entgegensehen. Er wird sie nicht als das sehen, was sie ist, sondern durch den eigenen Filter der Bewertung und Befürchtung.

Sind Sie in diesem Denkmodell gefangen, kann es sein, dass Sie sich zurückziehen, Kontakte meiden oder grundsätzlich negativ auf sie reagieren, vorsichtig bis abweisend, weil Sie sich durch jeden bedroht fühlen. Aber wer ist dieser »jeder«?

Es ist sehr hilfreich, sich diesen »jedermann« genauer anzuschauen. Sie fühlen sich durch einige Menschen unter Druck gesetzt, das Gehirn verallgemeinert sofort und kreiert aus diesen wenigen Personen eine ganze Gesellschaft. Dann denken und sprechen Sie in allgemeinen Formeln. Nachfolgend sind sie aufgeführt.

Schreiben Sie folgende Aussagen impulsiv und in fließendem Schwung zu Ende:

- Alle erwarten von mir, dass …
- Alle mögen es, wenn ich …
- Alle sagen mir dauernd, ich soll …
- Wenn ich versage, denkt jeder ...
- Es interessiert niemanden, wenn ich …
- Die Leute verurteilen mich, weil ich ...
- Die Leute können nicht akzeptieren, wenn …

Im zweiten Schritt schreiben Sie zu jedem dieser Aussagen sechs Namen von Personen, welche diese Meinung vertreten. Wenn es bei ihnen so ist, wie bei den meisten Menschen, werden Ihnen keine sechs Personen in den Sinn kommen.

Ist das nicht sonderbar? Sie haben es sich selbst bewiesen: Sie lassen sich durch »jedermann« einengen und dieser »jedermann« besteht aus kaum einer Handvoll Menschen.

Übung: Beobachtung und Bewertung trennen

Jeder Mensch hat einen Grund, warum er so handelt, wie er das tut. Das Verhalten lässt darauf schließen, was im Inneren dieses Menschen vorgeht.

Jeder Mensch lebt in einem sozialen Gefüge und steht dadurch vor einer großen Herausforderung: Wie schwierig das Verhalten eines anderen auch sein mag, es ist nicht unsere Aufgabe, weder diesen Menschen zu verurteilen noch sein Verhalten zu verstehen. Wichtig ist, dass wir sein Verhalten »draußen lassen«, nicht internalisieren, nicht zulassen, dass unsere Seele leidet und unser Körper mit Stresshormonen überflutet wird.

Es trägt zu Ihrer inneren Gelassenheit bei, wenn Sie Beobachtung und Bewertung trennen. Sprechen Sie klar und ruhig, manchmal ist es angebracht, zu lächeln und nichts zu sagen.

Trainingsfeld »Gedanken«

Ursprung aller Dinge ist der Gedanke. Hier setzten wir mit dem Training an. Fließen Ihre Gedanken ruhig, bleibt Ihr Körper entspannter und Sie treffen geordnete und logische Entscheidungen.

> *Merksatz:*
> Was Sie auch erleben, in welcher schwierigen Situation Sie sich auch befinden, ein ruhiger Gedankenfluss ist der erste Schritt in die Lösung.

Stellen Sie sich folgende Situation vor: Sie sind ein intelligenter, selbstkritischer Mensch und haben ein Problem, Sie sind übergewichtig, nicht allzu sehr, doch Sie fühlen sich in Ihrer Haut nicht mehr wohl, Sie machen sich Sorgen um Ihre Gesundheit. Zudem steht Ihr Urlaub bevor und mit diesem Übergewicht sehen Sie sehr unattraktiv aus, denken Sie.

Da Sie sich Sorgen um Ihre Gesundheit machen, schauen Sie im Internet nach, um die Zusammenhänge zwischen Gesundheit und Körpergewicht besser zu verstehen. Was Sie dort entdecken, beunruhigt Sie noch mehr. Sie grübeln und quälen sich mit Vermutungen, Sie machen sich Vorwürfe, sich falsch zu ernähren und stellen Ihre Fehler unter ein Vergrößerungsglas. Beim Gedanken an den bevorstehenden Urlaub verzweifeln Sie noch zusätzlich und verstricken sich in einen Sturm von negativen

Bildern und negativen Selbstgesprächen, Sie fühlen sich bereits jetzt von jedem angestarrt und ausgelacht.

Schließlich beginnen Sie sich Vorwürfe zu machen, dass Sie überhaupt so viel nachdenken, den Überblick verlieren, vor Gedankengewirr den Schlaf nicht finden und zu keinem Ende kommen. Sie machen sich Sorgen, was mit Ihnen los ist und ob Sie einfach zu neurotisch sind?

All diese Unruhe und Selbstquälerei haben damit begonnen, dass Sie an diesem Morgen Ihr Hemd oder Ihre Bluse nicht ganz so bequem zuknöpfen konnten....

Dieses Beispiel können Sie auf jede andere Gegebenheit übertragen und sich selbst fragen, ob nicht auch Sie zu diesen Overthinkern gehören, deren Gedanken auf Hochtouren laufen. Unaufhaltsam drehen Gedanken auf der Oberfläche, ohne zu irgendeiner Lösung zu gelangen. Das Overthinking bewirkt das Gegenteil. Sie grübeln, drehen sich in Kreis, springen von einer Sorge in die andere und Sie kommen der Lösung keinen Schritt näher. Was Sie mit diesem überhitzten Denken erreichen, ist geistige Erschöpfung. Sie wollen verzweifelt ein »Problem« lösen und merken dabei nicht, dass Ihre Bewertung dessen, was Sie als »Problem« anschauen, das eigentliche Problem ist.

Bisher haben Sie gelernt, Ihre Wahrnehmung zu verändern und Ihre Bewertungen loszulassen, doch sind Sie Ihrem hyperaktiven Gehirn ausgeliefert, müssen Sie zuerst einen Zustand der Ruhe in Ihrem Gedankennetzwerk schaffen.

Folgende Übungen sind sehr wirksam und für Overthinker eine psychische Befreiung. Ihr Gehirn soll geistigen »Leerlauf« lernen, damit es wieder fähig ist, »produktiv« zu denken.

Übung: Gedanken sind Züge

Sie wählen einen Ort, an dem Sie zehn Minuten ungestört sind. Sie setzen sich bequem hin und Schließen Ihre Augen, in Ihrer Vorstellung sehen Sie sich in einem Bahnhof, den Sie gut kennen. Sie stehen nun auf einem Bahnsteig, schauen sich um und sehen unweit vor Ihnen eine Wartebank, auf diese setzen Sie sich. Vollkommen entspannt schauen Sie den Zügen zu. Diese fahren von links nach rechts und wieder von rechts nach links vorbei. Sie sitzen da und beobachten nur. Jetzt fällt Ihnen auf, dass die Züge seltener von links nach rechts und auch seltener von rechts nach links fahren, es sind weniger Züge geworden. Diese Züge sind Ihre Gedanken, die Sie teilnahmslos beobachten und vorbeiziehen lassen. Die Pausen zwischen den vorbeifahrenden Zügen werden länger und länger. Die Züge kommen immer seltener. Ihre Gedanken kommen immer seltener. Schließlich wird es still. Keine Züge, keine Gedanken. Gedankenstille.

Übung: Punktkonzentration

Diese Übung bringt Ihnen Gedankenberuhigung. Zugleich lernen Sie, Ihre Gedanken genau auf das zu fokussieren, worauf Sie sie in der betreffenden Situation fokussieren wollen. Sie lernen also, Ihre Gedanken willentlich zu steuern.

Haben Sie diese Übung oft trainiert, werden Sie sich ein großes Maß an mentaler Elastizität erwerben. Das heißt, Sie werden in schwierigen Situationen Ihren Fokus schnell bewegen können. Sie werden Ruhe bewahren, konzentriert nachdenken und klare Entscheidungen treffen.

Stellen Sie sich bildlich vor, Ihr Fokus sei der Lichtkegel einer Taschenlampe. Sie richten die Taschenlampe dorthin, wo es notwendig ist. Unsere täglichen Lebenssituationen erfordern innere Ruhe, totale Fokussierung und gleichzeitig Flexibilität.

Beispiele:

In einer Prüfungssituation: Sie betreten den Prüfungsraum. Ihr Lichtkegel erfasst den Prüfungsraum, Sie bewegen Ihren Lichtkegel zu den Prüfungsexperten, danach zu Ihrem Platz, den Sie jetzt aufsuchen. Die Prüfung beginnt. Nun ziehen Sie Ihren Lichtkegel ganz eng. Ihr vollständiger Fokus gilt Ihrer Leistung.

Unfallstelle: Ihr Fokus ist breit, indem Sie die gesamte Unfallstelle schnell erfassen. Sie informieren die Polizei, Ihre totale und enge Aufmerksamkeit gilt Ihrem Telefonanruf. Sie geben Informationen über den Unfallort und die Situation, indem Sie sich nur darauf konzentrieren, Fakten weiterzugeben. Und so geht es Schritt für Schritt vorwärts. Sie richten Ihren Lichtkegel der Konzentration genau dorthin, wohin es die Situation erfordert. Sitzen Sie schließlich in Ihrem noch fahrtüchtigen Auto und fahren nach Hause, gilt Ihr Fokus dem Verkehr und Ihrem Fahren.

Merksatz:

Innere Gedankenruhe ermöglicht Ihnen, konzentriert und zugleich elastisch zu denken, Sie konzentrieren sich vollkommen auf das, was es in der betreffenden Situation zu tun gibt. Sie sind fähig, die gebündelte Konzentration schnell umzulenken.

Übung: Konkretes Üben der Punktkonzentration

Ihre Übung besteht darin, in die Mitte eines weißen Blattes einen Kreis zu zeichnen mit dem Durchmesser von ca. 4,5 cm. Den Kreis füllen Sie mit Schwarz aus. Dieses Blatt mit dem schwarzen Punkt befestigen Sie auf Augenhöhe in der Entfernung Ihrer Armlänge. Stellen Sie den Timer auf fünf Minuten. Mit entspanntem Blick schauen Sie den Punkt an, Sie wenden fünf Minuten lang Ihre Augen nicht von Ihrem Punkt ab. Zwischen dem schwarzen Punkt und Ihren Augen visualisieren Sie eine

Verbindungslinie, einen Laserstrahl. Blinzeln erlaubt, wegschauen nicht. Sie trainieren regelmäßig und erhöhen die Zeit allmählich auf zehn Minuten.

Schweifen während des Übens Ihre Gedanken ab, lassen Sie es zu. Denken Sie an die Übung »Gedanken sind Züge«, lassen Sie Gedanken vorbeigehen und holen Sie sich Ihre Konzentration zurück, indem Sie sagen: »Jetzt bin ich beschäftigt mit meinem Punkt.«

Übung: Gedankliche Verzerrungen

Bezeichnend für die Gedankenverstopfungen ist, dass es zu keiner Lösung kommt, da die Gedanken analysieren, von einer Behauptung zur anderen springen, Überzeugungen verwerfen und wieder aufnehmen.

Vom eigentlichen Auslöser sind die Gedankenschleifen schon weit entfernt, das Kernstück erscheint verzerrt, in Tausende von Einzelgedanken zerlegt und oft schon vergessen. Steigen Sie auf die Bremse. Sagen Sie: »STOPP, um was ging es ursprünglich?«

Ein Tagebuch hilft Ihnen. Benennen Sie es als »Vulkanausbruch Tagebuch«. Finden Sie selbst einen passenden Namen, der diese gedankliche Überforderung ausdrückt.

Sie schreiben jeden Gedanken, der aus Ihnen heraussprudelt, auf. Vollkommen ungeordnet, impulsiv, emotional, so wie es in Ihrem Kopf gerade vor sich geht. Schreiben Sie dieses Durcheinander auf.

Danach lesen Sie Ihre Eintragungen durch. Streichen Sie alle Wiederholungen, streichen Sie allen Emotionen, streichen Sie alle Vermutungen, Befürchtungen und Bewertungen. Zuletzt bleiben nur noch Fakten.

Nachdem Sie die Punktkonzentration trainiert haben, widmen Sie sich mit dieser Fähigkeit den Fakten, die aus Ihren Eintragungen geblieben sind. Danach treffen Sie Entscheidungen.

Übung: Nachdenken und Entscheidung treffen

Machen Sie sich bewusst: Unentschlossenheit schwächt und macht unglücklich. Entschlossenheit stärkt und macht Sie handlungsfähig. Entschlossenheit ist mit einem Schwert vergleichbar. Wer das Schwert zieht, muss handeln, sonst wird er sein Leben verlieren. So geht es Ihnen, wenn Sie entscheiden, müssen Sie handeln, sonst verlieren Sie an Selbstachtung und an Selbstvertrauen.

Viele Menschen tun sich damit schwer, Entscheidungen zu treffen, sie suchen im Internet nach Informationen, erstellen Entscheidungs-Mindmaps und Pro-Contra-Listen, beantworten Entscheidungsfragen und erreichen wieder dieses Gedankenchaos, das bezeichnend für einen Overthinker ist. Die Entscheidung wird hinausgezögert. Die innere Gelassenheit ist verlorengegangen.

Sie gehen den Weg der inneren Gelassenheit und stärken diese zusätzlich, wenn Sie berücksichtigen:

- Jede Entscheidung stärkt Ihr Vertrauen in sich selbst und in Ihre Fähigkeiten
- Sich nicht zu entscheiden, geht grundsätzlich nicht, wenn Sie nichts tun, haben Sie sich ja auch entschieden.
- Eine Entscheidung ist keine absolute Größe, Sie haben die Möglichkeit, eine Entscheidung neu zu treffen.
- Eine Entscheidung mit negativen Folgen hat etwas Gutes: Sie zeigt Ihnen, wie es nicht funktioniert.

Merksatz:
Wenn Sie innerlich gelassen bleiben, vernehmen Sie die Stimme Ihrer Intuition, dies ist Ihr Unterbewusstsein, das Ihnen bei der Entscheidungsfindung hilft.

Unterstützen Sie Ihren Entscheidungsnerv mit der Affirmation: »Bewusst entscheide ich mich heute, ich vertraue mir, dass ich mit den Folgen meiner Entscheidung zurechtkomme.«

Trainingsfeld »Gegenwart«

Was ist Gegenwart?

Stellen Sie sich vor, Sie seien ein Außerirdischer und essen zum ersten Mal eine Rosine. Langsam und konzentriert kauen Sie an diesem weichen, süßen Etwas. Mit allen Sinnen nehmen Sie als Außerirdischer diese Erfahrung in sich auf. Alles, was zählt, ist diese Erfahrung der Rosine. Das ist Gegenwart.

»A wandering mind is an unhappy mind«, heißt es so treffend. Der Mensch denkt pausenlos an alles Mögliche. Studien und Befragungen belegen es: 50% seiner Zeit verbringt der Mensch damit, nicht bei der Sache zu sein. Anders ausgedrückt: Die Hälfte der Lebzeit verbringt der Mensch, indem er gedanklich nicht dort ist, wo er körperlich ist. Die östliche Anschauung beschreibt diesen Umstand so: Der Mensch ist nicht zu Hause. Diese Abwesenheit hat ihren Preis: Die kognitive Leistung ist dadurch wesentlich schlechter.

Ebenso haben die Studien ergeben, dass Gedankenfokussierung auf die Gegenwart glücklich macht. Warum? Denken Sie an das Glückserlebnis des Außerirdischen beim Kauen an der Rosine.

Der jetzige Augenblick ist angstfrei, ist ohne Ärger, ohne Stress, Sie eilen mit Ihren Gedanken nicht voraus, um sich vorzugeben, was es alles noch zu erledigen gibt. Sie denken nicht darüber nach und machen sich keine Vorwürfe, was Sie in der Vergangenheit alles hätten besser machen sollen. Überzeugen Sie sich selbst:

Übung: Dasitzen

Setzen Sie sich ruhig hin, Schließen Sie Ihre Augen und konzentrieren Sie sich auf einen Punkt in Ihrem Körper, zum Beispiel auf Ihre Stirn. Je länger Sie sich auf Ihre Stirn konzentrieren, desto ruhiger werden Ihre Gedanken, jede Emotion fällt weg, jede Belastung der Zukunft und jede Erinnerung an die Vergangenheit. Sie sitzen da auf Ihrem Stuhl, ganz in der Gegenwart. Sie sind jetzt. Diese Übung ist einfach, doch die Wirkung stark. Die Logik sagt: Es ist für das Gehirn nicht möglich, Gedanken auf den Stirnpunkt zu konzentrieren und gleichzeitig an etwas Anderes zu denken.

Routinearbeiten sind für Ihre Gedanken ein willkommenes Feld, um abzuschweifen. Wenn Sie Routinearbeiten verrichten, sind Ihre Gedanken »unterbeschäftigt«. Dies ist der Anfang der Grübeleien. Ihre Gedanken driften unkontrolliert ab, sie gehen dorthin, wo negative Erlebnisse und ungelöste Probleme sind. Energetisch betrachtet ist das normal. Bei Routinearbeiten bewegen Sie wenig Gedankenenergie, ungelöste Probleme haben einen hohe Energiespiegel und sind für Ihre Gedanken interessant und spannend. Diese Spannung bemerken Sie, indem Sie im Körper Unruhe spüren, Ärger oder Wut, vielleicht reagiert Ihr Körper mit Schweißausbrüchen und Zittern. Sicher verstehen Sie, dass Sie in dieser Verfassung langsamer arbeiten und mehr Fehler machen.

Übung: Aufmerksamkeit veräußerlichen

Veräußerlichen heißt, nach außen verschieben. Sie werden zum Erzähler Ihrer gegenwärtigen Wahrnehmungen. Das Grübeln und sich in Gedankenspiralen zu drehen, erfordert Kraft. Zugleich sind Sie von der Gegenwart »abgeschnitten«, denn Ihre Gedankenschlaufen sind Konstrukte, entstanden aus Vergangenem und Zukünftigem. Möglicherweise verstricken Sie sich so intensiv in Problemgedanken, dass Sie die Verbindung zur Gegenwart vollkommen verlieren. Sie identifizieren sich ganz mit Ihrer konstruierten Gedankenwelt, Ihre Emotionen sind unruhig, weil Sie auf diese Gedankenkonstruktionen reagieren.

Sagen Sie laut:

»Das sind meine Gedankengebilde, das bin nicht ich.«

»Diese Gedankengebilde machen mich unruhig.«

Identifizieren Sie sich nicht mit Ihrer Unruhe. Sagen Sie nicht: »Ich bin unruhig, ich bin ein unruhiger Mensch.« Externalisieren Sie Ihre Unruhe.

Merksatz:

So wie die Wolke nicht der Himmel ist, so sind Sie nicht Ihre Unruhe.

Übung: Umsehen

Wenn Ihre Emotionen drohen, außer Kontrolle zu geraten, dann hilft Ihnen folgende Übung. Schauen Sie sich an dem Ort, wo Sie gerade sind, um.

Benennen Sie laut fünf Gegenstände, die Sie sehen, das kann der Tisch sein, an dem Sie sitzen, ein Bild oder auch ein Kleidungsstück, das Sie tragen.

Danach berührten Sie fünf Gegenstände und spüren die Beschaffenheit des Materials und der Oberfläche. Fühlt sich der

Gegenstand rau an, ist der Stoff weich oder ist der Gegenstand borstig. Sie können auch das Gewicht des Gegenstandes beschreiben.

Jetzt horchen Sie und sprechen laut aus, welche Geräusche Sie hören. Sie können aus ein Fenster öffnen und Geräusche dort draußen wahrnehmen. Welche fünf Geräusche unterscheiden Sie?

Konzentrieren Sie sich jetzt auf Ihren Geruchssinn. Können Sie Gerüche unterscheiden? Sie riechen immer etwas, auch dann, wenn Sie den Eindruck haben, nichts zu riechen. Verfeinern Sie Ihren Geruchssinn.

Schmecken Sie etwas? Haben Sie ein Getränk bei sich? Wie schmeckt dieses Getränk, konzentrieren Sie sich ganz auf seinen Geschmack. Wie ist der Nachgeschmack dieses Getränks oder einer Speise auf Ihrer Zunge.

Merksatz:

Wenn Sie sich auf Ihre Sinne konzentrieren, stoppen Sie Ihre Gedankenspiralen. Sie schaffen eine Pause, die Ihnen die innere Ruhe zurückbringt.

Übung: Achtsamkeit in alltäglichen Situationen

Das Bestreben, im gegenwärtigen Moment zu bleiben, wird oft als Achtsamkeit beschrieben. Dieses heutige Achtsamkeitsbild, ursprünglich aus dem Buddhismus stammend, hat sich zu einem Schlagwort verwässert. Natürlich können Sie zu jedem Baum, zu jeder Blume gehen und sagen: »Ich achte dich.«

Sie können in die Sonne schauen, die Wärme genießen und sagen: »Sonne, ich achte dich.«

Sie können einen Achtsamkeitskurs besuchen und denken. »Jetzt weiß ich, wie es geht.«

Dann gehen Sie nach Hause und machen zehn Minuten täglich Ihre Achtsamkeitsübung. So geht es aber nicht. Das, was so einfach klingt, das Prinzip der Achtsamkeit, ist eine Lebenshaltung, ist eine ganz bestimmte Einsicht, die man langsam lernt, es kann Jahre dauern, bis man verinnerlicht hat, achtsam zu leben.

Und noch ein weiterer Irrtum: Achtsam sein heißt nicht, langsam sein, sondern ein bewusster Beobachter sein.

Übung: Achtsamkeit in alltäglichen Situationen

Beginnen Sie, alltägliche Tätigkeiten achtsam zu verrichten. Bald werden Sie feststellen, worin die Herausforderung besteht.

Beispiel 1: Achtsamkeit beim Essen: Bewusst halten Sie jeden Bissen einige Sekunden im Mund. Jede Nuance schmecken und riechen Sie einzeln. Der köstliche Geschmack wird dadurch noch köstlicher. Vielleicht wenden Sie jetzt ein, dafür hätten Sie keine Zeit. Doch, die haben Sie, denn dieser Vorgang muss nicht in Zeitlupe geschehen.

Ihre Herausforderung: Sie essen bewusst, indem Sie nur kleine Bissen nehmen. Wenn Sie den Mund nicht vollstopfen, müssen Sie auch nicht würgen, um das Unzerkaute hinunterzubekommen. Sie schwatzen nicht, während Sie kauen, Sie lesen nicht und schauen dabei nicht fern. Stehend im Vorübergehen noch einen Bissen nehmen, hat ebenfalls nichts mit Achtsamkeit zu tun.

Ihre Gedanken sind ganz mit dem Essen beschäftigt, da gibt es keinen Raum für Grübeleien über Vergangenes oder Zukünftiges.

Beispiel 2: Achtsamkeit beim Einkaufen: Mit angemessenem Schritt gehen Sie durch die Früchteabteilung. Jede Farbe, jede Oberflächenbeschaffenheit der Früchte lassen Sie auf sich wirken.

Sprechen Sie lese vor sich hin: »Jetzt sehe ich einen roten Apfel, jetzt sehe ich...jetzt rieche ich...«

Sie werden staunen, wie oft Ihre Gedanken gegen diese Achtsamkeit rebellieren werden. Sie wollen ja nur schnell einkaufen, Ihre fünf Sachen in den Einkaufskorb werfen, die Zeit drängt, mit Ihren Gedanken sind Sie schon längst zu Hause. Achtsamkeit heißt, auf die Bremse zu stehen.

Sehr oft fallen mir Menschen auf, die währen des Einkaufens telefonieren oder Nachrichten schreiben. Ja, sie stehen mit ihrem zwischen Schulter und Ohr eingeklemmten Handy an der Kasse, schwatzen (mit Unterbrüchen, weil sie das Handy neu richten müssen) und versuchen gleichzeitig, ihre Zahlkarte in der Tasche zu suchen. Beantworten Sie kurz die Frage: Wird hier achtsam eingekauft oder achtsam ein Gespräch geführt oder achtsam bezahlt oder achtsam der Person an der Kasse zugelächelt? Wird hier achtsam gelebt?

Beispiel 3: Achtsamkeit am Arbeitsplatz: Sie treffen rechtzeitig ein, Sie hetzen nicht zum Arbeitsplatz, Sie haben einen zielgerichteten, ruhigen Schritt und trippeln nicht herum. Sie tun, was Ihre Aufgabe ist, ohne Ablenkung durch private Telefonate, private Mails und Klatsch nach links und rechts. Schweifen Ihre Gedanken in die Privatsphäre ab, holen Sie sie zurück. Ob Sie einen Streit hatten, der Sie noch aufwühlt oder ob Sie in nächster Zeit einen anspruchsvollen Termin zu bewältigen haben, ist im Moment nicht wichtig. Was zählt, ist Ihre Konzentration und Leistung am Arbeitsplatz, und zwar jetzt.

Achtsamkeit am Arbeitsplatz ist eine sehr große Herausforderung, die viel Übung und Durchhaltevermögen abverlangt. Trainieren Sie immer, dies in Zeiten, in denen Sie sich innerlich unbelastet fühlen, damit Sie in mental engen Zeiten trainiert sind, konzentriert und innerlich gelassen zu bleiben.

Beispiel 4: Achtsamkeit beim Warten auf der Bushaltestelle (oder an irgendeinem anderen Ort) erleichtern Ihnen die Spannung des Wartens: Sie stehen vor der Anzeigetafel mit den Fahrzeiten. Sie nehmen die Größe, die Form und die Farbe der Tafel bewusst wahr. Sie lesen die Fahrzeiten. Sie drehen sich um, betrachten die Wartenden. Sie nehmen bewusst wahr, wie der Bus heranfährt und anhält. Mit ruhigem Schritt steigen Sie ein. Sie stellen fest: »Es gibt noch freie Plätze, das ist in Ordnung« oder: »Alle Plätze sind besetzt, das ist in Ordnung.«

Beispiel 5: Achtsamkeit im Gehen: Stehen Sie zu Beginn still da (einige Sekunden genügen bereits). Werden Sie sich des Drucks auf Ihre Füße bewusst. Erleben Sie, wie Ihr Körper auf dem Boden steht. Heben Sie achtsam einen Fuß, bewegen Sie ihn nach vorn, setzen Sie ihn achtsam vor sich ab und spüren Sie, wie Sie das Gewicht darauf verlagern. Wiederholen Sie den Vorgang mit dem anderen Fuß. Dazu können Sie sprechen: »Heben, heben, heben«, oder: »Nach vorne bewegen, nach vorne bewegen.«

Bei dieser Übung müssen Sie nicht langsam gehen. Je häufiger Sie Achtsamkeit beim Gehen üben, desto selbstverständlicher wird es für Sie, achtsam zu gehen.

Merksatz:

Konzentrieren Sie sich auf Ihre gegenwärtige Tätigkeit. Dann sind Sie innerlich ruhig, arbeiten produktiver, machen weniger Fehler und erreichen bessere Resultate.

Die wichtigste Botschaft der Aufmerksamkeitslehre ist, dass nichts selbstverständlich ist und jeder Augenblick einzigartig und wertvoll ist, so wie er ist. Leben Sie ihn. Obwohl Sie jeden Tag einkaufen oder Bus fahren, ist jedes Einkaufen und Busfahren aufs Neue faszinierend und neu. Auf diese Weise erleben Sie Ihre Welt als etwas Besonderes. Achtsamkeit vermehrt Ihr Glück, denn Ihre bewusste Wahrnehmung ist eine Wertschätzung Ihrer persönlichen Welt.

Oft frage ich Menschen: »Was haben Sie erlebt?« Ebenso oft heißt die Antwort: »Nichts«, oder »nichts Besonderes.« Das kann doch gar nicht sein, Ihr Leben ist doch nicht »Nichts«. Achtsamkeit verwandelt dieses »Nichts« in »Etwas«.

Achtsamkeit ist Ihre Präsenz im Jetzt, Sie sind vollkommen im Geschehen. Üben Sie diese Präsenz, indem Sie sich vornehmen, Details während des Tages bewusst wahrzunehmen. Am Abend erinnern Sie sich dann an diese Details zurück.

Merksatz:

Achtsamkeit ist eine »JETZT Wahrnehmung«, sie intensiviert Ihre Lebensqualität und Ihr Lebensglück.

Übung: Achtsamkeit zu sich selbst

Gehen Sie mit Ihrer Aufmerksamkeit durch Ihren Körper, werden Sie sich dessen bewusst, dass Sie einen Körper haben. Die meisten Menschen denken an ihren Körper erst dann, wenn sie Schmerzen haben. Das ist sehr unachtsam und gar nicht gut.

Es gibt zwei Möglichkeiten, dem Körper Achtsamkeit zu schenken. Die erste besteht darin, sich auf ein Körperteil zu konzentrieren, zum Beispiel auf Ihre rechte Hand. Alle Ihre Gedanken sind jetzt auf Ihre rechte Hand gerichtet. Wie fühlt sie sich an und was tut sie gerade? Sie beobachten und fühlen die Motorik ihrer rechten Hand. Aha, das ist meine rechte Hand.

Die zweite Möglichkeit besteht darin, sich auf ein inneres Organ zu konzentrieren. Beispielsweise schenken Sie Ihre ganze Aufmerksamkeit Ihrem Darm. Wie fühlt er sich an? Was tut er jetzt? Was will er Ihnen sagen? Was wollen Sie ihm zuliebe tun?

Wenn Sie jetzt denken, es sei lächerlich, Ihrem Darm Ihre Aufmerksamkeit zu geben, dann denken Sie jetzt falsch. Ihr Darm ist ein Teil von Ihnen, also hat er das Recht, beachtet zu werden. Fühlt er sich gut an, dann danken Sie ihm dafür, dass er sich gut anfühlt. Diese Dankbarkeit ist eine beglückende Energiewelle.

Wie bereits erwähnt, ist Achtsamkeit nicht eine Übung, die man macht und dann sein gewohntes Leben fortsetzt, Achtsamkeit ist eine Lebenshaltung. Je öfters Sie Achtsamkeit üben, desto selbstverständlicher wird sie und sie wird beginnen, einen immer größeren Platz in Ihrem Leben einzunehmen.

Oft höre ich den Einwand, dass Achtsamkeit zu viel Zeit beanspruche, man könne ja nicht immer stehen bleiben und sich auf den Darm konzentrieren oder auf die rechte Hand. Das ist ein falscher Einwand. Achtsamkeit ist nicht eine zusätzliche Aufgabe in Ihrem Leben, Achtsamkeit geschieht von selbst und wird mit stetem Üben ein immer größerer Bestandteil Ihres Lebens.

Merksatz:

Wenn Sie verstanden haben, dass jeder Moment Ihres Lebens ein Moment Ihres Lebens ist, werden Sie aufhören, den Sinn Ihres Lebens an einem anderen Ort zu suchen als in jedem Moment Ihres Lebens.

Trainingsfeld »Wertfreies Beobachten«

»Die höchste Form menschlicher Intelligenz ist die Fähigkeit, zu beobachten, ohne zu bewerten«,
(Jiddu Krishnamurti)

Bei jeder Begegnung und in jeder Situation neigt der Mensch dazu, ständig zu interpretieren und zu beurteilen. Jede Beobachtung ist automatisch an eine Bewertung gekoppelt. Genau in diesem Punkt entstehen Konflikte, weil jeder Mensch seine eigene Wahrnehmung der Realität hat. Diese Realität nimmt er als einzig richtig an. Das stimmt aber nicht, denn diese Realität ist nur die subjektive Bewertung eines Fakts.

Prüfen Sie einmal selbst, wie oft Sie täglich bewerten:

- Der Prüfungsexperte lacht. Sie denken: »Er lacht mich aus, der arrogante Kerl. Ich bin verloren.«
- Der Kursleiter bewegt sich langsam. Sie denken: »Der ist ja echt unmotiviert, der Langweiler.«
- Die Kinder kichern. Sie denken: »Was haben sie bloß wieder angestellt?«

Wie oft hätten Sie sich emotional leichter gefühlt, wenn Sie das, was Sie erlebt hatten, »nur« erlebt, nur zur Kenntnis genommen hätten. In letzter Konsequenz ist dieses Ziel kaum erreichbar, doch es anzustreben und sich immer öfter auf bewertungslosem Boden zu befinden, macht durchaus Sinn und schützt vor vielen Konflikten.

Das heißt: Ganz gleich, was Sie gerade erleben, erleben Sie es einfach. Beurteilen Sie es weder als gut noch als schlecht. Lassen

Sie es einfach sein. Nehmen Sie einfach zur Kenntnis, dass gerade etwas geschieht.

Merksatz:
Innere Gelassenheit entsteht durch Beobachten, denn das Leben ist nur ein Film. Sie beobachten urteilsfrei und akzeptieren, was in diesem Film abläuft. Sie sind ein Kind, das fasziniert zuschaut und keine Vorstellung davon hat, wie es sein »sollte«.

Übung: Beschreibungsübung
Diese Übung schult den Weg, ein urteilsloser Beobachter zu werden. Sie lernen zwischen Beobachtung und Bewertung zu unterscheiden. In dieser ersten Übung beobachten und beschreiben Sie ganz allgemein, es sind Personen, die Sie nicht kennen und Situationen, in die Sie nicht einbezogen sind.

Eine Person. Beispiel: Sie trägt eine rote Brille. Der Brillenrand überdeckt die Augenbrauen. Der Mantel ist lang und schwarz. Der Kopf ist nach links gedreht. Die rechte Hand macht eine Faust. Die linke Hand ist in der linken Manteltasche, …

Falsch ist: Die rote Brille steht ihr gut. Sie beobachtet einen Hund, der von links kommt, …

Eine Situation, in die mehrere Personen verwickelt sind. Bewegungen beschreiben. Den Worten zuhören, ohne zu urteilen, welche Person Recht hat, welche nicht, keine Partei ergreifen.

Sich selbst. Beschreiben Sie Ihre eigenen Bewegungen, Ihre Stimme. Richtig ist: Meine Stimme tönt leise. Falsch ist: Meine Stimme tönt unsicher.

Naturerlebnis. Gehen Sie in den Park, in den Wald, an einen Fluss und beschreiben Sie. Richtig: Ich sehe ein Vogelhäuschen, es hängt schief am Baumstamm, von rechts oben nach links unten. Falsch: Ich sehe ein Vogelhäuschen, das man wieder richten sollte.

Übung: Wertfreie Begegnungen

In dieser zweiten Übung geht es um direkte Begegnungen und Beziehungen. Sie stehen mitten in einer Situation. Bewertungslos zu bleiben ist in hier eine große Herausforderung.

Sie telefonieren. Was Ihnen die Stimme am anderen Ende auch sagt, Sie beschreiben nur den Tonfall, die Klangfarbe, die Geschwindigkeit der Aussage. Sie sagen nicht: »Diese Person ist traurig, diese Person ist wütend, diese Person ist fröhlich.«

Sie warten in einem Restaurant auf eine Person, mit der Sie sich treffen wollen. Jetzt kommt diese Person zur Tür herein und geht auf Sie zu. Beschreiben Sie ohne Vermutungen auf die Gemütsverfassung der Person einzugehen.

Sie haben den ganzen Tag gearbeitet und kommen nach Hause. Sie stellen fest, dass in der Wohnung Unordnung herrscht. Beschreiben Sie, was Sie vorfinden, ohne zu verurteilen, wer was hätte tun sollen.

Sie arbeiten in einem Team, jedes Teammitglied hat Arbeiten zu erledigen. Sie beobachten, dass Arbeiten nicht so ausgeführt werden, wie Sie es tun würden. Sie beschreiben, was noch getan werden soll, ohne die Kollegen zu bewerten.

Sie führen ein Gespräch mit Ihrem Partner. Sie hören den Worten zu und interpretieren nicht »zwischen den Zeilen«. Sie beschreiben die Gestik und Mimik Ihres Partners, ohne sie zu deuten.

Vielleicht denken Sie jetzt, wertungsfrei zu bleiben, sei gar nicht möglich. Je mehr Sie trainieren, desto weniger werden Sie sich künftig in schwierigen Situationen in Emotionen verstricken.

Trainingsfeld »Erwartungslosigkeit«

Alles, was wir tun, entspringt einer Absicht und ist mit Erwartungen besetzt. Grundsätzlich ist das ganz in Ordnung, denn es ist richtig zu wissen, wohin der Weg führt, und was werden soll. Doch ist die Erwartungshaltung so ausgeprägt, dass sie jede Flexibilität verunmöglicht, bewirkt sie ein versteiftes Denken: Entweder ist es so, wie ich es erwarte und dann ist es gut oder es läuft nicht nach meinen Erwartungen und dann ist es schlecht. Das ist ein Schwarz-Weiß-Denken. Dieses Denken fühlt sich wie eine Bedrohung an, denn der Fokus der eigenen Aufmerksamkeit beobachtet ständig dieses »Entweder – Oder«.

Stellen Sie sich vor, Sie gehen mit einem guten Freund in ein exklusives Restaurant, um ein köstliches Abendessen zu genießen. Ihre Erwartungen sind hoch, es soll ein unvergesslicher Abend werden, in bester Laune, mit sinnvollen Gesprächen, selbstverständlich bei exzellentem Essen und einem ebenso exzellenten Wein. So Ihre Wunschvorstellung. Sind Sie die Person, die eingeladen und das Restaurant empfohlen hat, stehen Sie noch zusätzlich unter Druck. Alles muss bestens funktionieren.

Wie könnte der Abend ablaufen?

Möglichkeit 1: Ihre Wahrnehmung ist vollkommen auf die Erfüllung Ihrer Erwartungen fokussiert, das heißt, Sie beobachten genau: Wird Ihnen beim Empfang genug freundlich zugelächelt, etwas zu wenig oder eher künstlich, entspricht das Gedeck Ihrer Vorstellung, Sie wissen genau, worauf Sie achten wollen, und in Ihrem Gehirn drehen Gedanken ihre Kreise….

So kann es sein, dass Sie nach dem besagten Abend erschöpft zu Hause zusammensinken. Das ständige Beobachten und sich unter Bewertungsdruck fühlen hat Sie müde gemacht und Sie fragen sich, ob Sie den Abend überhaupt genossen hatten. Je länger Sie über diesen Abend nachdenken, desto mehr geraten Sie ins Grübeln. Das Grübeln bringt mehr und mehr Details hervor, die doch nicht ganz so perfekt waren, wie Sie es sich gewünscht hatten. Die Tischnachbarn waren doch etwas zu laut, der Weißwein eine Nuance zu wenig gekühlt ....

Möglichkeit 2: Sie erwarten zwar ein hervorragendes Essen und gute Gesprächsstimmung, gehen aber unvoreingenommen und mit viel Neugier in das Erlebnis. Sie sind unbelastet und beobachten mehr interessiert als kritisch. Mag sein, dass nicht alles Ihren Erwartungen entsprach, doch Sie reagieren souverän und lächeln: »Nichts und niemand ist perfekt. Auch wenn das Servierpersonal Sie etwas länger warten ließ und Ihr guter Freund an diesem Abend etwas weniger gesprächig war, konnten Sie den Abend genießen und stellten zu Hause dankbar fest: »Das war ein wunderbarer Abend.«

Wie Sie diesen Abend erleben und mit welchen Gedanken und Gefühlen Sie nach Hause zurückkehren, hängt davon ab, ob sich Ihre Erwartungen erfüllen müssen oder ob Sie eine Toleranzzone einbauen können. Gelungen oder misslungen? Ihre subjektive Bewertung entscheidet.

Das ist sicher: Je höher Sie Ihre Erwartungen gesteckt haben und unbeugsam an ihnen festhalten, desto tiefer werden Sie enttäuscht sein, wenn etwas Ihrer Erwartung nicht entspricht. Je mehr Sie erwarten, desto sicherer erleben Sie eine (subjektiv erlebte) Enttäuschung.

Sie wissen ja: Wer Details sucht, wird Details finden.

Merksatz:

Wenn Sie nichts erwarten, sind Sie bereit, jede Situation so zu nehmen, wie sie ist und jeden Menschen so, wie er ist. Erwartungslosigkeit führt zu innerer Gelassenheit. Das Einzige, was Sie erwarten dürfen, ist Ihre Flexibilität, jede Situation so zu interpretieren, dass Sie sich wohl fühlen.

Übung: Alles ist gut, so wie es sein wird

Stellen Sie sich eine zukünftige Situation vor und beschließen Sie im Voraus, nichts zu erwarten. Beispiel: Eine Begegnung, einen Besuch, Familienausflug, Ankunft im Hotel, Verhalten des Servierpersonals im Restaurant, Wetter, Reaktion eines Arbeitskollegen, Verhalten eines Kunden, …

Beschließen Sie im Voraus, sich nicht aus dem Gleichgewicht bringen zu lassen, sich jeder Situation anzupassen, in Ihrer Energie zu bleiben und innere Gelassenheit zu trainieren. Das Leben bietet unzählige Möglichkeiten, sich in innerer Gelassenheit zu üben.

Sagen Sie innerlich: »Alles, was sein wird, ist reagiere gelassen.«

Erwartungslos sein heißt nicht: »Alles ist stimmig für mich, ich bin einverstanden.« Ist Ihr Freund an diesem Abend etwas eckig und wortkarg, fragen Sie nach oder Sie ignorieren es. Zeigen Sie Verständnis und geben Sie, nur wenn erwünscht, einen freundschaftlichen Rat. Ist der Weißwein etwas zu wenig gekühlt, sagen Sie es freundlich und wertschätzend, der Abend ist trotzdem großartig. Ihre Aufgabe besteht darin, sich im Voraus vorzustellen, wie Sie in jeder zukünftigen Situation dankbar und wertschätzend bleiben. Sollte Sie dann etwas stören, werden Sie es in Ruhe sagen.

Stellen Sie sich eine vergangene Situation vor, die Sie negativ bewertet haben und Sie ärgerlich waren, weil sich Ihre

Erwartungen nicht erfüllt haben: »Ich dachte, der Abend werde schön und wir könnten viel lachen, stattdessen hat er die ganze Zeit über seinen Chef geklagt. Der Abend hat mich genervt.«

Gehen Sie nochmals in dieses Ereignis und erleben Sie es neu, diesmal erwartungslos. Dazu gibt es mehrere Möglichkeiten: Sie stellen sich vor, wie Sie verständnisvoll zuhören, oder Sie wechseln wertschätzend das Thema, oder Sie geben einen freundschaftlichen Ratschlag. Sie denken: Also gut, mein Freund ist etwas aufgebracht, trotzdem ist die Begegnung mit ihm schön, ich genieße sie.

Durch dieses Neuerleben der Situation gewöhnen Sie Ihr Unterbewusstsein an ein neues Verhalten, das Ihnen nach und nach immer leichter fällt.

Diese Übung der Erwartungslosigkeit wird Ihr Selbstvertrauen stärken und Sie vom inneren Druck befreien. Warum? Wenn Sie mit einer Situation nicht einverstanden sind, dann sagen Sie es, dies stärkt Ihr Selbstvertrauen. Schweigen und innerlich leiden, sich schämen oder ärgern, untergräbt Ihr Selbstvertrauen.

Denken Sie über folgende Fragen nach:

- ❖ Wie oft hat Ihre Erwartungshaltung Ihnen die Stimmung verdorben?
- ❖ Wie oft haben Sie andere Menschen mit Ihren Erwartungen belastet?
- ❖ Wie oft haben Sie jemandem einen Vorwurf gemacht, weil sich Ihre Erwartungen nicht erfüllt haben?
- ❖ Warum sollte genau dann schönes Wetter sein, wenn Sie Ihre Ferien haben? Wetter schlecht-Ferien schlecht oder Wetter schlecht-Ferien trotzdem wunderbar?
- ❖ Erwarten Sie, dass an einer Geburtstagsfeier alle eine gute Laune haben? Wenigstens das Geburtstagskind?

Trainingsfeld »Auf dem Weg bleiben«

Stellen Sie sich vor, Sie reiten auf einem Pferd, Sie haben ein Ziel. Der Weg ist angenehm und Sie kommen voran. Da sehen Sie auf der rechten Seite etwas, das Sie zwar gar nichts angeht, jedoch Ihnen furchtbar missfällt. Sofort fühlen Sie sich in Ihrem angenehmen Ritt gestört und Sie beschließen, sich die Sache doch einmal näher anzuschauen.

Eine innere Stimme sagt zwar: »Hallo, es ist schade um deine Zeit. Reite weiter, die Sache hier geht dich nichts an.« Zu spät. Sie verlassen den Weg zu Ihrem Ziel. Sie wollen doch wissen, was da geschieht. Sie erreichen die Stelle und Ihr Pferd schnaubt vor Ärger und Wut. Sie erkennen jetzt: »Das hier ist der Sache nicht wert. Mein Pferd ist müde geworden. Wir haben Zeit verloren. Was jetzt? Wie lange dauert es wohl, bis mein Pferd den Weg zurück zum eigentlichen Ziel wieder findet?« Lesen Sie die Geschichte nochmal und ersetzen »Pferd« durch »meine Gedanken«.

Der Mensch ist jemand, der sich gerne ablenken und hinreißen lässt, der sich gerne einmischt, Emotionen verschleudert und Zeit vergeudet für Angelegenheiten, die ihn nichts angehen.

Übung: Sich nicht mitreißen lassen

Will Sie jemand von Ihrer Beschäftigung ablenken (ein Schwatz oder ein Tässchen Kaffee so ganz nebenbei), sagen Sie gelassen: »Jetzt nicht. Ich habe Wichtigeres zu tun. Ich bin mit meinem Ziel, meinem Traum, meiner Vision beschäftigt.«

Ihr Handy ist Ihr stärkster Ablenker und gibt Ihnen das Gefühl, unglaublich wichtig zu sein, weil Sie jederzeit erreichbar sein können. Doch genau das stimmt nicht. Erfolgreiche Menschen bestimmen selbst, wann sie erreichbar sind und wann nicht. Das

Handy will um jeden Preis Ihre Aufmerksamkeit gewinnen. Bedenken Sie: Unterbrechen Sie Ihr Arbeiten, um nur kurz nachzuschauen oder eine Nachricht zu schreiben, benötigt Ihr Gehirn 10 Minuten, um wieder konzentriert am vorhergehenden Punkt anzusetzen. Während Sie an einer Sache arbeiten, deponieren Sie das Handy in einem anderen Raum. Bestimmen Sie, wann Sie einen Handycheck machen wollen und halten Sie sich strikt daran.

Es gibt Menschen, die regelmäßig am Morgen Zeitdruck haben, dann zu spät und verhetzt zur Arbeit erscheinen. Dafür ist die Gewohnheit verantwortlich, am Morgen im Internet Nachrichten zu lesen und dann weiter zu klicken und nochmals weiter und nochmals…

Diskutieren Sie nicht über Schicksale anderer Menschen, Katastrophen und Unglücksfälle. Mit Ihrem täglichen Tratsch und Klatsch tragen Sie nichts zur Verbesserung einer Situation bei, Sie lenken sich lediglich von Ihren Ideen, Zielen und Vorhaben ab.

Merksatz:
Wer innerlich gelassen ist, geht seinen Weg und lässt sich nicht aus der Bahn werfen durch etwas, das er nicht ändern kann.

Trainingsfeld »Aktives Nicht-Tut«

Warum fällt es den Menschen in alltägliche Situation, in denen es nicht um Leben und Tod geht, oft schwer, abzuwarten und stillzuhalten? Abwarten und Ausharren erfordert offensichtlich unglaublich mehr Selbstdisziplin, als sich Hals über Kopf in eine Handlung zu stürzen.

Wer innerlich gelassen bleibt, kann klar denken. Die Kunst, klar denken zu können, ist die Kunst, einen Schritt zurückzutreten und anzuhalten. Also führt das Anhalten zu innerer Gelassenheit. Ob Beruf, Gesundheit, Beziehung oder Persönlichkeit, kopfloser Aktionismus bringen Sie nicht weiter.

Ist Ihr Geist entspannt und aufmerksam zugleich, kommen wie von selbst drei wunderbaren Eigenschaften zum Vorschein: Ruhe, Klarheit und Glück.

Innere Gelassenheit lernen Sie, indem Sie sich bewusst entscheiden, etwas nicht zu tun. Seien Sie geduldig, wenn Ihnen das Nicht-Tun am Anfang schwerfällt, denn es muss mehr geübt werden als jede andere Art der Reaktion.

Was bedeutet »Aktives Nicht-Tun«?

Stellen Sie sich einmal vor, Ihre innere Gelassenheit ist das Mondlicht, das von der stürmischen See reflektiert wird und es auf jede Wellenbewegung der See reagiert. Der Mond ist da und lässt sich in seiner Klarheit nicht stören, er kämpft nicht gegen die Wellen. Er ist einfach da, ganz ruhig.

Innere Gelassenheit ist ein Gegenpol zu Betriebsamkeit, die vielen Menschen eigen ist, innere Gelassenheit hingegen weniger.

»Betrieb-sam« sein heißt, ständig im Betrieb zu sein, ständig beschäftigt, ständig unterwegs, ständig tätig zu sein. Die andere Bedeutung von Betriebsamkeit bezeichnet einen Menschen, der viel tut und wenig bewirkt, viel Rauch um nichts.

Betriebsamkeit herrscht dort, wo viel los ist, in einer Fabrik, in einem Kaufhaus, an einem Volksfest, an einer Sportveranstaltung oder in einem selbst, im Inneren des Menschen. An diesem Punkt knüpfen wir an. Solange Betriebsamkeit im Außen herrscht, können wir weggehen, uns distanzieren, Pause machen. Wir können gelassen der Betriebsamkeit da draußen zusehen. Vor der inneren Betriebsamkeit weggehen ist schwieriger.

Prüfen Sie einmal selbst:

- Können Sie ein Wochenende verbringen, ohne Besuch, Organisation und geplante Ausflüge?
- Können Sie eine Zugfahrt genießen, ohne Ihr Handy zur Hand zu nehmen?
- Können Sie ganz allein auf Ihrem Balkon eine Tasse Tee oder Kaffee trinken und darüber nachdenken, wie schön Ihr Leben ist?
- Kommen Sie zu jedem Termin leicht zu spät, weil Sie denken, zu früh da zu sein, sei Zeitverschwendung?
- Werden Sie ungeduldig, wenn Ihre Kinder trödeln? Stoßen Sie den Kinderwagen und schreiben gleichzeitig Nachrichten in Ihrem Handy?

Merksatz:

Zur inneren Gelassenheit gehört es, aus der Betriebsamkeit als Ablenkung auszusteigen.

Übung: Einfach dasitzen

Folgende Übung kann zu einem angstvollen Erlebnis werden und zu Nervosität führen, vergleichbar mit dem unruhigen Gefühl, das Sie an einem Urlaubtag, der nicht mit Aktivprogramm strukturiert ist, erleben.

Setzen Sie sich an einen ruhigen Ort und schließen Sie Ihre Augen

Sagen Sie sich in Gedanken: Ich muss jetzt gar nichts, ich sitze jetzt bloß da und achte auf meinen Atem, wie er ein- und ausströmt.

Sie nehmen Ihre inneren Gemütsbewegungen wahr: Vielleicht ungeduldig, unwillig, gereizt, wohlig, ganz zufrieden.

Sie greifen nicht ein, verändern nichts.

Vielleicht meldet sich die innere Stimme: »Was soll das hier? In dieser Zeit könnte ich jetzt etwas Produktives machen, etwas Gescheiteres, als einfach hier herumsitzen.«

Sie antworten dieser Stimme ganz gelassen: »Meine liebe Ungeduld, du mein Kameltreiber und Leistungsjäger, ich heiße dich willkommen, aber ich entscheide jetzt selbst, ob ich aufspringe oder gemütlich sitzen bleibe. Ich habe mich entschieden: Ich bleibe sitzen.«

Und Sie bleiben sitzen, reagieren nicht und halten durch, jetzt nichts zu tun.

Das Nicht-Tun wird gerne als Trägheit, Faulheit oder Desinteresse interpretiert, das trifft keinesfalls zu, das Nicht-Tun ist eine bewusste Entscheidung und Kräftebündelung. Sie sammeln Kräfte für das, was nachher kommt. Im Gegensatz dazu steht blinder Aktionismus, der Energien raubt, zur Erschöpfung führt, klares Denken vernebelt und grundsätzlich nirgendwohin führt.

Übung: Beispiele und Training für aktives »Nicht-Tun«

Sie sind an Ihrem Ferienort angekommen und sind mit dem Hotelzimmer nicht zufrieden. Rennen Sie nicht verärgert zur Rezeption. Atmen Sie durch und sagen Sie: »Nein, jetzt nicht.« Überlegen Sie, wie Sie höflich und ruhig Ihr Anliegen vorbringen wollen.

In einer Sitzung sind Sie mit den Ideen und Argumenten Ihrer Kollegen gar nicht einverstanden. Am liebsten würden Sie die Redenden vehement unterbrechen. »Nein, nicht jetzt.« Ausreden lassen und kompetent ein Gegenargument bringen, ist ein Zeichen der Stärke.

Sie nehmen an einer sehr langweiligen Sitzung teil. In Ihrem Inneren brodelt es, Sie können kaum noch ruhig sitzen, am liebsten würden Sie aufstehen und den Raum verlassen. Konzentrieren

Sie sich auf einen bestimmten Punkt im Raum und üben Sie »Punktkonzentration«.

- Sie sind auf Ihren Partner wütend, weil er sich verspätet hat. Anstelle ihn mit einem unkontrollierten Redeschwall an die Wand zu drücken, sagen Sie innerlich: »Nein, jetzt nicht.« Sie hören ihm zu, wenn er Ihnen den Grund seiner Verspätung mitteilt.
- Sie sind mit Ihrem Auto stehen geblieben. So haben Sie sich die Fahrt in die Ferien nicht vorgestellt. Atmen Sie erst dreimal in den Bauch hinein. Danach überlegen Sie, was zu tun ist.
- Jemand bittet Sie zum vermehrten Male um einen Gefallen. Bevor Sie übereilig »Ja« sagen, stoppen Sie und denken nach, ob Sie und wie Sie »nein« sagen wollen.
- Ihre Kinder streiten und machen Lärm. Das nervt und überfordert Sie. Öffnen Sie das Fenster und atmen Sie einige Male bewusst ein und aus. Beobachten Sie, was draußen geschieht und reagieren Sie vorerst nicht.
- Telefongespräche sollten gemacht werden. Es sind viele, vor Ihren Augen dreht das Karussell. Holen Sie sich zuerst eine Tasse Tee oder Kaffee, danach entscheiden Sie, welches Telefongespräch Sie zuerst erledigen und welches gar nicht.
- Sie sind ein sich stark verausgabender Mensch, der Hektik und Betriebsamkeit vorlebt. Seien Sie vorsichtig: »Stress« gehört nicht zum Wortschatz einer starken Persönlichkeit, »Stopp« jedoch schon.

Innere Gelassenheit können Sie zusätzlich trainieren, wenn Sie Zeiten ohne Radio-, Fernseh- und Handyablenkung einplanen.

Merksatz:
Innere Gelassenheit ist Ihr Freiraum, in dem Sie wieder klar denken und klare Entscheidungen treffen können.

Übung: Druckbemächtigung

Lösen Sie sich von der Überzeugung, dass Sie mit Betriebsamkeit schneller zum Ziel gelangen. Für diese Übung benötigen Sie eine wassergefüllte Plastikflasche. Sie bekommen den Beweis, dass Sie Ihr Ziel (hier Flasche halten) auch mit weniger Druck erreichen können.

Sie stehen aufrecht und halten die Flasche mit beiden Händen fest. Dabei wenden Sie Ihre volle Kraft aus. Sie wenden 100% Ihrer Kraft auf.

Sie reduzieren den Druckaufwand auf 50%. Die Flasche befindet sich immer noch sicher in Ihren Händen

Reduzieren Sie nochmals den Druckaufwand, mit dem Sie Ihre Flasche halten, Sie halten jetzt nur noch mit 33% Ihrer Kraft.

Reduzieren Sie den Druckaufwand nochmals. Dabei können Sie die Flasche etwas weiter unten halten (zur Verlagerung des Schwerpunkts)

Fazit: Die Flasche befindet sich immer noch in Ihren Händen.

Denken Sie nach: Wo in Ihrem Leben bringt Ihnen Druckreduktion die gleichen oder noch bessere Resultate?

Wo in Ihrem Leben bringt Ihnen innere Gelassenheit Vorteile?

5. Schulung des Willens

Rafael Kubelik, der bekannte tschechisch-schweizerische Dirigent und Geigenspieler sagte einmal: »Wenn ich einen Tag nicht übe, merke ich den Unterschied; wenn ich zwei Tage nicht übe, bemerken es meine Freunde; wenn ich drei Tage nicht übe, dann macht das Publikum Bemerkungen darüber.«

Starke Persönlichkeit zu sein ist Ihr Ziel, Persönlichkeitsentwicklung heißt der Weg. Den Weg zu gehen, jeden Weg zu gehen, ist nicht zuletzt eine Frage der willentlichen Entscheidung. Stellen Sie sich vor, Sie stehen an einer Straßenkreuzung, die Ampel steht auf Rot. Sobald die Ampel auf Grün wechselt, gehen Sie. Das geschieht so automatisch, Sie müssen sich nicht ausdrücklich befehlen: »Geh jetzt, es ist grün.« Und trotzdem vollzieht sich Ihr Gehen, nachdem und weil Sie es gedacht und sich dazu entschieden haben.

Stellen Sie sich nun vor, Sie machen eine Wanderung, der Weg vor Ihnen geht steil empor. Bevor Sie starten, stehen Sie da, schauen den steilen Hang hinauf und entscheiden: »Da will ich hoch, los geht's«, dann beginnen Sie, Schritt für Schritt. In diesem Fall geschieht das Losgehen schon etwas weniger automatisch, denn Sie wissen, der Weg ist steil, der Aufstieg wird anstrengend, Sie werden ermüden, doch etwas in Ihnen treibt Sie voran. Dies kann die Belohnung des schönen Aussichtspunktes sein. Der Vorgang des Tuns bleibt in beiden Fällen der gleiche: Zuerst denken

Sie, dann gehen Sie. Ihr innerer Antrieb ist immer ein Ziel. Wechselt die Ampel auf Grün, eilen Sie genau in die Richtung, wo Sie etwas zu erledigen haben. Beim Wandern ist die einzigartige Aussicht Ihre Belohnung und Ihr Antrieb. So oder so, es braucht Ihr »Ich will« um loszugehen. Grundsätzlich ist jede körperliche Bewegung in Wirklichkeit eine Tat des Willens, ein Befehl, den wir unserem Körper geben.

Genauso verhält es sich mit den mentalen Bewegungen. Bevor Sie mit dem Training beginnen, präzisieren Sie Ihr Ziel. Welche Begriffe leuchten Ihnen entgegen? Wie heißt Ihr Aussichtspunkt? Starke Persönlichkeit, Mentalkraft, Erfolg, innere Gelassenheit, Gedankenklarheit?

»Ich will …« Was genau? Denken Sie nach und ergänzen Sie.

Zurück zum einleitenden Zitat von Kubelik, jetzt auf Sie bezogen: Wenn Sie einen Tag Ihre Persönlichkeitsentwicklung aus dem Fokus lassen, wankt Ihre mentale Sicherheit; lassen Sie zwei Tage Ihre Persönlichkeitsentwicklung außer Acht, verändert sich Ihre Ausstrahlung und Ihr Umfeld bemerkt es. Wenn Sie drei Tage nicht üben, werden Sie aufhören zu üben.

Andererseits: Haben Sie erst einmal festgelegt, was Sie ändern wollen und haben den ersten Schritt gemacht und dann noch einen und noch einen, werden Sie feststellen, dass es Ihnen immer leichter fällt, den nächsten und nochmals den nächsten Schritt zu tun.

Irgendeinmal stellt sich diese Selbstverständlichkeit ein, gleich beim Warten an einer Straßenkreuzung. Es wird Grün und Sie gehen. Sie reagieren schnell, weil das Reagieren zum inneren Programm und dadurch zur Selbstverständlichkeit geworden ist. So soll auch mentale Stärke zu Ihrem inneren Programm werden.

Merksatz:

Ihr Wille ist eine lebendige Kraft, die Sie ins Handeln bringt. Ausschlaggebend ist nicht allein der »starke« Wille, sondern der »zielgerichtet eingesetzte« Wille.

Ihre Willensstärke soll sich geschmeidig und unverkrampft anfühlen. Oft wird Willensstärke mit zusammengebissenen Zähnen, geballter Faust und angespannten Muskeln assoziiert. Das ist vollkommen falsch. Wer willensstark ist, muss nicht kämpfen, es gibt da nichts und niemanden, gegen den man kämpfen müsste.

Die Redewendung »Wo ein Wille, da ein Weg« vermittelt eine falsche Botschaft und stimmt so nicht. Die Redewendung lässt glauben, dass der Wille im übertragenen Sinn ein Hammer ist, mit dem man jedes Ziel erreichen kann. Hau nur richtig gegen die Wand, dann geht es schon. Nein, es geht nicht, sparen Sie sich die Zeit des mühsamen Hammerschlagens.

Verwechseln Sie den Begriff »starker Wille« nicht mit Hartnäckigkeit oder Eigensinn. Die Qualität des Willens ist eine ganz andere. Denken Sie an ein Frachtschiff. Es ist nicht die tonnenschwere Maschine, die den Kurs bestimmt. Es ist die stetig zum Nordpol weisende, federleichte Kompassnadel, die dem Schiff seinen Weg weist. Das heißt, Sie müssen wissen, wohin Ihr Weg führt, dann ist der Wille Ihr selbstverständlicher Begleiter dorthin.

Stellen Sie sich vor, Sie hätten ein gesundheitliches Problem und gingen zum Arzt. Er erkennt den Schaden und stellt Ihnen ein Rezept aus. Weil Sie gesund werden wollen, holen Sie sich die Arzneimittel und nehmen sie nach Verordnung ein. Wir übertragen dieses Bild auf das Mentaltraining: Ihr Ziel ist Gesundheit. Sie brauchen auch im mentalen Bereich ein Ziel, eine

Ausrichtung. Benennen Sie dieses Ziel. Mentale Übungen, das sind Ihre Medikamente, die der Arzt auf dem Rezept verordnet hat. Damit Sie in die Apotheke gehen, bedarf es Ihres Willens. Damit Sie mentale Übungen machen, bedarf es ebenfalls Ihres Willens. Je brennender Sie gesund werden wollen, desto kleiner ist der Willensaufwand, sich die Arzneimittel zu holen und diese einzunehmen. Um das richtige Arzneimittel zu holen, würden Sie auch einen weiten Weg in Kauf nehmen, Sie müssten Ihren Willen nicht mit dem Hammer herausklopfen. Sie wollen und Sie gehen. Je stärker Ihr mentales Ziel brennt, desto selbstverständlicher werden Sie den Willen aufbringen, mental zu trainieren.

Worin liegt der Unterschied? Sie haben ein Ziel und Sie gehen. Der Wille ist Ihr Begleiter und Ihr Wanderstock, wenn der Weg beschwerlich wird, können Sie sich auf ihn abstützen. Kurz: Der Wille ist Ihr Freund.

Währen des ganzen Tages lassen sich zahllose Übungen zur Entwicklung des Willens machen. Das tägliche Leben ist mit seinen vielen Aufgaben und Beschäftigungen prädestiniert dazu, uns eine Lernplattform anzubieten.

So können Sie schon am Morgen Ihren Willen einsetzen, um sich etwas aktiver zu bewegen, sich in einem schnelleren Tempo anzukleiden, sich im Spiegel anzulächeln, konzentriert eine Tasse Kaffee zu trinken, die Katze bewusst zu streicheln, das Fenster öffnen, die Arme zum Himmel emporstrecken und herzhaft lachen, auch dann, wenn Sie denken, dass es nichts zu lachen gibt. Jetzt haben Sie Ihren Willen eingesetzt, um eine »ruhige und bewusste Schnelligkeit« einzuüben, Sie starten den Tag ruhig, bewusst und mental stark, Sie trödeln nicht und handeln trotzdem nicht verhetzt.

Menschen sagen oft: »Ich wollte es ja, aber es ist nichts daraus geworden.«

Hat das Feuer der Wunscherfüllung wirklich gebrannt? Erinnern Sie sich, wie oft Sie das schon gedacht oder gesagt haben?

Setzen Sie sich ruhig hin, ohne von außen gestört zu werden. Stellen Sie sich so lebendig wie möglich vor, wie Sie eine gute Gelegenheit verpasst haben. Welche gute Gelegenheit könnte Ihnen jetzt durch die Finger gleiten, weil Sie nicht genügend Willensstärke aufbringen? Malen Sie sich diese gute Gelegenheit in möglichst schönen und einladenden Farben aus. Setzen Sie Ihre Fantasie ein und träumen Sie. Nehmen Sie sich Zeit für diesen Traum. Was merken Sie? Ist Ihr Wille, diese Gelegenheit beim Schopf zu packen, immer noch eine Hürde oder fühlt sich Ihr Wille wie eine motivierende, innere Regung an? Sie werden eine interessante Entdeckung machen:

Merksatz:

Je mehr Sie sich wünschen, ein Ziel zu erreichen, desto mehr wird der Wille zum geschätzten und freundschaftlichen Begleiter.

Übung: Ihre persönliche Kompassnadel

Jetzt zu Ihrer Schlüsselfrage: Wo führt Ihre Kompassnadel hin? Nehmen Sie ein Blatt Papier. Denken Sie nach und schreiben Sie auf. Sie können an Ihrer Persönlichkeit nur dann etwas verändern, wenn Sie aufschreiben, was Sie verändern wollen. Das Aufschreiben zwingt Sie, präzise zu denken und das Gedachte präzise zu formulieren.

Sobald Sie einen Veränderungswunsch zu Papier bringen, spüren Sie sofort, ob es Ihnen ernst ist. Brennt das Feuer des Wunsches, etwas zu erreichen, etwas zu verändern? Dieses »Ja, in mir brennt der Wunsch der Verwirklichung«, kann Ihnen niemand abnehmen. Das bleibt immer Ihre ganz persönliche

Entscheidung. Es wird immer Menschen geben, die Sie mit gutgemeinten Ratschlägen beeinflussen und Ihnen zu verstehen geben wollen, was richtig für Sie ist. Wie Sie sich auch entscheiden, es ist und bleibt Ihre eigene Entscheidung.

Schließen Sie Ihre Augen und spüren Sie die Freude, das innere Feuer des Verlangens, dass etwas werden soll. Schreiben Sie dieses etwas auf. Was soll werden? Machen Sie eine mentale Reise. Wohin führt sie? Schreiben Sie dynamisch und begeistert. Es geht um Sie und Ihre Zukunft.

Haben Sie das Ziel aufgeschrieben, lesen Sie es immer wieder durch und schreiben Sie alle Vorteile auf, die Sie mit dem Erreichen dieses Ziels verbinden. Stellen Sie sich ganz lebendig vor, wie Sie einen starken und entschlossenen Willen haben, dorthin zu gelangen. Fühlt sich Ihr Wille jetzt gut und richtig an, so ist auch Ihr Ziel in Ordnung. Fühlt sich Ihr Wille wie eine zu überwindende Barriere an, dann denken Sie nochmals über Ihr Ziel nach.

Merksatz:

Ihr Ziel ist das Holz, das im Feuer des Willens brennt. Brennt das Holz nicht, liegt es nicht am Willen, sondern am feuchten Holz.

Mit Ihrer Entscheidung, wohin die Reise führt, haben Sie sich auch für die Mittel entschieden, dorthin zu gelangen. Diese Mittel sind Mut und Zuversicht, gestützt von Ihrem Willen, sich in eine neue Zukunft zu begeben.

Übung: Wie Sie merken, ob Sie wollen

Testen Sie einmal selbst, wie Sie denken und wie Sie sprechen.

Ob Sie etwas wirklich wollen, zeigt sich:

- An Ihrer Entschlossenheit zu beginnen. »Hört sich alles ganz gut an und bringt sicher was«, ist nicht dasselbe, wie: »Ja, genau, das ist mein erster Schritt, den tue ich jetzt.«
- An Ihrem Durchhaltewillen: »Morgen ist auch ein Tag, heute habe ich keine Zeit und mag auch nicht«, ist nicht dasselbe, wie: »Ich tue es heute und jeden Tag. An meiner Persönlichkeit zu arbeiten, macht mir Spaß.«
- An Ihrem Sprechen: »Ich muss noch zehn Minuten Mentaltraining machen«, ist nicht dasselbe, wie: »Mentale Stärke ist mir wichtig. Der Alltag ist mein Trainingsfeld. Ich will jeden Augenblick mein Bewusstsein schulen.«
- An Ihrer Körperhaltung: »Heute ist halt nicht mein Tag, bin etwas teig«, ist nicht dasselbe wie: »Auch wenn heute nicht mein Tag ist, richte ich mich auf und zeige eine straffe Körperhaltung. Ich weiß, schon bald fühle ich mich besser.«
- Am Grad Ihrer Freude: »Ich fühle mich lebendig und glücklich, weil das, was ich tue, meinem Leben einen Sinn gibt.«

Wörter der Kraft

Mit jedem Wort, das Sie sprechen und wie Sie es sprechen, können Sie Ihrem Willen Ausdruck geben. Jedes Wort hat eine eigene Schwingung. Jedes Wort, dass Sie aussprechen, ist Energie und wirkt auf Sie und auf andere. Seien Sie vorsichtig mit Ihrer Wortwahl, die Sie in Selbstgesprächen und in Gesprächen mit anderen verwenden. Begriffe, die Sie ständig wählen, sind Ihr mentales Gerüst und prägen Ihre Ausstrahlung.

Merksatz:

Säubern Sie Ihr Gehirn von weichmachenden Wörtern und ersetzen Sie diese durch kraftvolle, konstruktive und wertschätzende. Gute Worte sind ein Zeichen eines guten Willens.

Übung: Kraftvolle Wörter für psychische Hygiene

Psychische Hygiene ist der Vorgang, energieraubende Wörter bewusst durch kraftvolle zu ersetzen. Jedes Wort ist ein Symbol, eine Botschaft, die aktiviert oder lähmt.

Nachfolgend erhalten Sie eine Liste mit willensstärkenden Wörtern. Ihr Training besteht in folgenden Schritten:

- Lesen Sie aufmerksam jedes Wort, lassen Sie sich genug Zeit.
- Lassen Sie jedes Wort auf sich wirken, spüren Sie die mentale Qualität jedes Wortes.
- Welches Wort passt zu Ihrem persönlichen Thema? Wählen Sie nur ein Wort aus.
- Schreiben Sie das Wort auf mindestens 30 kleine Karten.
- Platzieren Sie die Karten an Orte, wo Sie sie oft sehen und das Wort lesen können.
- Eine Karte tragen Sie immer bei sich.
- Sprechen Sie das Wort oft laut aus.
- Murmeln Sie das Wort wie ein Mantra vor sich hin.
- Üben Sie mindestens eine Woche lang mit dem gleichen Wort. Danach wählen Sie ein neues.

Hier Ihre Wortliste. Überlegen Sie zuerst, welche Eigenschaft Sie zurzeit am meisten brauchen, welche motiviert Sie und bringt innere Bewegung in Ihr Leben? Ergänzen Sie.

Ankommen, Aufmerksamkeit, Ausdauer, Befreiung, Begeisterung, Beginnen, Beharrlichkeit, Bereitsein, Beständigkeit, Bestimmtheit, Bestrebung, Bewunderung, Dauer, Dranbleiben, Eigenwilligkeit, Energie, Entschlossenheit, Erfolgswille, Erreichen, Fähigkeit, Festigkeit, Fortsetzung, Freiheit, Freude, Geduld, Gewinnen, Initiative, Klarheit, Konstanz, Kontinuität, Kontrolle Kraft, Laserstrahl, Lebensfreude, Lebenswille, Leichtigkeit, Loslassen, Macht, Motivation, Mut, Ordnung, Plan, Präsenz, Präzision, Pünktlichkeit, Selbstständigkeit, Siegeswille, Sprudeln, Stabilität, Standpunkt, Stärke, Streben, Unerschütterlichkeit, Vitalität, Vorhaben, Vorsatz, Wille, Willensfestigkeit, Willensstärke, Wollen, Zielklarheit, Zielstrebigkeit.

Merksatz:

Das Ersetzen der weichmachenden Wörter durch kraftvolle, macht Mut und bringt Schwung in Ihr Leben.

Formeln der Kraft

Sind Ihre Selbstgespräche motivierend, bekräftigen Sie zugleich Ihren Willen und verleihen ihm die Kraft des Tuns. Ja, in diesem Sinne haben Ihre Selbstgespräche eine magische Wirkkraft.

Listen Sie mindestens fünf Situationen auf, die Sie bisher unmotiviert vor sich hergeschoben haben. Welche Ausreden hatten Sie dafür parat?

- »Bei diesem Wetter kann man doch nicht…«
- »Mir geht es heute gar nicht gut…«

- »Jetzt hat es sowieso keinen Sinn mehr…«
- »Wer könnte schon unter diesen Umständen beginnen…«
- »Morgen ist auch ein Tag…«
- »So wichtig ist das ja auch wieder nicht…«
- »Ich muss zuerst…«
- »Bisher habe ich es auch nicht geschafft…«

Sind Sie bereit, diese Schwachstellen aus Ihrem Sprachgebrauch zu streichen? Vergessen Sie nicht: Zuerst denken Sie eine Aussage, dann sprechen Sie sie. Durch Ihr Aussprechen verstärken Sie die Wirkung dessen, was Sie gedacht und gesagt haben.

Nehmen wir als Beispiel »Bisher habe ich es auch nicht geschafft«.

Grundsätzlich ist es gleichgültig, welchen Anlass Sie haben, dies zu denken. Sie denken es und Sie sprechen es noch aus. Dadurch verstärken Sie die Wirkung, dass Sie es nicht schaffen. Sie trauen sich nicht zu, dass Sie es schaffen und erwarten mehr oder weniger bewusst das Scheitern. Wie selbstverständlich werden Sie die Angelegenheit so ungeschickt anpacken, dass Sie wirklich scheitern. Sie bekommen dadurch die Bestätigung, dass Sie es nicht schaffen: »Ich habe es ja gewusst.«

Jetzt kann es sein, dass Sie Ihr Ziel trotz der negativen Selbsteinschätzung erreichen wollen, auf Biegen und Brechen, schließlich haben Sie gelernt: »Wer einen Willen hat, für den ist alles möglich.«

In diesem Fall kämpft Ihr Wille wirklich gegen eine Wand: Gegen die Wand des schwachen Selbstbildes. Sie verstärken den Druck mit Ihrem Willen, die Wand bleibt. Sie bringen viel Willen auf, Sie leiden und Sie scheitern. Bildlich gesprochen bemühen Sie sich an der falschen Baustelle.

Richtig ist: Selbstbild verändern und die Wand wegschaffen.

Falsch ist: Den Hammer des Willens verstärken und die Wand einschlagen wollen.

Das erste bringt Sie weiter, das zweite lässt Sie aufgeben.

Beobachten Sie Ihre Selbstgespräche, wenn es darum geht, eine neue Gewohnheit einzuüben, Ihr Verhalten zu ändern, mentale Übungen zu machen, eine schwierige Aufgabe zu lösen, auf Ihre Ernährung zu achten oder etwas zu erledigen, das schon lange ansteht. Mit welchen Worten trösten Sie sich hinweg und mit welchen Worten werden Sie aktiv?

Alles, was Sie tun, beginnt mit zwei Schritten und nur mit diesen:

- Sie fassen einen Entschluss, etwas zu tun.
- Sie treten in Aktion.

Merksatz:

Die Verbindlichkeit Ihres Entschlusses gibt Ihrem Willen die Kraft der Ausführung.

Dieser Merksatz besagt, dass man an der Art, wie Sie sich entschließen, bereits Ihren Willen erkennt, etwas zu Ende zu führen und es auch zu erreichen. Die meisten Menschen entschließen sich nur ein bisschen, sie »möchten« nur, anstelle wirklich zu »wollen«. Beobachten Sie sich selbst. Mit welcher Entscheidungskraft beginnen Sie, ganz gleich, was es ist?

Vielleicht wenden Sie ein, nicht jede Arbeit fühlt sich gut an, dann fällt die Entscheidung, sie zu tun auch nicht einfach. Das stimmt, eine Arbeit ist angenehmer, eine andere weniger. Ein gutes Leben ist nicht das immer angenehme Leben. Ein gutes Leben ist ein sinnerfülltes Leben und das ist nicht immer ein leichtes und bequemes Leben. Sobald Sie das eingesehen, akzeptiert und verinnerlicht haben, wird es Ihnen leichter fallen, sich für Unangenehmes zu entscheiden.

Stellen Sie sich vor, in Ihrem Gehirn hätten Sie einen Willensknopf. Sobald Sie diesen drücken, treten Sie in Aktion. Drücken Sie ihn nicht, werden Sie nicht beginnen, Sie werden zaudern, aufschieben, Ausreden finden, vermeiden.

> *Merksatz:*
> Überwinden Sie Ihr Zaudern, indem Sie Ihre Augen schließen und in Ihrer Vorstellung den »Willensknopf« drücken. So kommen Sie auch im Außen widerstandslos in Aktion.

Übung: Willensstarke Formeln

Mit willensstarken Formeln motivieren Sie sich selbst. Sprechen Sie laut und entschlossen. Hier folgt der vollständige Weg:

Sie haben Ihr Ziel, eine mental starke Persönlichkeit zu werden klar vor Augen.

Sie suchen aus dem vorliegenden Übungsbuch für Sie sympathische Übungen heraus. Worauf wollen Sie in nächster Zeit achten? Was soll sich verändern? In welchem Bereich ist Nachholbedarf? Schreiben Sie genau auf. Erst mit dem Aufschreiben erkennen Sie genauer, was zu tun ist.

Jeden Morgen motivieren Sie sich mit einer willensstarken Formel:

- Ich mache meine Übungen JETZT!
- Ich handle!
- Ich beginne JETZT!
- Ich bin begeistert!
- Ich bin unaufhaltsam!
- JETZT packe ich es!

- ❖ Ich bin kraftvoll!
- ❖ Ich entscheide!
- ❖ Ich habe Kraft!
- ❖ Mein Ziel treibt mich voran!
- ❖ Volle Fahrt voraus!

Am Morgen nach dem Aufstehen schlagen Sie mit Ihrer rechten Faust in Ihre linke Handfläche und rufen freudvoll und energiegeladen Ihre willensstarke Formel. Das ist ein sehr starker Tagesbeginn! Schon nach einigen Wiederholungen wird sich dieses »in die Faust schlagen« als Gewohnheit festsetzen. Finden Sie noch weitere motivierende Gesten und Körperbewegungen.

Veränderungen geschehen nicht ohne Weiteres. Ein wichtiger Grund, warum eine Veränderung stattfindet, ist der Tonfall, mit dem Sie mit sich selbst sprechen. Machen Sie aus dieser Übung ein Ritual des inneren Krafttrainings. Die Wirkung dieser Übung verstärken Sie um ein Vielfaches, indem Sie sich vor einen Spiegel stellen, sich in die Augen schauen und Ihre Formel energisch sprechen. Sie können auch mehrere starke Formeln auf kleine Post-it-Zettel schreiben, auf den Spiegel kleben und diese mit entschlossener Stimme sprechen. Sie werden die innere Veränderung unmittelbar spüren. Hier eine Geschichte zum Thema:

Erfolg und Wille sind eins

Eines Tages kam ein junger Schüler zu seinem Meister, der für seine Weisheit bekannt war, und fragte: »Meister, was ist das Geheimnis für Erfolg im Leben?«

Der Meister antwortete: »Komm morgen früh zum Fluss.«

So geschah es. Am nächsten Morgen standen sie am Ufer und der Meister sagte: »Jetzt gehen wir in den Fluss.«

Der Schüler folgte seinem Meister bereitwillig. Als beide bis zum Hals im Wasser standen, packte der Meister den jungen Schüler ganz plötzlich und drückte dessen Kopf unter Wasser.

Vollkommen überrascht wehrte sich der Schüler verzweifelt, aber der Meister ließ ihn nicht los, lange, sehr lange nicht. Als er endlich seinen Griff lockerte, prustete und hechelte der junge Schüler völlig außer sich.

Der Meister fragte: »Als du dort unten im Wasser warst, was begehrtest du am meisten?«

»Luft natürlich!«, rief sein Schüler.

»Siehst du«, sagte der Meister, »das ist das Geheimnis des Erfolgs. Wenn du Erfolg so sehr begehrst, wie du unter Wasser nach Luft verlangtest, dann wirst du Erfolg haben.«

Lesen Sie die Geschichte nochmal und ersetzen Sie »Erfolg« durch »starke Persönlichkeit«.

Merksatz:

Starke Persönlichkeit und starker Wille sind eins.

Willensstarkes Sprechen

»Sprich, damit ich dich sehe«: Dieses philosophische Zitat von Sokrates zeigt in knapper Form, dass jede Äußerung zuerst einmal ein Ausdruck der eigenen Person ist. Das heißt, mit Ihrer Wortwahl und Ihren Formulierungen sagen Sie zuerst einmal, was Sie über sich selbst, über Ihre Mitmenschen, über Ihr Leben und über Ihre Welt denken. Mit Ihrem Sprechen offenbaren Sie, wer Sie sind. Ihr Kommunikationsverhalten entscheidet darüber, wie Sie von den anderen wahrgenommen werden.

Zu einem starken Kommunikationsverhalten gehört nicht nur die Wortwahl, ebenso wichtig ist Ihr Mut, klar zu sprechen und auf den Punkt zu kommen, klare Fragen zu stellen und nicht zu zaudern. Machen Sie sich bewusst, dass Ihre Stimmqualität verrät, wie Sie sich fühlen.

Auch hier gilt: Zuerst beobachten und dann verändern. Hören Sie sich von nun an beim Sprechen zu. Haben Sie etwas zu sagen oder plaudern Sie nur? Sprechen Sie als ein kleines Mädchen oder als eine kompetente Frau? Sprechen Sie als respektvoller Gentleman oder geben Sie militärisch Befehle?

Schreiben Sie folgenden Satz zu Ende:

Ich spreche als …

Übung: Sprechgewohnheiten beachten und aufschreiben

Drei Wochen lang hören Sie sich beim Sprechen bewusst zu und machen jeden Tag schriftliche Eintragungen. Nur wenn Sie Ihre Beobachtungen und Sprechmuster aufschreiben, können Sie sie danach analysieren. Es ist sinnvoll, für diesen Zweck ein Notizbuch immer bei sich zu tragen, um sofort hineinzuschreiben. Nachträglich oder am Abend im Rückblick Eintragungen zu machen, ist nicht sinnvoll, da Sie aus der Erinnerung Ihre Stimme und Ihre dazugehörende Empfindung nur verzerrt nachempfinden können. Ihre momentane Wahrnehmung und die Empfindung dabei sind authentisch, wenn Sie sofort notiert werden.

Das Aufschreiben ist wichtig, weil es schonungslos ist. Sie schreiben auf, was ist. Rechtfertigen Sie sich auch nicht »Ich habe so sprechen müssen, weil …«.

Sie werden feststellen, dass Sie nach diesen drei Wochen des Beobachtens bereits einiges verändert haben werden.

So könnten Ihre Eintragungen lauten:

- Ich spreche langsam und mit Nachdruck.
- Ich räuspere mich häufig als hätte ich einen Kloss im Hals.
- Ich verschlucke Endsilben.
- Ich bin ein verbales Maschinengewehr.
- Ich verwende Füllsel wie »Äh«, »Also«, »Ähm«.
- Ich verwende andere nervige Floskeln.
- Ich spreche zögernd, wiederhole oft dasselbe.
- Ich spreche wirr, so dass der Zusammenhang verloren geht.
- Ich spreche um den Brei herum, weil ich mich nicht getraue, meine Bedürfnisse auszusprechen.
- Ich gebe Befehle.
- Ich verunsichere gerne mein Gegenüber mit ironischen Bemerkungen.
- Ich bin gerne sarkastisch.
- Ich greife an.

Übung: Verbale Gewohnheiten analysieren

Jetzt geht es um die Analyse Ihrer Wortwahl und Ihrer Lieblingsthemen. Welche Wörter verwenden Sie oft? Worüber sprechen Sie mit Vorliebe? So könnte Ihre Analyse lauten:

- Mein Wortschatz besteht mehrheitlich aus: Könnte, sollte, würde, müsste, eigentlich, vielleicht.
- Drückt mich an einer Stelle der Schuh, spreche ich gerne stundenlang darüber.
- Ich tratsche gern über andere Menschen.
- Ich mische mich gerne in fremde Angelegenheiten ein und gebe »weise« Ratschläge.
- »Ich muss« und »ich kann nicht« verwende ich gewohnheitsmäßig.
- Ich kann ausgiebig über alles Negative diskutieren.

- Komplimente weise ich kategorisch zurück.
- Wenn mir etwas nicht passt, sage ich es direkt und oft verletzend.

Oder so:
- Meine Aussagen sprühen vor Lebensfreude.
- Ein natürlicher Humor begleitet mich.
- Ich spreche hell und motivierend, weil es im Leben viel Positives gibt.
- Meine Aussagen sind klar, weil auch mein Denken klar ist.
- Ich spreche respektvoll.

Jeder von uns hat seine Themen, über die er gerne spricht. Bedenken Sie, dass kein Wort wirkungslos an Ihnen vorbei geht. Jedes Wort wirkt auf Sie und auf andere. Worte der Stärke oder Worte der Schwäche?

> *Merksatz:*
> Sprechen Sie so über sich, dass Sie sich dabei stark fühlen. Fällt Ihnen nichts Positives ein, schweigen Sie lieber. Sprechen Sie mit anderen so, dass Sie andere stärken und sich die Menschen in Ihrer Gesellschaft wohl fühlen.

Übung: Innere Zensur

Kontrollieren Sie Ihre Zunge, Sprachkontrolle ist einfach. Alles, was Sie zu sagen haben unterziehen Sie einer inneren Zensur. Bevor Sie den Mund öffnen, fragen Sie sich:
Ist das, was ich zu sagen beabsichtige, …
- … taktvoll oder verletzend?
- … höflich oder rüpelhaft?
- … gutmütig oder abweisend?

- … energiestärkend oder energieraubend?
- … wertschätzend oder kränkend?
- … aufmunternd oder niederschmetternd?

Als wer spreche ich?

- Als lösungsorientierte Person?
- Als Kräftespender?
- Als lebensbejahende Persönlichkeit?
- Als Jammerlappen?
- Als Kläger?
- Als Opfer?
- Als feuerspeiender Vulkan?

Merksatz:

Was Sie sagen und wie Sie es sagen, beeinflusst die Meinung anderer über Sie. Mit Ihrer Rede- und Ausdrucksweise geben Sie Ihr Selbstbild preis.

Übung: Verbotenes Terrain - Starkes Terrain

Wollen Sie als willensstarke Persönlichkeit wahrgenommen werden und sich auch so fühlen, dann folgt für Sie hier ein Trainingsfeld. Es gibt ein verbotenes und ein starkes Terrain Ihres Sprachverhaltens. Prüfen Sie selbst, welche der folgenden Aussagen für Sie zutrifft und woran Sie noch üben wollen.

Verbotenes Terrain für eine starke Persönlichkeit:

- Leere Töpfe klappern laut. Sprechen Sie nicht zu laut und nicht zu viel. Lachen Sie nicht unbändig aus voller Kehle mit aufgerissenem Mund. Seien Sie keine Drama-Lady und kein Entertainer-Clown. Zuerst wird gelacht und Sie stehen im

Mittelpunkt. Danach nerven Sie nur und werden als Einfaltspinsel eingestuft.

- Übertriebenes, unnötiges Reden ist ein Zeichen von Dummheit oder Nervosität. Zu viel Reden nützt niemandem, es erschöpft nur. Seien Sie getrost: Freundschaft, Liebe und Familienbeziehungen bleiben auch ohne Redeschwall bestehen.
- Grundsätzlich kann man eine Arbeit schneller, leichter und erfolgreicher erledigen, wenn man weniger Energie mit Sprechen vergeudet. Nehmen Sie sich diese Regel zu Herzen.
- Vergessen Sie nie die Regel, dass andere an Ihrem Kummer nicht interessiert sind. Im Gegenteil, wenn Sie dauernd darüber sprechen, werden Sie damit lästig.
- Eliminieren Sie Möglichkeitsformen aus Ihrem Wortschatz. Konturlose Menschen sprechen konturlos: würde, könnte, müsste, sollte. Steigen Sie aus diesem »ich könnte, wenn ich wollte, doch zuerst müsste ich…« heraus.
- Achten Sie auf Füllwörter. Diese kommen möglicherweise so automatisch aus Ihrem Mund, dass Sie sie selbst gar nicht mehr beachten. Dazu gehören »eigentlich, häm, wirklich, irgendwie«. Welche verwenden Sie?
- Vermeiden Sie Ausdrücke, die Zweifel, Schwierigkeit oder den ungünstigen Ausgang einer Sache in sich bergen. Wenn Sie abnehmen wollen, sagen Sie nicht: »Das ist das Schlimmste, was ich jemals erlebt habe. Ich bin immer hungrig und denke nur ans Essen.« Es bringt Ihnen keinen Nutzen, vor einer Prüfung zu sagen: »Ich habe so große Angst vor der Prüfung, dass ich keine Nacht schlafen kann.« In Ihrem Unterbewusstsein entstehen dadurch Bilder, die sich negativ auswirken.
- Sprechen Sie nicht über tragische und unerfreuliche Geschichten, die man täglich in der Zeitung liest oder im

Fernsehen sieht. Verschließen Sie sich nicht vor den Nachrichten, nehmen Sie sie aber nicht wie ein Schwamm auf, denn Sie allein können an der jeweiligen Situation in dem Moment nichts ändern.

- ❖ Tratschen Sie nicht über andere Personen, keine Besserwisserei, kein schadenfroher Kommentar, keine witzige Bemerkung, kein Bemitleiden.
- ❖ Kritisieren Sie niemanden hinter seinem Rücken.
- ❖ Sprechen Sie nicht über Ihre Krankheit, außer mit Ihrem Arzt oder einer Vertrauensperson. Hören Sie auch nicht zu und beteiligen Sie sich nicht daran, wenn andere über Krankheit sprechen.
- ❖ Kommen Sie auf den Punkt. Überlegen Sie, was Sie sagen wollen und dann los, sagen Sie es. Winden Sie sich nicht (oder winden Sie sich innerlich?) Kreisen Sie nicht um den Brei herum.
- ❖ Zupfen Sie beim Sprechen nicht an Ihrem Gesicht, Ihrem Haar oder Ihren Kleidern herum.
- ❖ Unterstreichen Sie mit Ihrer Rede- und Ausdrucksweise, dass Sie eine mental starke Persönlichkeit sind, die weiß, wer sie ist und was sie will. Seien Sie für sich und Ihre Mitmenschen ein Fels, ein Baum, ein Vorbild der verbalen Ausdruckskraft. Ihre Fähigkeit, sich sympathisch auszudrücken, wird Ihnen viele Türen öffnen.
- ❖ Sprechen Sie ruhig und beherrscht. Wenn Sie Ärger verspüren, atmen Sie zuerst dreimal ein und aus, dann zählen Sie bis 10 oder noch besser bis 100, erst dann sprechen Sie.
- ❖ Schreiben Sie auf eine kleine Karte: »Ich bewahre in jeder Situation Ruhe und Nerven.« Diese Karte tragen Sie immer bei sich. Wenn Ärger aufzuflammen droht, bewährt sich dieser Gedanke als nützlicher Feuerlöscher.

- Machen Sie beim Sprechen Pausen.
- Sprechen Sie über Gesundheit und handeln Sie danach.
- Sprechen Sie klar »Ich kann«, »ich entscheide, etwas zu tun«, »ich entscheide, etwas nicht zu tun«, »ich werde«, »ich will«.
- Jeder verdient es, wertgeschätzt zu werden. Wenn Sie mit etwas nicht einverstanden sind, sagen Sie es klar, ruhig und sachlich. Keine Mischung zwischen Sache und Emotion.
- Sprechen Sie Positives über sich selbst ohne zu prahlen.
- Stehen Sie dazu, wenn Sie einen Fehler gemacht haben, auch wenn es Überwindung erfordert.
- Sprechen Sie einfach und verständlich, sparen Sie mit Fachbegriffen, außer Sie haben es mit Fachleuten der betreffenden Berufsgattung zu tun. Ersetzen Sie Fremdwörter mit gutem »Deutsch«.
- Sprechen Sie Namen Ihrer Gesprächspartner sorgfältig und korrekt aus. Sind es schwierige Namen, fragen Sie nach und lernen Sie.
- Sprechen Sie in der »Ich Form«
- Geben Sie den anderen Menschen das Gefühl, wichtig zu sein. Damit steigern Sie das Selbstwertgefühl des anderen.
- Sagen sie oft »danke«.
- Machen Sie Komplimente für kleine und große Dinge.
- Nehmen Sie Komplimente dankbar an. Sagen Sie, dass Sie sich freuen.
- Nehmen Sie das wichtig, was für Ihren Gesprächspartner wichtig ist, und schenken Sie ungeteilte Aufmerksamkeit.

Merksatz:

Als starke Persönlichkeit sprechen Sie wertschätzend und klar. Ihre Klarheit gibt dem anderen die Sicherheit, dass er weiß, woran er bei Ihnen ist.

Mit dem, was Sie über sich selbst sagen, gestalten Sie den Rahmen, in dem Sie sich bewegen. Anders ausgedrückt: Wie Sie über sich selbst sprechen, ist ein Indiz für Ihre Mentalstärke. Wer negativ über sich selbst spricht, weist auf den eigenen schwachen Selbstwert hin. Wer sich klein macht, wird als klein wahrgenommen, wird überhört und übergangen.

Mit dem, wie Sie mit anderen sprechen, gestalten Sie die Beziehung zu anderen Menschen. Jeder Mensch ist wertvoll, also gestalten Sie jede Beziehung, gleichgültig ob es sich um eine nahestehende oder ganz fremde Person handelt, so, dass sie sich wertvoll und wertschätzend anfühlt.

Übung: »Zu versuchen« genügt nicht

Prüfen Sie einmal, wie oft Sie das Wort »versuchen« verwenden. Wie viele »Versuche« gibt es in Ihrem Leben? Welche »Versuche« hören Sie bei Ihren Freunden, Ihrer Familie, Ihren Mitarbeitern? Können Sie den Menschen vertrauen, die »versuchen«?

Etwas nur zu »versuchen« kann Sie sehr teuer zu stehen kommen, emotional wie auch monetär. Denken Sie über folgende Beispiele nach und entscheiden Sie selbst, ob Sie sich von Ihren »Versuchen« trennen wollen. Erfolg entsteht aus Ergebnissen und nicht aus Versuchen.

- Es reicht nicht aus, wenn Sie versuchen, ein Kind im Straßenverkehr zu schützen.
- Es reicht nicht aus, wenn Sie versuchen, ein guter Ehepartner zu sein.
- Es reicht nicht aus, als Vorgesetzter zu versuchen, sein Bestes zu geben.
- Es reicht nicht aus zu versuchen, bei der Produktion eines Medikaments fehlerfrei zu arbeiten.

Wer nur »versucht«, etwas zu tun und es dann doch schiefläuft, muss sich spätestens jetzt verantworten. Wer nur »versucht«, steht am falschen Ort und verliert schon im Vorfeld.

Überlegen Sie also sehr genau:

- Wollen Sie Erfolg haben oder versuchen Sie es nur?
- Wollen Sie eine starke Persönlichkeit sein oder versuchen Sie es nur?
- Ist Ihre Absicht, es nur zu versuchen, dann lassen Sie es lieber sein.

Merksatz:

Wie innen, so außen. Wie außen, so innen. Dieses universelle Gesetz gilt insbesondere für das Sprechen. Sprechen Sie klar, weil Sie innerlich klar sind.

Merksatz:

Andererseits gilt auch: Mit klaren und starken Sprechgewohnheiten wandeln Sie Ihr Inneres. Sprechen Sie klar, damit Sie Klarheit in Ihr Inneres bringen.

Übung: Absolute Verbindlichkeit

Verbindlich sind Sie dann, wenn Sie tun, was Sie sagen. Verlässlichkeit und Verbindlichkeit waren früher noch selbstverständlicher, heute fallen Sie mit Verbindlichkeit positiv auf.

Fragen Sie sich: Wo kann ich meine Verbindlichkeit unter Beweis stellen? Verbindlichkeit ist eine Tugend, die einzig und allein durch Erlebnisse und Erfahrung entsteht. Versprechen Sie nichts, was Sie nicht halten können, auch Kindern nicht.

Menschen melden sich an und tauchen nicht auf, sie sagen »vielleicht« und meinen »nein«, Wir schaffen in unserem Leben Verbindlichkeit, wenn wir es hinkriegen, uns klar für etwas oder gegen etwas zu entscheiden und das »vielleicht« aus unserem Vokabular streichen. »Vielleicht« schwächt, weil:

- Sie lassen Ihr Gegenüber im Ungewissen, das hinterlässt in ihm ein schlechtes Gefühl.
- Ihr Gegenüber kann Ihnen nicht vertrauen.
- Sie selbst fühlen sich schlecht, weil Sie sich nicht getraut haben, NEIN zu sagen, oder Sie haben sich noch nicht entscheiden können und zaudern innerlich, auch das schwächt Sie.

Merksatz:

Stellen Sie auch bei Kleinigkeiten nichts in Aussicht, wenn Sie es nicht zu 100% halten können.

Merksatz:

Geben Sie auch ungebeten kleine Versprechen und halten Sie diese ein. Damit zahlen Sie auf Ihr Vertrauenskonto ein.

Willensstarke Stimme

Ihre Stimme ist einmalig und einzigartig, sie ist Ihr wichtigstes Ausdrucksmittel. Über Ihre Stimme schwingt Ihre innere Welt nach außen und vermittelt neben der inhaltlichen Aussage Ihre individuelle Stimmung. Ihre Stimme spiegelt immer Ihr emotionales Innenleben, ob Sie das wollen oder nicht.

In der Regel automatisiert sich das Sprechen bei Schuleintritt: Sie gebrauchen Ihre Sprache und denken nicht weiter darüber nach. Machen Sie sich bewusst, dass Sie die Sprech- und Atemmuster Ihrer Mutter, Ihres Vaters oder anderer, für Sie wichtiger Menschen übernommen haben. Die Art, wie Sie Ihre Stimme gebrauchen, ist erlernt.

Die Macht der Stimme wird oft unterschätzt. Doch beobachten Sie selbst: Der Tonfall und die Betonung prägen sich mehr ein als das, was gesagt wird. Im richtigen Ton können Sie alles sagen, im falschen gar nichts. Einer klaren, wohlklingender Stimme hören Sie gerne zu, eine gehetzte oder piepsige Stimme senkt Ihre Aufmerksamkeit.

Kontrollieren Sie Ihre Sprechgeschwindigkeit. Stehen Sie unter Druck, werden Sie vermutlich schneller sprechen. Das schnelle Sprechen erleichtert Sie in dem Augenblick, doch das Gegenüber nicht. Schnell sprechende Menschen werden als unangenehm und nervend wahrgenommen.

Übung: Entdecken der eigenen Stimmqualität

Lernen Sie Ihre Stimme kennen, hören Sie sich beim Sprechen zu und beantworten Sie folgende Fragen:

- Sprechen Sie gewohnheitsmäßig (zu) leise oder (zu) laut?
- Stört Sie beim Sprechen ein Frosch im Hals?
- Versagt Ihre Stimme manchmal?
- Fühlen Sie sich beim Sprechen vor einer Gruppe blockiert?
- Wird Ihre Stimme immer höher, wenn Sie innerlich aufgewühlt sind?
- Sprechen Sie hastig und kommen dabei in Atemnot?
- Klingt Ihre Stimme eher müde und langweilig?
- Werden Sie nicht verstanden, weil Sie undeutlich artikulieren?
- Hören Sie noch Ermahnungen aus Ihrer Kindheit? Vielleicht waren es diese: »Sprich nicht so laut! Du nuschelst so, ich

kann nichts verstehen! Halt doch den Mund! Lach nicht so blöd!«

- Hat man Sie oft unterbrochen und das, was Sie zu sagen hatten, als dumm hingestellt?

Alle diese Ermahnungen und Kritiken haben Spuren hinterlassen, aber Sie können alles ändern. Sie müssen sich selbst unter die Lupe nehmen, genau definieren, was gut ist für Sie und Sie stark macht und andererseits, was Sie innerlich schwächt und Sie nach außen schwach wirken lässt.

Denken Sie kurz nach, was Sie bisher als Rückmeldung auf Ihr Sprechen bekommen haben. Vielleicht haben Sie Komplimente erhalten, eine ruhige und wohlklingende Stimme zu haben. Erinnern Sie sich. Was gefällt Ihnen selbst an Ihrer Stimme?

Sie haben jederzeit die Möglichkeit, gezielt ein spezifisches Stimmtraining zu machen. Hier konzentrieren wir uns darauf, den Zusammenhang zwischen Ihrer Stimme und Ihrem mentalen Befinden zu verstehen. Die Stärkung Ihrer Mentalkraft führt zur Stärkung Ihrer Stimmqualität und der Charakteristik Ihres Sprechens. Umgekehrt funktioniert es auch: Stärken Sie Ihre Stimmqualität und Sie werden sich selbstsicherer und innerlich stärker fühlen.

Es gibt viele Redewendungen, welche den Zusammenhang zwischen Sprechen und emotionalem Befinden ausdrücken:

- Mir hat es die Sprache verschlagen!
- Es schnürt mir die Kehle zu!
- Frei von der Leber weg reden.
- Frosch im Hals haben.
- Aus dem Bauch heraus sprechen.

Fazit: Mit Ihrer Stimme wecken Sie Emotionen, in Ihnen wie auch in anderen. Der Körper reagiert immer auf die Stimme, sie kann den Körper weich machen oder ihn stärken.

Merksatz:
Ihre Stimme ist der Seismograf Ihrer Seele und spiegelt jede innere Regung wider. Ihre Stimme ist ein machtvolles Instrument, das glücklich machen kann oder zerstören.

Stimmungsbarometer Stimme

Die Stimme ist Ihr präziser Stimmungsbarometer. Sind Sie verunsichert, wird Ihr Atem flach und kurz, Sie geraten beim Sprechen ins Stocken und Ihre Stimme wirkt kraftlos. Ist Ihre Angst groß, kann Ihre Stimme versagen. Sind Sie angespannt, wirkt Ihre Stimme gepresst, sie überschlägt sich.

Ihre starke Persönlichkeit bringen Sie mit Ihrer Stimme zum Ausdruck. Das heißt:

- ❖ Ihre Stimme ist klar und ruhig, sie drückt Souveränität aus.
- ❖ Ihr Sprechen ist lebhaft, das Tempo angemessen, Sie modulieren in angemessener Lautstärke, Sie überzeugen und begeistern.
- ❖ Sie machen Pausen und lassen dem Zuhörer Zeit zum Verstehen.

Übung: Modulationsspektrum erweitern

Wollen Sie geschmeidig und »geölt« sprechen, müssen Sie Ihre Stimme ölen. Nachfolgende Übung hilft Ihnen dabei, vor einer Rede oder immer wieder zwischendurch, um Ihre Stimmbänder zu trainieren. Die Artikulation wird klarer und die Modulation lebendiger.

Schritt 1:

Zählen Sie in mittlerer Lautstärke und in Ihrer üblichen Sprechweise von eins bis zehn.

Wiederholen Sie den Zählvorgang und verlangsamen Sie das Sprechtempo nach und nach. Ziehen Sie die Vokale, bis Sie sehr, sehr langsam zählen.

Wiederholen Sie diesen Vorgang einige Male.

Schritt 2:

Zählen Sie in mittlerer Lautstärke und in Ihrer üblichen Sprechweise von eins bis zehn.

Wiederholen Sie den Zählvorgang, indem Sie die Lautstärke verändern. Ihre Stimme wird immer leiser, zuletzt flüstern Sie nur noch. Danach lassen Sie Ihre Stimme anschwellen bis Sie die Zahlen herausschreien.

Sie kehren in Ihre übliche Sprechweise zurück.

Wiederholen Sie diesen Vorgang einige Male

Schritt 3:

Zählen Sie in mittlerer Lautstärke und in Ihrer üblichen Sprechweise von eins bis zehn.

Wiederholen Sie den Zählvorgang, indem Sie schrittweise und bewusst die Modulation verändern. Ihre Stimme tönt jetzt klagend, jammernd, beschuldigend, feststellen, wohlwollen, fröhlich, überglücklich, ärgerlich, zornig, befehlerisch, nachdrücklich.

Sie kehren in Ihre übliche Sprechweise zurück.

Wiederholen Sie diesen Vorgang einige Male

Übung: Resonanzräume öffnen

Mit dieser Übung sucht sich Ihre Stimme neue Resonanzräume, dadurch wir sie wohlklingender, kräftiger und präsenter.

Stellen Sie sich frei in den Raum und atmen Sie einige Male tief ein und aus.

Beim Ausatmen formen Sie mit dem Mund ein ausgeprägtes »Hiiiiiiiii«. Sie sprechen auf Ihrer natürlichen Tonhöhe, indem Sie den Vokal »i« lange halten.

Berühren Sie mit einer Hand die Schädeldecke, dann die Stirn und die Wange. Spüren Sie die Vibration.

Nun formen Sie ein deutliches »Haaaaaaaaaa« und berühren mit Ihren Händen den Brustraum. Sie spüren die Vibration.

Sie formen ein »Hoooooooooo« und berühren Ihren Bauch.

Sie formen ein »Huuuuuuuuuuu« und berühren Ihre Oberschenkel.

Vermeiden Sie bei dieser Übung, sich zu räuspern, das Räuspern strengt Ihre Stimmbänder an. Schlucken Sie stattdessen und holen Sie tief Luft.

Gymnastikübungen für den Willen

Hier stelle ich Ihnen eine etwas andere Art vor, Ihren Willen zu schulen. Sie können diese Übungen als »sinnlos« abstempeln. Nichtsdestotrotz sind es sehr effektive Übungen, denn Sie trainieren Ihren Willen höchst wirkungsvoll, indem Sie etwas tun, das Ihnen in dem Augenblick des Tuns absolut zwecklos erscheint.

Mit diesen Übungen lernen Sie, Ihre Aufmerksamkeit auf »etwas Unwichtiges« zu richten und Gedanken auszuhalten, wie: »Wohin soll diese Übung führen? Was soll das ganze hier?« Ich empfehle Ihnen, die Übungen auszuhalten. Stolz und inneres

Wachstum werden Ihre Belohnung sein. In Zeiten, wenn alles um Sie herum bebt und verweichlichte Menschen schwanken, werden Sie gleich einem Turm standhaft dastehen. Mit folgenden Übungen trainieren Sie Ihre innere Gelassenheit, Sie widerstehen dem Drang der inneren Betriebsamkeit.

Übung: Fitnesstraining des Willens

Führen Sie folgende Übungen mit Interesse und Präzision durch. Jede Übung steht in der Ich-Form und ist als Ziel formuliert. So fällt Ihnen die Identifikation mit der Aufgabenstellung leichter. Jede Übung führen Sie an sieben aufeinanderfolgenden Tagen durch. Sie lassen keinen Tag aus. An jedem der sieben Tage schreiben Sie, nachdem Sie die Übung beendet haben, Ihre Empfindungen, die Sie während des Übens erfahren haben, auf. Für diese Übungen brauchen Sie einen Timer.

Nun folgt ein Ausdauertraining für Ihre Willenskraft. Wählen Sie aus, mit welcher Übung Sie beginnen wollen. Zuerst lesen Sie die Übung in Ruhe ganz durch, danach stellen Sie den Timer auf zehn Minuten und los geht's!

»Ich verpflichte mich, dass ich zehn Minuten lang mit einem Lineal den Walzerrhythmus lang-kurz-kurz auf den Tisch klopfe und dazu: »Jaaaaa-ich-will« spreche. Das tue ich mit Begeisterung und innerem Schwung.«

»Ich verpflichte mich, dass ich zehn Minuten lang in meinem Zimmer auf einem Stuhl stehe, während dieser Zeit zähle ich fortwährend und in angenehmem Tempo von 1 bis 50 und von 50 bis 1. Das Zählen wiederhole ich in voller Konzentration.«

»Ich verpflichte mich, dass ich auf der Terrasse, auf dem Balkon oder in meinem Zimmer zehn Minuten lang auf und ab gehe und bei jedem fünften Schritt laut »HU« rufe. Mein Schritt ist energisch, meine Stimme laut und bestimmt.«

»Ich verpflichte mich, dass ich zehn Minuten lang mit einer Schere kleine Papierstücke schneide und diese sorgfältig in eine Schachtel lege. Das tue ich vollkommen ruhig und entspannt.«

Merksatz:
Sie stärken Ihren Willen, indem Sie Dinge tun, für die Sie Überwindung aufbringen müssen.

6. Body Management

Jeder von uns hat seine eigene Art zu stehen und zu gehen. Trotzdem lassen sich Gemeinsamkeiten feststellen. Bestimmte körpersprachliche Signale lassen auf bestimmte innere Haltungen, Gedanken und Gefühle schließen. Ihre Motorik und Ihre Körperhaltung sind ein äußerer Ausdruck Ihres inneren Befindens. Sind Sie unmotiviert, freudlos, oder fühlen Sie sich unsicher, wird Ihr Oberkörper leicht gebeugt sein, die Schultern hängen nach vorne und Ihr Gang ist verlangsamt oder schleppend. Ihr Körper muss die Last schwieriger Emotionen tragen und das macht ihn weich.

Ist Ihr Kopf gedankenschwer, lassen Sie ihn sinken, den Blick richten Sie zum Boden. Sie sind so sehr mit belastenden Gedanken beschäftigt, wollen diese ordnen und Lösungen finden, dass Sie dabei Ihr Umfeld ausblenden, Sie wollen alleine sein. Deshalb der zu Boden gerichtete Blick.

Angst verhindert rhythmische Bewegungen. Aus zielbewussten Schritten entsteht ein zielloses Trippeln, harmonische Bewegungen werden fahrig und unkontrolliert.

Andererseits haben Sie ein freudiges Treffen mit einer geliebten Person, sind Ihre Schritte beschwingt, Ihr Rücken gestreckt und Ihr Kopf ist erhoben.

Stellen Sie sich folgende Situation vor: Zerschlagen und müde wachen Sie am Morgen auf. Ihr erster Gedanke: »O nein, Ich habe einen wichtigen geschäftlichen Termin heute, aber mir geht es gar nicht gut, ich bleibe lieber im Bett. Habe ich eine Erkältung erwischt?«

Müde schlurfen Sie zum Computer, um sich in Ihrer Firma abzumelden. Zufällig fällt Ihr Blick auf den großen Spiegel, an dem Sie vorbeischleichen. Sie erschrecken, als Sie sich selbst, das Häufchen Elend, sehen. Und sofort geht es Ihnen noch ein Stück schlechter.

Stellen Sie sich diese Situation noch einmal vor und ändern dabei die Szene vor dem Spiegel.

Also: Zerschlagen und müde wachen Sie am Morgen auf. Ihr erster Gedanke: »O nein, Ich habe einen wichtigen geschäftlichen Termin heute, aber mir geht es gar nicht gut, ich bleibe lieber im Bett. Habe ich eine Erkältung erwischt?«

Müde schlurfen Sie zum Computer, um sich in Ihrer Firma abzumelden. Zufällig fällt Ihr Blick auf den großen Spiegel, an dem Sie vorbeischleichen. Sie bleiben stehen, energisch sprechen Sie: »STOPP! Ich habe Kraft! Ich handle!«

Sie strecken sich, schlagen mit der rechten Faust in die linke Handfläche, werfen den Morgenmantel weg, gehen mit straffem Schritt unter die Dusche, trällern ein Lied, trinken eine Tasse köstlichen Kaffees, fahren zeitgerecht in Ihre Firma, begrüßen Ihr Team mit erhobenem Kopf und motivierenden Worten, nehmen den wichtigen Termin wahr, konzentrieren sich und verhandeln. Wo sind die Erkältung und die Müdigkeit geblieben?

Fazit: wenn Sie bei der Arbeit eine nachlässige, fahrige Haltung annehmen, fühlen Sie sich müde. Wenn Sie aufrecht stehen oder sitzen und sich frisch bewegen, fühlen Sie sich frisch und energiegeladen, die Arbeit geht Ihnen leichter und angenehmer von der Hand.

Merksatz:

Ihre Gefühle und Emotionen beeinflussen Ihre Körperhaltung. Der umgekehrte Weg gilt ebenso: Durch Ihre Körperhaltung beeinflussen Sie Ihre Emotionen und Ihre innere Verfassung.

Signale der Körpersprache

Beginnen Sie, Menschen zu beobachten und an deren Körperhaltung herauszulesen, wie sich die betreffende Person fühlt.

Angespannte Körperhaltung: Haben Sie schon einmal einen Bogenschützen beobachtet? Seine Muskeln sind bis aufs Äußerste angespannt, er ist auf eine einzige Aufgabe konzentriert. Auch Ihre Muskeln spannen sich an, wenn Sie eine erwartete Leistung bringen müssen und dadurch unter Druck stehen. Ihr Oberkörper ist nach hinten gedrückt, was die Halsmuskeln anspannt. Ihre Knie sind durchgestreckt und die Füße stehen ganz nahe zusammen. In dieser Haltung erwecken Sie den Eindruck, Sie wären überfordert, ein kleiner Windstoß kann Sie zu Fall bringen.

Schlaffe Körperhaltung: Ihre Bewegungsabläufe sind antriebslos, signalisieren Bequemlichkeit und Gleichgültigkeit. Sie wirken, als hätten Sie keine eigene Meinung und kein Interesse. In Gesprächen könnte Ihre Haltung missverstanden werden, da Sie gerne zu locker und deshalb überheblich wirken.

Unterwürfige Körperhaltung: Ihr Körper ist gebeugt, der Rücken nach links oder rechts leicht gedreht, der Kopf eingezogen, der Blick von unten nach oben. Sie haben keinen guten Stand, da Ihre Füße leicht nach innen gedreht sind. Sie Signalisieren: »Bitte tue mir nichts!«

Überhebliche Körperhaltung: Ihre Beine haben einen unnatürlich breiten Stand, was Ihre innere unbewegliche Haltung ausdrückt. Ihr Rücken ist gerade durchgestreckt, der Kopf nach hinten gedrückt, was zu Ihrem Blick »von oben herab« führt. Möglicherweise verschränken Sie Ihre Arme.

Die starke Körperhaltung

Agieren Sie in einer geraden, entspannten, aber aufmerksamen Körperhaltung, können Sie Informationen gut aufnehmen; zum Beispiel während eines Gesprächs oder eines Vortrages. In der aufrechten Körperhaltung sind Ihre Konzentration und Ihre Ausdauer stärker, Sie sind ganz präsent und dadurch leistungsfähiger. Sie halten den Gesamtüberblick und können in jeder Situation überlegen, wie Sie richtig handeln.

Ihre Schritte sind dynamisch und zielgerichtet, Sie wissen, wohin Sie beabsichtigen zu gehen. Ihr direkter und aufmerksamer Blick wirkt lebhaft und einladend. Auch sitzend vermitteln Sie mit Ihrer geraden und entspannten Körperhaltung Selbstsicherheit und Kompetenz. Sind Ihre Füße beim Sitzen flach auf dem Boden aufgelegt, werden Sie energetisch durch die Kraft der Erde gestärkt, was sich positiv auf Ihre Selbstsicherheit auswirkt.

Übung: Beobachten

Werden Sie zum Beobachter Ihrer eigenen Körperhaltung. Stellen oder setzen Sie sich in Gedanken neben sich und schauen Sie sich selbst und den eigenen Bewegungen zu. Wie wirken Sie? Wirken Sie so, wie Sie wirken wollen?

Übung: Schwach und stark

Es ist unmöglich, sich in einer schlaffen Körperhaltung motiviert, lebensfreudig und dynamisch zu fühlen. Vergewissern Sie sich selbst:

- ❖ Stellen Sie sich mit geschossenen Füssen hin.
- ❖ Lassen Sie den Kopf nach vorne hängen.
- ❖ Richten Sie Ihren Blick zum Boden.
- ❖ Lassen Sie die Schultern nach vorne sacken
- ❖ Atmen Sie flach aus dem Brustkorb.
- ❖ Lassen Sie die Mundwinkel möglichst weit nach unten gleiten.

Nun sprechen Sie mit einer kraftvollen und lebhaften Stimme: »Ich bin ein echter Power-Typ, voller Selbstvertrauen und Charisma«.

Geschafft? Vermutlich nicht.

Übung: Training einer starken Körperhaltung

Sie stehen hüftbreit und schließen Ihre Augen.

Sie halten den Kopf gerade, das Kinn verläuft waagrecht.

Sie stellen sich vor:

- ❖ Aus Ihren Fußsohlen wachsen tiefe Wurzeln bis zur Mitte der Erde.
- ❖ Auf Ihrem Scheitelpunkt befindet sich ein goldener Ring.
- ❖ Eine unsichtbare Hand, die Kraft aus dem Universum, fasst diesen goldenen Ring und zieht ihn sachte und behutsam nach oben.
- ❖ Sie spüren diesen sanften Zug und strecken Ihren Rücken.
- ❖ Die unsichtbare Hand zieht weiter.

- Ihr Rücken streckt sich noch mehr und Sie drücken die Schultern nach hinten.
- Die unsichtbare Hand zieht weiter.
- Sie strecken Ihren Nacken bis zu dem Punkt, an dem Sie sagen: »Mehr ist nicht mehr möglich.«
- Sie bleiben in dieser Körperhaltung und öffnen Ihre Augen.
- Mit der rechten Hand gehen Sie zum Brustbein, fassen mit Daumen und Zeigefingen in Gedanken diesen Punkt am Brustbein und ziehen ihn noch etwas in die Höhe.
- So, Ihre starke Körperhaltung ist erreicht. Bleiben Sie einige Zeit in dieser Haltung, indem Sie auf Augenhöhe einen Punkt wählen und diesen einige Minuten mit Ihrem entspannten Blick fokussieren.

Machen Sie diese Übung täglich, bis Ihnen die starke Körperhaltung selbstverständlich wird.

Übung: Körperhaltung als Spiegel einer starken Motivation

Stellen Sie sich einmal vor, eine versteckte Kamera wäre ab heute dauernd auf Sie gerichtet, von dem Augenblick des Aufwachens an bis zum Schlafengehen. Wäre Ihre Körperhaltung heute genau gleich wie gestern, oder würden Sie doch etwas verändern?

Selbstverständlich würden Sie etwas verändern: Mit einem beschwingten Schritt würden Sie am Morgen das Bad betreten, Sie würden kerzengerade und dynamisch am Frühstückstisch sitzen und Ihre Familie herzlich begrüßen …

Schreiben Sie nun Ihr eigenes Motivationsdrehbuch, indem Sie Ihr Morgen-Aufsteh-Ritual neu erfinden und mit Frische und Dynamik ausstatten.

Überdenken Sie neu:

- ❖ Mit welchem strahlenden Lächeln verabschieden Sie sich von Ihrem Partner?
- ❖ Mit welchem kraftvoll-energetischen Gang gehen Sie zu Ihrem Auto, zur Bushaltestelle oder zum Bahnhof?
- ❖ Welchen Blick schenken Sie den Wartenden auf dem Bahnhof, auf der Bushaltestelle, trällern Sie ein Lied beim Autofahren?
- ❖ Welche dynamische Begrüßung haben Sie für Ihr Team, Ihren Vorgesetzten, Ihre Kunden bereit?

Merksatz:

Je gerader jemand steht, desto aufrechter ist seine innere Haltung.

Übung: Eine Vorstellung, die beflügelt

Hier ein weiteres, sehr schönes Bild, das Sie wie von selbst in eine gerade Körperhaltung bringt:

Stellen Sie sich vor, Sie tragen Engelsflügel an Ihrem Rücken. Die Flügel sind schwer und Sie spüren das Gewicht deutlich. Wie von selbst richten Sie Ihren Rücken gerade und tragen die Flügel mit Stolz. Ihre Schultern gehen nach hinten, Ihr Kopf ist gerade.

Es ist ein ganz eigenes Empfinden, Engelsflügel zu tragen.

So tun als ob

Wie bereits gesagt: Nicht nur Ihre Stimmung beeinflusst Ihren Körper, sondern auch Ihre Körperhaltung wirkt unmittelbar auf Ihre Stimmung. Das heißt, wenn Sie sich dabei erwischen, sich lustlos, unmotiviert, unsicher und schwach zu fühlen, nehmen

Sie sogleich die starke Körperhaltung ein, und sehr bald werden Sie eine Veränderung der Stimmung erleben.

Warum wirkt diese Methode? Ihre starke Körperhaltung sendet an das Gehirn die Botschaft: Ich bin stark und selbstsicher. Diese Botschaft Ihres äußeren Verhaltens wird zu einem inneren Erleben.

Das Gute daran ist: Ihre Körperhaltung können Sie jederzeit frei wählen und verändern. Es ist doch eine wunderbare Erkenntnis, dass Sie mit einer willentlichen Veränderung der Körperhaltung Ihre Stimmung beeinflussen.

Der französische General Turenne hatte die Angewohnheit, entschlossen seinen Truppen voranzumarschieren, wenn sie in den Kampf gingen. Dadurch hatte er sich den Ruf großen Mutes erworben. Als er einmal für seinen Mut beglückwünscht wurde, sagte er: »Natürlich benehme ich mich wie ein tapferer Mann, aber die ganze Zeit habe ich Angst. Natürlich gebe ich dieser Furcht nicht nach, ich sage zu meinem Körper: ›Zittre, altes Gerippe, aber geh!‹, und mein Körper geht.«

Merksatz:

Wenn es notwendig ist, widrige Tendenzen, wie zum Beispiel Antriebslosigkeit, Minderwertigkeitsgefühl oder Angst zu überwinden, dann ist es hilfreich, die Technik des »Handelns als ob« anzuwenden.

Manche bezeichnen diese Methode als unehrlich und heuchlerisch. Aber in Wirklichkeit ist sie keine Frage der Heuchelei, diese Methode hilft Ihnen, Resilienz zu schulen und Selbstvertrauen zu gewinnen. Sie ist ein Werkzeug, um schwierige Situationen zu »überleben«.

Übung: Ins Handeln kommen

Schwierigkeitsstufe 1:

- Suchen Sie jeden Tag eine eher unwichtige Tätigkeit, bei deren Ausführung Sie etwas Widerwillen spüren.
- Laut sagen Sie: »Ja, ich will!«
- Sie straffen Ihren Körper, Sie beschleunigen Ihren Schritt, Sie beginnen und erhöhen bewusst Ihr Arbeitstempo.
- Sie tun, was zu tun ist.
- Dabei konzentrieren Sie sich vollkommen auf den jetzigen Augenblick der Tätigkeit.

Schwierigkeitsstufe 2:

- Suchen Sie jeden Tag eine Tätigkeit, bei deren Ausführung Sie einen eher starken Widerwillen spüren.
- Laut sagen Sie: »Ja, ich will!«
- Sie straffen Ihren Körper, Sie beschleunigen Ihren Schritt, Sie beginnen und erhöhen bewusst Ihr Arbeitstempo.
- Sie tun, was zu tun ist.
- Dabei konzentrieren Sie sich vollkommen auf den jetzigen Augenblick der Tätigkeit.

Schwierigkeitsstufe 3:

- Sie wählen eine Tätigkeit, bei deren Ausführung Sie einen sehr starken Widerwillen spüren und Ihre Tendenz zum Aufschieben groß ist. Vielleicht schieben Sie diese Tätigkeit schon längere Zeit vor sich hin.
- Laut sagen Sie: »Ja, ich will!«
- Sie straffen Ihren Körper, Sie beschleunigen Ihren Schritt, Sie beginnen und erhöhen bewusst Ihr Arbeitstempo.
- Sie tun, was zu tun ist.

- Dabei konzentrieren Sie sich vollkommen auf den jetzigen Augenblick der Tätigkeit.
- Ist die Arbeit erledigt, belohnen Sie sich.

Merksatz:
Je häufiger Sie Ihre Körperhaltung bewusst beobachten und korrigieren, desto seltener werden Sie sie korrigieren müssen.

Körper-Emotion Verbindung

Eine Emotion ist eine Energie, die unseren Körper durchströmt und ihn beeinflusst. Das haben Sie sicher schon erlebt: Sie bekommen eine Nachricht und augenblicklich schwankt Ihr Körper, wird weich, die Knie zittern und Sie müssen sich setzen. Dies geschieht bei einer Nachricht, die Trauer oder Angst auslöst.

Wenn Sie sich auf eine Begegnung freuen, einen Erfolg im Beruf verbuchen, ein Kompliment bekommen oder sonst etwas Freudvolles erleben, dann ist Ihr Körper energieerfüllt, leicht und beschwingt, Sie glauben zu schweben.

Übung: Redewendungen umformulieren

Viele allgemeingültige Redeweisen drücken diese Verbindung zwischen Emotion und Körper aus. Gefühl und Körper gehen vollkommen ineinander über, sind eins.

Beispiele:

- »Du brichst mir das Herz.« (Trauer)
- »Mir stehen die Haare zu Berge.« (Angst, Ekel)
- »Meine Knie zittern.« (Angst)
- »Was ist dir über die Leber gelaufen?« (Ärger, Wut)

- »Seine Augen leuchten vor Freude.« (Glück)
- »Mir dreht sich der Magen.« (Ekel, Angst)
- »Mir kommt die Galle hoch.« (Wut)
- »Mein Herz rast.« (Angst, Wut)

Bedenken Sie, dass jede dieser Redensarten eine eigene Schwingung und Energie hat, die auf Sie wirkt, sobald Sie sie ausgesprochen haben. Sind Sie sicher, dass Sie diese Wirkung spüren wollen?

Konkret an einem Beispiel:

Sie sehen etwas Unappetitliches. Sie sagen: »Mir dreht sich der Magen«, und Sie fühlen sich sofort noch ein Stück schlechter, weil Sie einen Druck im Magen verspüren.

Sie haben Angst. Sie sagen: »Mein Herz rast«, und Sie fühlen sich sofort noch ein Stück ängstlicher, das Herz rast noch mehr.

Verstehen Sie, was geschehen ist? Diese Redensarten sind problemorientiert und lenken ihre Aufmerksamkeit genau auf den Punkt, den Sie gar nicht haben wollen.

Stellen Sie sich der Herausforderung, die Redensarten umzuformulieren, gehen Sie vom Problem in die Lösung. Anstelle »Mein Herz rast« sagen Sie: »Mein Herz schlägt ruhig« und Ihr Herzschlag wird sich beruhigen.

Anstelle »mir dreht sich der Magen«, sagen Sie: »Mein Magen fühlt sich jetzt ganz leicht an.«

Merksatz:

In Ihrer Vorstellung erzeugen Sie ein Bild, das sowohl Ihren Körper als auch Ihre Emotionen beruhigt.

Übung: Positive Mimik erzeugt positive Emotionen

Bewusstes Lächeln verbessert die Leistung und stärkt die Fähigkeit, Probleme zu lösen. Herzhaftes Lachen entspannt und bringt den Kreislauf in Schwung. Lächeln und Lachen ist also gesund und macht Sie sympathisch.

Warten Sie nicht darauf, bis es etwas zu lachen gibt, sondern gewöhnen Sie sich daran, den Tag bewusst mit einem Lächeln zu beginnen und dieses Lächeln in Ihren Tag hineinzunehmen. Sie werden erleben, dass Ihnen vieles leichter und besser gelingen wird, dass Sie zufriedener mit sich selbst sein werden und Sie besser auf Ihre Mitmenschen wirken. Es gelingt Ihnen leichter, Kontakte zu knüpfen, Sie führen bessere Gespräche und akzeptieren leichter eigene Fehler. Kurz: Ihr Lächeln unterstütz Ihre Selbstsicherheit und Ihre mentale Stärke in hohem Masse.

Körperlich betrachtet setzt Ihr Lächeln eine positive Wirkung in Gang. Indem Sie lächeln, spannen Sie den Augenringmuskel an, diese Anspannung gibt dem Gehirn eine Botschaft: »Hier hat jemand gute Laune.«

Sehr schnell werden Sie sich besser fühlen, denn das Gehirn erzeugt die zu dieser Botschaft passsende Emotion.

Gewöhnen Sie sich an, am Morgen eine »So-tun-als ob« Übung zu machen, das heißt, Sie starten den Tag bewusst mit einem Lächeln, um Ihren Energiespeicher zu füllen. Selbstverständlich achten Sie während des Tages immer wieder auf Ihren Gesichtsausdruck.

Sind Sie eine sportaktive Person, werden Sie eine interessante Erfahrung machen: Mit einem Lächeln laufen Sie schneller und bringen bessere sportliche Leistung. Mit einem Lächeln im Gesicht ist der Sauerstoffverbrauch geringer und Sie erleben weniger Anstrengung.

Hier einige Übungen, wie Sie sich mehr Lächeln antrainieren:

Schauen Sie am Morgen in den Spiegel, nachdem Sie den Timer auf zwei Minuten gestellt haben. Lächeln Sie sich an. Auch wenn es Ihnen nicht danach zumute ist und Sie sich etwas dumm vorkommen, tun Sie es trotzdem. Dies ist eine Übung, die Ihre Ausstrahlung fördert. Wenn es Ihnen gar nicht gelingen will, dann nehmen Sie die Zeigefinger Ihrer Hände zu Hilfe und drücken die beiden Mundwinkel nach oben.

Oder: Klemmen Sie sich einen Bleistift zwischen die Zähne so weit nach hinten wie nur möglich. Bleiben Sie zwei Minuten so. Ihre Muskeln, die für Augen- und Wangenbewegungen verantwortlich sind, werden aktiviert und geben das besagte Signal an das Gehirn.

Lächeln Sie jedem Passanten zu, weil Sie Lebensfreude haben. Sie werden reich beschenkt, denn die anderen werden Ihnen zurücklächeln.

Stellen Sie Ihre Uhr so ein, dass sie Sie in regelmäßigen Abständen daran erinnert, für mindestens 30 Sekunden zu lächeln.

»Lächle und du bist zehn Jahre jünger.« (aus China)

7. Entspannung

»Was ohne Ruhepausen geschieht,
ist nicht von Dauer.«
(Ovid, römischer Epiker, 43 v. Chr. – 17 n. Chr.)

Wo Entspannung ist, ist Wohlgefühl. Wo Entspannung ist, kann keine Angst sein. Entspannung wirkt sich positiv auf Ihre Gedankenleistung aus, auf Ihre Emotionen, Ihre Gesundheit, auf Ihre Konzentration, Ihre Zielklarheit. Entspannung hilft Ihnen, mit Belastungen besser umzugehen. Ihre Gedanken werden wieder geordneter und Sie finden Lösungen. Generell: Entspannung ist essenziell für Ihre Mentalkraft.

Merksatz:
Entspannung beruhigt die Erregungsaktivität des Gehirns. Dadurch entsteht Freiraum für Konzentration.

Was Entspannung noch bewirkt:
- ❖ Wut, Angst und psychische Belastung beruhigen sich.
- ❖ Energie steht bereit.
- ❖ Grüblerische Gedanken können in vorwärts gerichtete umgewandelt werden.
- ❖ Fördert den Schlaf.
- ❖ Intensiviert die Wirkung von Visualisierungsübungen.
- ❖ Verstärkt die Wirkung von positiven Selbstüberzeugungen.

Vielen Menschen ist in der heutigen Zeit die Entspannung abhandengekommen. Dann klagen sie über Müdigkeit und Erschöpfung, ihre mentale Widerstandskraft ist empfindlich verletzt oder bereits zusammengebrochen. Dann ist das Leben nicht mehr das, was es sein sollte: Eine Erfüllung.

Übung: Selbstanalyse: Meine Erschöpfung und ich

Verpflichten Sie sich dazu, die nächsten drei Wochen ein Tagebuch über Ihre Arbeits- und Lebenssituation zu führen. Diese schriftliche Auseinandersetzung trägt den Titel: »Meine Erschöpfung und ich.«

Sie halten schriftlich fest:

- Wie oft und in welchen Situationen haben Sie mit einer oder mehreren der folgenden Klagen geseufzt: »Ich bin erschöpft, ich kann nicht mehr, Stress, ich habe nicht gut geschlafen, wann soll ich das alles schaffen, ich bin so gereizt, ich kann nicht mehr denken, ich komme einfach nicht vorwärts, alles geht mir auf die Nerven, ich ertrage nichts mehr, … «
- Welche körperlichen Zeichen Ihnen zeigen, dass Sie mit Ihren Kräften Raubbau treiben.
- In welchen Situationen Sie denken, kämpfen zu müssen.

Diese Übung führt Sie zu aufschlussreichen Einsichten. Halten Sie fest, was Sie erschöpft:

- Ist es eine bestimmte Tätigkeit?
- Ist es ein schlechter Zeitplan?
- Fehlen Ihnen Pausen zum Aufladen der verbrauchten Energie?

Merksatz:

Wo Erschöpfung ist, mangelt es an Energie. Wo Energie fehlt, können keine Ziele verwirklicht werden.

Es ist leicht, die Anwesenheit von Erschöpfung und Anspannung im Körper festzustellen. Der Nacken und die Schultermuskulatur werden fest, die Kiefer pressen aufeinander und die Zähne knirschen, in der Magengegend fühlen Sie Übelkeit. Ihr Gesicht strahlt nicht, es ist verkrampft und etwas fahl.

Der Energiebrunnen

Im Mentaltraining gibt es ein sehr schönes Bild, das uns lehrt, sorgsam mit unserer Energie umzugehen. Es ist das Bild eines Energiebrunnens, das uns ein Gesetzt des Energiegleichgewichts zeigt. Wenn wir über längere Zeit gegen dieses Gesetz verstoßen, sendet uns unsere Seele ein Signal. Wenn wir die Stimme unserer Seele nicht beachten oder überhören, wird uns irgendeinmal unser Körper ein klares Zeichen geben. Wenn wir dann immer noch nicht hören wollen, wird uns der Körper dazu zwingen, hinzuhören.

Der Brunnen symbolisiert unser Leben, dies ist sein Gesetz:

8 + 8 + 8

- 8 Stunden schöpfe ich: Ich bin voll Power, ich bringe Leistung.
- 8 Stunden regeneriere ich: Ich füge neue Energie zu, ich schaffe Zuflüsse durch Meditation, Hobby, Sport, ich schaffe Ausgleich.
- 8 Stunden ruhe ich: Schlaf, mein Bewusstsein kommt zur Ruhe.

Denken Sie über folgende Möglichkeiten nach:

Wenn Sie aus dem Brunnen kein Wasser (=Ihre Energie) schöpfen, kommt kein frisches Wasser nach, das bestehende Wasser beginnt zu faulen. Das heißt: Sie müssen etwas tun, eine Leistung erbringen, Energie verbrauchen, damit neue Energie nachließen kann.

Wenn Sie immer nur schöpfen, sind Sie irgendeinmal ausgeschöpft. Das heißt: Wenn Sie immer nur Energie verbrauchen, sind Ihre Energiereserven einmal leer. Der Brunnen versiegt, er trocknet aus, weil nicht genug Wasser nachfließen kann. Wenn der Brunnen leer ist, geht die Leistungsfähigkeit zurück, auch die Lebensfreude.

Der Brunnen zeigt: Sie brauchen beides: Ihre Aufgaben, dazu Ihre Auszeit zur Regeneration. Entspannung ist Kraft, wer sich entspannt und Energiereserven nachfüllt, schafft in kürzerer Zeit mehr.

Der Umgang mit Zeit

Wir leben in einer bewegten Zeit der unendlichen Möglichkeiten. Vergessen wir nicht: Zeit hat nicht nur eine bestimmte Dauer, sie hat auch eine bestimmte Qualität. Unsere wichtigste Aufgabe im Leben ist es nicht, möglichst viel in eine Zeitspanne hineinzupacken, jede Minute und jede Stunde mit Aktivität und Ablenkung zu füllen, sondern der Zeit, die wir haben, die beste Qualität zu geben.

Der Mensch besitzt eine seltsame Denkweise: Er geht davon aus, dass er zu wenig Zeit zur Verfügung hat, so erfindet er unentwegt Möglichkeiten, um Zeit zu sparen, sobald er aber etwas Zeit gewonnen zu haben glaubt, stopft er diese Beschäftigungslücke mit neuer Tätigkeit zu.

Die Überzeugung »Ich habe keine Zeit« ist allgegenwärtig, lässt den Menschen hetzen und das nicht nur physisch. So entsteht ein seltsames Paradoxon: Je mehr der Mensch versucht, in einer begrenzten Zeitspanne möglichst viel zu erledigen und zu erleben, desto weniger Zeit hat er. Das Bedürfnis, die Zeit zu »nutzen« entwickelt sich zur permanenten Hetze.

Merksatz:
Durchbrechen Sie die unwiderstehliche Anziehungskraft des Aktivismus, indem Sie sich hinsetzen und über Ihr Guthaben Zeit nachdenken.

Übung: Selbstbeobachtung

In dieser Übung geht es darum, sich selbst und die eigene Tages- und Wochenstruktur kritisch zu betrachten. Hetzen Sie oder leben Sie? Haben Sie Ihre Zeit im Griff oder hat die Zeit Sie im Griff? Stehen Sie oft unter Zeitdruck, weil Sie unglaublich viel erledigen müssen, kaum ist etwas getan, schon sehen Sie neue Aufgaben? »NEIN« sagen fällt Ihnen schwer, Sie haben Angs, Sie könnten etwas versäumen, nicht dazugehören oder als faul abgestempelt zu werden. Mitreden können, informiert und jederzeit erreichbar sein, das gibt Ihnen so ein gutes Gefühl der Wichtigkeit.

Merksatz:
Aktivismus führt zum Zeitdruck und Druck kann niemals Lebensqualität sein.

Folgende Fragen werfen Situationen auf. Finden Sie sich in einer davon? Vielleicht wird Ihnen erst jetzt bewusst, wie Sie Zeit verbringen.

- Wie starten Sie Ihren Tag? Unausgeschlafen, ohne ein vernünftiges Frühstück und in Eile? Wie können Sie die schlechte

Startphase transformieren und sich in aller Ruhe auf den Tag einstellen? Gemütliches und zeitgerechtes Aufwachen, wohltuende persönliche Hygiene, gesundes Frühstück, gelassene Fahrt zur Arbeit?

- ❖ Wie schließen Sie Ihre Arbeit ab und wie verlassen Sie Ihren Arbeitsplatz? Hasten Sie möglichst schnell nach Hause oder beenden Sie bewusst den Arbeitsprozess?
- ❖ Sind alle Ihre Abende mit Vereins-, Sport- und sozialen Aktivitäten belegt? Kaum zu Hause, schon wieder weg?
- ❖ Nehmen Sie sich Zeit, um mindestens eine Mahlzeit am Tag mit der Familie zu genießen? Legen Sie während dieser Zeit Ihr Handy beiseite und schalten den Fernseher aus?
- ❖ Während des Essens: Telefonieren Sie, beantworten Nachrichten, lesen eine eingehende Mail?
- ❖ Sind Sie der Ansicht, Ihre Wohnung müsse stets makellos aufgeräumt sein? Sie springen nach dem Essen sofort auf, um aufzuräumen?
- ❖ Ärgern Sie sich über Ihre Kinder, wenn sie Ihre Sachen liegen lassen und ihre Zimmer nicht aufräumen? Sie rennen ihnen nach und räumen selbst auf?
- ❖ Denken Sie, keine Party versäumen zu dürfen?
- ❖ Führen Sie stundenlange Telefongespräche?
- ❖ An einem Sonntag nichts zu unternehmen, keine Freunde einzuladen, das gibt es für Sie nicht?
- ❖ Bereits am ersten Ferientag verreisen Sie, denn jeder Ferientag zu Hause ist ein versäumter Tag?
- ❖ Sie konsumieren Werbung und jagen sinnlosen, materiellen Wunscherfüllungen nach?

Vielleicht denken Sie jetzt, so schlimm sei es ja auch wieder nicht und Sie hätten einen freien Willen und hätten sich jedes Mal situationsgerecht entschieden. Dem ist nicht ganz so, dieser innere Druck, ständig in Bewegung und unterwegs sein zu müssen, kann sich ganz vergnüglich maskieren, trotzdem saugt er an Ihren Kräften, macht Sie müde und gereizt. Selbstverständlich haben Sie sich ganz freiwillig dazu entschieden, schon die dritte Einladung diese Woche anzunehmen, das schmeichelt Ihnen und gibt Ihnen das Gefühl, wichtig und beliebt zu sein, gleichzeitig sind Sie erschöpft und oft unkonzentriert.

Selbsttest: Der innere Antreiber

Mit dieser Übung erforschen Sie Ihr Inneres, diese feinen inneren Regungen und Reaktionen, dieses innere Kribbeln, diese Stimme Ihrer Ungeduld, die sich immer dann meldet, wenn es Ihnen zu langsam geht, wenn jemand in Ihren Augen trödelt.

Dazu folgendes Beispiel: Sie sitzen scheinbar ganz ruhig in einem Restaurant, die Bedienung lässt Sie warten, Sie lächeln höflich, in Ihrem Inneren brodelt es aber, am liebsten möchten Sie aufstehen, den Kellner zurechtweisen, Ihre Bestellung in der Küche direkt aufgeben oder ganz einfach weggehen. Doch Sie tun es nicht, das wäre unhöflich und das wollen Sie nicht sein.

Was denken und fühlen Sie in folgenden Situationen? Wie verhalten Sie sich?

- Entspannt fliegen Sie aus den Ferien wieder nach Hause. Durch den Lautsprecher wird bekanntgegeben, dass das Flugzeug in kurzer Zeit landen wird. Bleiben Sie gelassen oder spüren Sie die innere Unruhe und beginnen, sofort an Ihrem Handgepäck herumzuhantieren?
- Sie fahren im Zug und lange bevor der Zug in den Bahnhof einfährt, stehen Sie auf und bewegen sich durch den Mittelgang zur Tür, um bei den Ersten zu sein, die aussteigen.

- Menschen, die langsam sprechen, nerven Sie. »Komm doch endlich auf den Punkt«, denken Sie und fallen dem Sprechenden gerne ins Wort.
- Beim Autofahren sind Sie immer etwas schneller unterwegs als erlaubt, hinter einem, mit korrekter Geschwindigkeit fahrenden Auto zu »schleichen«, nervt Sie.
- Hausarbeiten zu delegieren, fällt Ihnen schwer, alles allein machen geht schneller.

Wenn Sie sich in diesen und ähnlichen Situationen erkennen, dann ist Zeit, stehen zu bleiben, nachzudenken und zu entspannen. Sie mögen sich für effizient halten und sind stolz darauf, so viel zu schaffen. Doch bedenken Sie, dass Sie oft handeln, ohne bewusste Entscheidungen zu treffen. Sie rennen, weil das innere Rad dreht.

Merksatz:

Nehmen Sie sich Zeit und sprechen Sie mit Ihrem inneren Antreiber: »Ich respektiere dich, doch ich selbst werde jetzt über meine Zeit entscheiden.«

Die Botschaft des »Beschäftigt Sein«

Ihre Knöpfe des Zeitdrucks kennen Sie jetzt. Wir sind uns einig: Zielstrebigkeit, Tatkraft und Schnelligkeit haben wir alle genug. Doch die Frage ist interessant, warum wir nur so betriebsam sind. Ist unser »Beschäftigt Sein« letzten Endes eine Flucht? Wenn ja, warum und wohin flüchten wir? Steckt eine innere Angst dahinter? Wenn ja, wovor?

Lassen Sie uns dieses »Beschäftigt Sein« an Beispielen näher betrachten, denn es läuft einher mit Hektik und innerer Unruhe und schneidet den Menschen von sich selbst ab, von seinem wahren Selbst.

Beispiel 1: Viele Menschen kennen diese Merkwürdigkeit, dass sie sich auf das bevorstehende Wochenende oder auf den wohlverdienten Urlaub freuen, dann war das Wochenende da, sie sind am Urlaubsort angekommen und mit einem Mal fiel ihnen die Entspannung schwer, sie konnten nicht loslassen, vermissten das »Beschäftigt Sein«.

Beispiel 2: Stellen Sie sich vor, Sie werden von Ihrem Unternehmen beauftragt, eine umfangreiche Feier zu organisieren. Auf einmal haben Sie viel zu überlegen, Sie sammeln Ideen, informieren sich, planen und organisieren. Sie erstellen To-do-Listen und am Abend besuchen Sie noch dieses oder jenes exklusive Restaurant, um genau das richtige für Ihren Anlass zu finden. Einzigartig und unvergesslich soll das betreffende Event werden, haben Sie sich vorgenommen. Schließlich wollen Sie gut dastehen und Ihre Bemühungen sollen Anerkennung finden.

Bildlich betrachtet bilden Sie das Kernstück oder richtiger gesagt den Mittelpfeiler eines Karussells. Um Sie herum drehen sich Gedanken, Ideen, Menschen, kurz: Ein äußeres Treiben. Je lauter es im Außen ist, je schneller sich das Karussell dreht, desto mehr wird Ihr Inneres übertönt. Denn Ihre Seele schweigt nicht, Ihr Unterbewusstsein spricht zu Ihnen, womöglich schreit es nach Pause und Ruhe, doch Sie können es nicht hören. Sie sind zu sehr abgelenkt und Ihre Wahrnehmung ist betäubt. Wie könnte die Botschaft des Unterbewusstseins lauten: »Sei vorsichtig und treibe keinen Raubbau mit deinen Kräften, schlafe länger, widme dich deiner Familie, bewege deinen Körper mehr, nimm dir Zeit für deine Mahlzeiten…«

Ist dieses besagte Event vorbei, gibt es zwei Möglichkeiten. Erstens und wünschenswert ist, dass eine Phase der Erholung und der Ruhe folgt. Sie lauschen nach innen, füllen Ihre Energie wieder auf, widmen sich Ihrem ganz persönlichen Leben, Ihrer Gesundheit, Ihrer Partnerschaft und sind bereit, anstehende persönliche Probleme zu lösen.

Die zweite Möglichkeit fühlt sich unangenehm an. Die Anspannung ist vorbei. Was jetzt? Die Stille danach stimmt Sie ängstlich, da fehlt etwas, auf einmal ist nichts mehr da. Die äußeren Reize sind weg und das verunsichert Sie. Das äußere Karussell steht still. Womit beschäftigen sich Ihre Gedanken jetzt? Welche Emotionen kommen hoch? Dieser Stillstand des Karussells erdrückt Sie, er trägt verschiedene Namen: Seelisches Vakuum, innere Leere, Einsamkeit, Langeweile, Angst, sich verloren Fühlen, Ungeduld, Traurigkeit. Sie haben das Bedürfnis, aus diesen Empfindungen zu fliehen.

Legen Sie an dieser Stelle eine Pause ein und überlegen Sie: Welche Empfindungen kommen bei Ihnen hoch, wenn eine Anspannung vorüber ist? Wie reagieren Sie auf die Stille danach?

Merksatz:

Unentwegt tätig zu sein, fällt vielen Menschen leichter, während es eine große Kraftaufwendung ist, aus dem Rad der Betriebsamkeit auszusteigen und Ruhe zu bewahren.

Von klein auf hat der Mensch etwas Eigenartiges angelernt bekommen: Angst, Einsamkeit, Traurigkeit, Langeweile sind »schlechte« Empfindungen. Und so tut er alles, um genau diesem

Gefühl so weit wie möglich zu entfliehen. Das Überangebot an Kommunikations- und Reisemöglichkeiten macht es einfach, Angebote an Kursen, Weiterbildungen, Diskussionskreisen sind in Fülle vorhanden. Zerstreuung jeglicher Art und das Bedürfnis, mehrfach und zu jeder Zeit vernetzt zu sein.

Wir müssen sehr vorsichtig sein, um nicht in eine Gewohnheit der Hektik hineinzurutschen. Die ursprüngliche Bedeutung von »hektisch« ist »fieberhaft, aufgeregt, sprunghaft, gehetzt, von krankhafter Betriebsamkeit«. Diese Hetze besitzt eine sich selbstverstärkende Dynamik. Wer verlernt hat, stehen zu bleiben, der geht unentwegt. Sobald er sich an sein Geh-Tempo gewöhnt hat, geht er noch schneller, beginnt zu rennen und rennt immer schneller.

Er tut es dem Mann gleich, der seinem Schatten entfliehen wollte. Seine Geschichte ist diese: Es war einmal ein Mann, der sich sehr über den Anblick seines eigenen Schattens ärgerte. Er war so unglücklich über seinen eigenen Schatten, dass er beschloss, ihn hinter sich zu lassen. Er sagte sich: »Ich laufe ihm einfach davon.« So stand er auf und lief davon. Aber jedes Mal, wenn er seinen Fuß aufsetzte, folgte ihm sein Schatten mühelos. Der Mann rannte schnell und immer schneller, bis er schließlich tot zusammenbrach.

Wovor floh der Mann? Vor seinem Schatten, ohne zu wissen, dass dieser Schatten er selbst war? Also floh er vor sich selbst?

Wenn Sie sich in dieser Geschichte nur annähernd erkennen, ist es Zeit, aus der Zugkraft der Hektik auszusteigen.

Machen Sie sich bewusst:

- Sie können sich willentlich befehlen, stehen zu bleiben.
- Wenn Sie stehen bleiben, wird es still.
- Wird es still, kommen Empfindungen hoch.
- Jede Empfindung ist richtig und darf sein.
- Sie heißen jede Empfindung willkommen, denn sie ist ein Teil von Ihnen.
- In der Stille ist Entspannung möglich.
- Entspannung ist heilsam.
- Entspannung macht Sie stark.

Merksatz:

Entschließen Sie sich, regelmäßig Stille und Entspannung in Ihren Alltag zu bringen.

Der Ursprung des sich getrieben Fühlens

Wir sind nicht einfach so, wie wir sind, wir sind zu der Person konditioniert worden, die wir sind. In unserer Kindheit haben wir gelernt, auf eine ganz bestimmte Weise zu denken, zu fühlen und uns zu verhalten. Weil wir nichts anderes kannten, nahmen wir ganz selbstverständlich an, das sei die einzige Möglichkeit, haben die Denkweise und die Anweisungen übernommen und so entstand unsere ganz persönliche Realität.

Stellen Sie sich vor, Sie seien als Kind oft ermahnt worden, sich zu beeilen, nicht zu trödeln, keine Zeit zu »verlieren«, nicht zu spät zu kommen und Aufgaben schneller zu erledigen. Dieses »Mach vorwärts« hören Sie als erwachsene Person unbewusst immer noch.

Als Schulkind wurde Ihre Zeit »sinnvoll« ausgefüllt. Sie besuchten die Musikstunde, Ballett oder Aerobic und dreimal pro Woche verbrachten Sie Zeit im Sportverein. Beim Essen haben Sie sich beeilen müssen und hatten manchmal noch schnell ein Brot oder ein Snack in den Mund geschoben.

An einem freien Nachmittag mussten die Aufgaben schnell erledigt werden, die Mutter hat schon einen Ausflug, einen Besuch oder Einkäufe eingeplant. Am letzten Schultag vor den Ferien wurden bereits die Koffer gepackt und Sie rannten auf dem Flughafen Ihren eilenden Eltern nach.

Später als erwachsene Person, als lerntüchtiger und strebsamer Student, als Geschäftsfrau oder Geschäftsmann, organisiert und erfolgreich, als überfürsorgliche Eltern, als perfekte Hausfrau: Sie hören unbewusst dieses angelernte: Mach vorwärts, du musst noch …

Übung: Der Betriebsamkeit widerstehen

Eine der zwölf Shaolin Lebensweisheiten besagt: »Besiege Eile mit Langsamkeit«. Wir tun gut daran, diese Lebensweisheit zu verinnerlichen und in unser Leben aufzunehmen.

Wenn Sie glauben, drei Dinge gleichzeitig erledigen zu müssen, dann bleiben Sie stehen und streichen zwei davon. Dann erledigen Sie nur noch diese eine Sache, für die Sie sich entschieden haben.

Wenn Sie glauben, an drei verschiedenen Orten gleichzeitig sein zu müssen, dann bleiben Sie stehen und entscheiden: Nur hier will ich sein. Danach gehen Sie in einem zielbewussten, aber gemäßigten Schritt genau dorthin.

Wenn Sie glauben, jederzeit erreichbar sein zu müssen, dann bestimmen Sie tägliche Kommunikations- Auszeiten. Das sind Zeiten, da bleibt Ihr Handy unberührt.

Sie werden eine wunderbare Erfahrung machen: Das Leben reiht alle Tätigkeiten schön in eine Reihe. Sie verlieren das Bewusstsein des Zeitdrucks. Sie verrichten Ihre Arbeit im Bewusstsein der Zeitlosigkeit. Eins nach dem anderen.

Merksatz:

Bleiben Sie stehen und Schließen Sie Ihre Augen. Überlegen Sie, was in diesem Augenblick wirklich wichtig ist, erledigt zu werden. Tun Sie nur diese eine Sache. Sie werden die wunderbare Entdeckung machen: Sie ermüden weniger.

Übung: Sich die Erlaubnis geben

Entspannen heißt Spannung wegnehmen. Spannung kann bereits dadurch entstehen, dass Sie denken, keine Zeit zu haben. Entspannung erreichen Sie folglich damit, dass Sie Ihr Denken ändern.

Machen Sie das nachfolgende Experiment zur inneren Entschleunigung: Dieses Experiment erstreckt sich über drei Tage, immer morgens ausgeführt:

Morgen 1: Sie denken: »Es eilt, ich habe nicht einmal Zeit, in Ruhe meinen Kaffee zu trinken«, gehetzt leeren Sie Ihren Kaffee innerhalb von zwei Minuten hinunter.

Morgen 2: Sie machen Kaffee und stellen Ihren Timer auf drei Minuten. Jetzt haben Sie sich drei Minuten Zeit zum Kaffeetrinken gegeben, sich sozusagen eine Minute geschenkt.

Morgen 3: Sie stellen den Timer auf fünf Minuten. Sie erlauben sich, für das Kaffeetrinkern fünf Minuten zu beanspruchen. Sie denken: »Ich habe Zeit zum Kaffeetrinken, das ist ja wunderbar« und diese fünf Minuten fühlen sich so außergewöhnlich lange an. Es sind nur drei Minuten Unterschied, die den Unterschied bedeuten. Das Wesentliche an diesem Experiment ist, dass Sie sich erlaubt haben, fünf Minuten Kaffee zu trinken und diese Erlaubnis, die Sie sich selbst gegeben haben, führte zu der positiven Empfindung, Zeit zu haben.

Fazit: Sich selbst eine Erlaubnis zu geben, ist diese subtile Grenze zwischen Hetze und Wohlgefühl. Geben Sie sich die Erlaubnis, so haben Sie die Kontrolle. Glauben Sie, keine Zeit zum Kaffeetrinken zu haben, haben Sie die Kontrolle abgegeben. Dieses Bewusstsein, Kontrolle zu haben, bestimmt über Ihr Wohlgefühl.

Merksatz:

Geben Sie sich die Erlaubnis, etwas nicht zu tun und Sie werden es genießen, es nicht zu tun. Geben Sie sich die Erlaubnis, sich für etwas Zeit zu nehmen und Sie werden es genießen, es zu tun.

Übung: Worte der Eile

Wie oft verwenden Sie Worte »schnell« und »kurz«?

Wie oft sagen Sie:

- »Warte schnell …«
- »Ich muss noch kurz …«
- »Hast du schnell Zeit …«
- »Können wir kurz …«
- »Hör mir schnell zu …«
- »Jetzt aber schnell noch …«

Ihre Worte sind nicht nur eine Kommunikation nach außen, sondern genauso wirkungsvoll nach innen. Jedes Wort ist eine Schwingung, die Sie beeinflusst. Mit den Worten »schnell« und »kurz« konditionieren Sie sich auf ein Leben, das von Eile und Druck geprägt ist. Ihr Alltag ist durchdrungen von Momenten, in denen Ihr Handeln »schnell« und »kurz« gehen muss.

Dann erledigen Sie noch schnell einen Telefonanruf, sprechen kurz mit Ihrem Teamkollegen, gehen schnell noch einkaufen, um danach kurz eine Pause zu machen und Nachrichten zu hören.

Haben Sie noch Zeit, um nachzudenken? Identifizieren Sie sich mit Ihrem Stress, indem Sie ihn innerlich noch bestärken? Zum Beispiel so:

- »Ich bin im Stress …«
- »Mein Terminkalender quillt über …«
- »Ich komme zu spät ...«
- »Ich will nicht warten …«
- »Ich muss aufs Gaspedal treten …«

Denken oder sprechen Sie mit sich so, reagiert Ihr Vegetatives Nervensystem, es folgen Adrenalinschübe und Ihr Körper gerät in Erregung.

»Wie innen so außen« lautet das Gesetz der Resonanz. Alles, was in Ihrem Inneren geschieht, tragen Sie nach außen. Das Empfinden der inneren Hetze sieht man Ihnen an. Beobachten Sie Ihren Bewegungsmechanismus. Haben Sie die Gewohnheit, viele klein Schritte zu tun, um schneller vorwärtszukommen? Rudern Sie dazu noch mit Ihren Armen? Ist Ihr Mantel noch offen oder Sie knöpfen ihn im Gehen zu?

Mit Ihren Worten der Eile und Ihren hitzigen Bewegungen wirken Sie Ihrer Kompetenz entgegen.

Merksatz:

Eine starke Persönlichkeit erkennt man an ihrem moderaten und auf ein Ziel gerichteten Schritt. Sie nimmt sich Zeit und hat Zeit, weil sie ihre Zeit kritisch hinterfragt.

Übung: Verwenden Sie Worte und Aussagen der Ruhe

- »Jetzt mache ich das ganz konzentriert und ruhig ...«
- »Meine Ruhe macht mich stark …«
- »Ich bin vollkommen entspannt …«
- »alles geschieht rechtzeitig …«
- »Ich bleibe ruhig und schaffe dadurch mehr …«

Übung: Geben Sie sich die Erlaubnis …

- … sich für eine Mahlzeit Zeit zu nehmen, sich hinzusetzen und bewusst zu genießen, anstelle im Stehen oder während der Arbeit das Essen hinunterzuschlingen.
- … das Autofahren zu genießen und konzentriert zu fahren, anstelle zu hupen, rechts zu überholen und am Handy herumzutippen.
- … eine Hausarbeit stehen zu lassen. Stattdessen sich hinzusetzten, in die Sonne zu schauen und nachzudenken.

Geben Sie sich jeden Tag eine Erlaubnis, etwas nicht zu tun. Geben Sie sich jeden Tag eine Erlaubnis, etwas zu tun, was Ihnen einen seelischen Gewinn bringt.

Übung: Hinterfragen Sie Ihre Zeiteinteilung

Wer ständig in Eile ist, glaubt mehr zu schaffen und erledigt doch weniger. Meistens wird Zeit mit Aktivitäten verschwendet, die nicht erfüllend sind.

Beispiele:

- Sie können sich von einer Fernsehsendung nicht wegreißen und haben nachher Eile und kommen zu spät.
- Sie zippen in Ihrem Handy ziellos und vergeuden Ihre kostbare Lebenszeit. Dies kann schon am Morgen geschehen und Sie treffen gehetzt an Ihrem Arbeitsort ein.
- Beim Einkaufen treffen Sie auf eine bekannte Person, Sie tratschen ausgiebig und rennen danach kopflos nach Hause, um ein Mittagessen zusammenzuschustern.

In allen drei Beispielen haben Sie den Eindruck, unglaublich viel zu tun zu haben und doch vertrödeln Sie kostbare Zeit.

Warum Stille ein Kraftbrunnen ist

Es ist nicht möglich und nicht notwendig, die eigene Bühne des Aktivseins für immer zu verlassen. Nur öfters hinunterzusteigen und als Zuschauer die Betriebsamkeit da oben auf der Bühne des Lebens aus der Distanz zu betrachten, das ist heilsam und verstärkt Ihr Bewusstsein für das, was wirklich zählt.

Stellen Sie sich vor, Sie sitzen als Zuschauer im Theater in der Dunkelheit verborgen, Sie lehnen sich zurück und genießen das Treiben auf der Bühne. Was für ein Durcheinander, was für eine Rastlosigkeit, was für ein Lärm dort oben. Sie sind aber unten und das fühlt sich gut für Sie an. Und Ihnen fällt auf, dass Sie wieder nachdenken können. Diese Distanz zu dem Treiben da oben löst Sie aus jeglichen gedanklichen Verstrickungen heraus. Sie entdecken den Raum der Stille in Ihnen.

Eine wunderbare Geschichte erzählt über die Erfahrung der Stille:

Zu einem einsamen Eremiten, der schon seit Jahren in einer Höhle lebte, kamen eines Tages Pilger. Sie fragten ihn: »Was für einen Sinn siehst du in deinem Leben der Stille?«

Der Mönch war eben mit dem Schöpfen von Wasser aus einer Zisterne beschäftigt. Er sprach zu seinen Besuchern: »Schaut in die Zisterne. Was seht ihr?«

Die Leute blickten in die tiefe Zisterne. »Wir sehen nichts«, meinten sie.

Als einige Zeit vergangen war, forderte der Einsiedler die Leute wieder auf: »Schaut in die Zisterne. Was seht ihr?«

»Jetzt sehen wir uns selbst.«

Der Einsiedler sprach: »Schaut, als ich vorhin Wasser schöpfte, war das Wasser unruhig. Jetzt ist das Wasser ruhig. Das ist die Erfahrung der Stille. Man lernt sich selbst kennen.«

Die Stille ist Ihr Kraftbrunnen, weil Sie Klarheit über Ihre Ziele gewinnen. Sie wissen, was zu tun ist. Je öfters Sie in diese Stille gehen, desto klarer sehen Sie vor Ihrem inneren Auge, was werden soll. In Ihnen steigt eine Kraft auf, um Anstrengung auf sich zu nehmen und zu verändern, was es in Ihrem Leben zu verändern gibt.

Merksatz:

Stehen zu bleiben erfordert Mut. Wer stehen bleibt und nach innen lauscht, gewinnt Klarheit über das, was werden soll.

Die Verbindung mit der Natur

Es gibt kaum einen besseren Ort als die Natur, um sich zu entspannen, sich zu erholen, die klugen Gedanken zum Schweigen zu bringen und sich selbst wieder klar und lebendig zu erfahren. Legen Sie Ihre Uhr ab und lassen Sie Ihr Handy zu Hause, verzichten Sie auf eine Begleitperson, die Sie mit ihrem Geschwätz unterhält und ablenkt. Gehen Sie in den Wald und nehmen Sie wahr. Tauchen Sie in das Erlebnis der Stille ein, lauschen Sie, riechen Sie, tasten Sie.

Ohne Uhr und Handy werden Sie sich vermutlich unangenehm entblößt fühlen, abgeschnitten von der Welt, beängstigend allein. Halten Sie diese Spannung aus, bald wird sie abflachen, das Geplapper im Kopf wird leiser und versiegt, frische Kraft erfüllt Ihr ganzes Wesen. Dieser Beruhigungsprozess in Ihrem Innern verhält sich gleich wie eine Getränkeflasche mit kohlensäurehaltigem Inhalt. Öffnen Sie die Flasche erstmals, so zischt es und blubbert, die Bläschen und damit der Druck entweichen. Genauso entweichen Ihre »Angstbläschen« und ein wohliges Gleichgewicht stellt sich ein.

Übung: Kraftbaum

Entwickeln Sie die Gewohnheit, sich mindestens einmal pro Tag mit der Natur zu verbinden. Es ist vollkommen gleichgültig, ob Nebel, Wolken, trüber Tag oder Sonnenschein, Sie entschließen sich, für wenigstens eine kurze Zeitspanne, nach draußen zu gehen und die Verschmelzung mit der Natur zu suchen.

Damit meine ich keinesfalls Joggen, Walking oder Vita Parcours, obwohl all das Ihrem Körper und Ihrem Geist sehr guttut. Es ist ganz einfach: Gehen Sie hinaus, folgen Sie Ihrer Intuition und suchen Sie einen Baum. Der Baum wird zu Ihnen sprechen.

Wenn Sie den Stamm eines Baumes berühren oder sogar den Baum umarmen, spüren Sie sich selbst an dessen harter Rinde. Ein Baum lässt sich nicht verbiegen, bleibt aufrecht, wenn Sie sich gegen ihn drücken.

Zu einem Baum gehen, dort eine Zeit der Stille finden, den Baum fühlen, ihn lieben und seine Energie spüren, das ist ein einfacher Weg, die Weisheit und die Kraft der Natur zu übernehmen, uns zu entspannen und zu innerer Ruhe zu finden.

- ❖ Suchen Sie einen gesunden Baum mit einem starken Stamm.
- ❖ Berühren Sie mit Ihren flachen Händen den Stamm.
- ❖ Sie können den Baum auch umarmen.
- ❖ Atmen Sie langsam ein und aus und schließen Sie Ihre Augen.
- ❖ Konzentrieren Sie sich auf die Innenfläche Ihrer Hände.
- ❖ Beim Einatmen stellen Sie sich vor, wie durch Ihre Handflächen die Energie des Baumes hineinströmt und Ihren ganzen Körper mit Kraft und Energie füllt.
- ❖ Gehen Sie mit Ihren Gedanken in Ihre Fußsohlen, werden Sie sich Ihrer Wurzeln bewusst (erinnern Sie sich an die Erdungsübung).
- ❖ Die Wurzeln geben Ihnen das Gefühl der Stabilität.
- ❖ Sie sind zu einem kraftvollen und widerstandfähigen Baum geworden.
- ❖ Verabschieden Sie sich von Ihrem Baum und gehen Sie mit seiner Energie durch den Tag.

Merksatz:

Die Freundschaft zu Ihrem Baum ist eine unsichtbare Kraft, die auf Ihren Körper und auf Ihre Seele heilsam wirkt.

Übung: Suchen Sie Ihren Baum als Symbol der Kraft.

Wählen Sie aus: Als welcher Baum gehen Sie von nun an durchs Leben?

- Als mächtige Eiche.
- Als beständige Tanne.
- Als fröhlicher Kirschbaum.
- Als aufstrebende Esche.
- Als stolzer Birnbaum.
- Als fantasievolle Birke.
- Als widerstandsfähiger Ahorn.

Finden Sie Ihren Kraftbaum, zeichnen oder malen Sie ihn, fertigen Sie eine Collage an.

Übung: Kraftort

»Das beste aller Güter, wenn es überhaupt Güter gibt, ist die Ruhe, die Zurückgezogenheit und ein Plätzchen, das man sein Eigen nennen kann.« (Jean de La Bruyère, franz. Schriftsteller, 1645 – 1696)

Sie sollten einen Ort in Ihrem Innern haben, der Ihnen jederzeit als Rückzugsort dienen kann und ideal geeignet ist für Entspannung. Ganz bildhaft richten Sie in Ihrer Fantasie einen Kraft- und Ruheraum ein. An diesem Ort fühlen Sie sich geborgen, Sie kommen zur Ruhe, Sie können mit Ihrem Unterbewusstsein sprechen und schöpfen neue Energie.

Gestalten Sie diesen Ort nach Ihren Wünschen. In der Natur gibt es Orte, die Ihnen ganz persönlich gefallen und Sie inspirieren, eine Lichtung im Wald, das Ufer eines verborgenen Sees, ein Baumstamm, ein Berghaus, von wo Sie eine weite Sicht ins Tal haben. Holen Sie sich einen Ort, den Sie ganz besonders lieben in

Ihr Inneres. Schließen Sie die Augen und Sie sehen ihn ganz klar vor Ihrem inneren Auge.

Dieser Ort gehört nur Ihnen, in jeder kritischen und angsterregenden Situation, wenn Sie sich unsicher und schwach fühlen, kommen Sie an diesem Ort zurück. Wenn Ihre Selle und Ihr Körper nach einer Pause verlangen, an Ihrem Kraftort bleibt das Zeitgefühl stehen, der Körper fühlt sich gewichtslos an und die Gedanken schweben absichtslos.

Gehen Sie regelmäßig in Gedanken an diesen Ort, am besten täglich. Sie setzen sich in einen bequemen Sessel, Schließen Ihre Augen und befinden sich in Ihrer Fantasie an diesem Kraftort.

Bald wird dieser Ort gleich einer Gewohnheit in Ihrem Inneren verankert sein. Das bedeutet: Befinden Sie sich in einer hektischen Situation des Alltags, Sie schließen Ihre Augen, gehen in der Vorstellung an Ihren Kraftort und Ihre Muskeln werden sich entspannen, Ihre Seele kommt zu Ruhe.

Merksatz:

An Ihrem Kraftort sind Sie das, was Sie wirklich sind: fließende Energie.

Das Symbol Wasser

Eine Geschichte erzählt von drei Gelehrten, die an einem Fluss spazierten. Bei einer Flussschleife entdeckten sie plötzlich einen menschlichen Körper, der in den schäumenden und tosenden Fluten trieb. Entsetzt liefen sie zu der Stelle, um den Leichnam aus den Fluten zu fischen und dann zu bestatten, so wie es sich für einen Toten gehört.

Doch wie staunten sie, als sie zu der Stelle kamen. Da erhob sich der Mann aus den Fluten, trocknete sich ab und ging davon. Als sich die drei Gelehrten vom Staunen erholt hatten, liefen sie dem Mann nach und fragten: »Wie hast du das nur geschafft? Niemand kann in diesem Wasser schwimmen, ohne sein Leben zu verlieren, noch nie hat jemand den Sturz in diesen reißenden Fluss überlebt.«

»Ach«, sagte der Mann, »das ist ganz einfach. Wo das Wasser aufwärts strömt, lasse ich mich mit der Strömung aufwärts treiben. Wo das Wasser abwärts drückt, lasse ich mich mit der Strömung abwärts mitnehmen. Ich schwimme immer mit dem Fluss.«

Diese Geschichte zeigt uns:

Genauso verhält es sich mit uns und unserem Leben. Der Fluss ist ein Bild für unser Leben. Wir haben zwei Möglichkeiten. Wir können uns vom Fluss des Lebens mitnehmen lassen, oder wir können uns umdrehen, uns gegen die Strömung stellen und versuchen, gegen den Strom zu schwimmen.

Und genau das tun viele Menschen, sie halten sich an einer Uferstelle fest, an einem Wurzelvorsprung, an einem Baumstamm, dann spüren sie den gesamten Gegendruck des Flusses. Sie müssen viel Kraft aufwenden, um gegen die Strömung anzukommen.

Haben Sie auch schon einen solchen Tage erlebt? Da haben Sie sich mit einer Aufgabe abgemüht, die Ihnen nicht gelingen wollte, die Ihnen viel Kraft abverlangte und Sie nicht richtig vorankamen? Ihr Kopf wollte nicht lockerlassen, mit Mühe und Aufwand wollten Sie sich durchbeißen. Das Einzige, was Sie am Ende des Tages wirklich erreicht hatten, waren Ihre innere Unzufriedenheit und Enttäuschung. Dieser Tag fühlte sich an, als wären Sie gegen den Strom geschwommen: Großer Kraftaufwand, wenig oder gar keine Resultate.

Manchmal schieben wir eine Entscheidung vor uns her. Wir erwägen das Dafür und das Dagegen und kommen zu keinem Entschluss. Je länger wir nachdenken, desto verworrener springen die Gedanken, desto unschlüssiger werden wir. Dieses Gedankenchaos ermüdet, wir grübeln und geraten immer tiefer in die Grube der Ratlosigkeit.

So geht es nicht weiter. So ist das Leben nicht gemeint. Sie vergeuden Energie, weil Sie Widerstand leisten. Sind Sie an diesem Punkt angekommen, an dem nichts mehr geht, dann ist folgende Entspannungsübung ein Zurückkommen in die Klarheit. Sie schwimmen wieder mit dem Strom des Lebens und hören auf Ihre innere Weisheit. Sie gewinnen eine gesunde Distanz zu Ihren täglichen Aufgaben, Ihre Gedanken ordnen sich und Entscheidungen werden erfassbar.

Übung: Am fließenden Gewässer

Gehen Sie in die Natur hinaus, am besten, Sie nehmen ein Sitzkissen mit. Sie suchen einen kleinen, ruhigen und idyllischen Bachlauf. Verläuft er geschlängelt, umso besser. Setzen Sie sich direkt an den Rand des Baches, auf Ihr Sitzkissen, auf einen großen Stein, einen Baumstamm oder einfach ins Gras.

Schließen Sie Ihre Augen, atmen Sie ruhig und lauschen Sie. Das sanfte Plätschern des Wassers nimmt jede Spannung aus Ihrem Körper mit und ordnet Ihren Gedankenstrom, Ihre Alltagsgedanken ziehen davon. Mit jedem Atemzug werden Sie entspannter, Ihre Muskeln lockerer.

Ihre Arbeit, Ihre Verantwortung, Ihr Grübeln und sich Abmühen haben viel innere Hitze erzeugt. Dieser Bach verschafft Ihnen einen kühlenden und beruhigenden Ausgleich.

Unterstützen Sie die Wirkung dieser Übung mit Ihrer Vorstellungskraft. Stellen Sie sich vor, Sie selbst wären ein Teil dieses Baches. Sie sind fließende Energie und fließen mit dem Bach mit, Sie lassen sich treiben, widerstandslos, absichtslos, Sie sind, was Sie immer schon waren: fließende Energie.

Übung: Ein Gedanke ist nur ein Blatt

Sie sitzen am Bach und sind schon sehr entspannt. Nehmen Sie ein Blatt und lassen Sie es mit dem Bach davonschwimmen. Nehmen Sie noch weitere Blätter, ruhig und meditativ setzten Sie diese in kurzen Abständen auf die Wasseroberfläche. Beobachten Sie, wie die Blätter davongetragen werden.

Da und dort bleiben sie kurz am Bachufer hängen, bis sie von der Strömung sanft angestoßen werden, um sich von der Strömung des Baches weitertreiben lassen.

Diese Blätter sind Ihre Gedanken. Lassen Sie sie gehen, lassen Sie los. Wenn Sie möchten, können Sie in Ihrer Vorstellung einen Gedanken oder nur ein Wort auf ein Blatt, das jetzt im Wasser treibt, schreiben. Beobachten Sie dieses Blatt, wie es Ihren Gedanken, Ihr Problem, Ihr Wort davonträgt. Schließlich ist das Blatt so weit weg, dass Sie es nicht mehr sehen. Sie können jeden Gedanken, jede Erinnerung, jede Frage, jedes Problem, alles können Sie auf die davongleitenden Blätter schreiben und beobachten, wie sie Ihrer Sicht entschwinden.

Diese Übung hilft Ihnen, aus Grübeleien auszusteigen, sich zu entspannen und wieder in die innere Ruhe zurückzufinden.

Merksatz:

Wenn Sie sich festgefahren fühlen und inneren wie äußeren Druck verspüren, wirkt das Verweilen am fließenden Gewässer entspannend und heilsam.

Kraftquelle Atmung

Sie zweifeln daran, Zeit für eine Atemübung zu haben? Gut, für einen bewussten Atemzug haben Sie schon Zeit, oder? Viele Menschen achten nicht darauf, wie sie atmen. Sie atmen einfach, nicht bewusst und nicht achtsam. Stehen sie unter Spannung, stockt ihr Atem, sie hören auf zu atmen und schnappen dann nach Luft wie ein Fisch. Die Art, wie Sie atmen, sagt etwas über Sie aus, Ihr Atemrhythmus offenbart Ihren Gemütszustand. Wer schnell oder flach atmet, wirkt gehetzt. Wer tief und gleichmäßig atmet, kann seinen Körper entspannen, wirkt ruhig und souverän.

Drei Dinge gibt es im Leben zu tun, und zwar so, dass Sie daraus Kraft schöpfen und nicht Kraft vergeuden: Einatmen, ausatmen, weiteratmen.

»Erst einmal tief durchatmen«, haben Sie sicher schon gesagt bekommen. Ja, einfach tief durchatmen und dann geht es schon (irgendwie). So einfach stimmt das nicht. Das tiefe Einatmen wird oft als der entscheidende Vorgang verstanden. Weit verfehlt: Viel wichtiger ist das Ausatmen. Indem Sie sich von der verbrauchten Luft trennen, schaffen Sie in Ihren Lungen das erforderliche Vakuum, in das die frische Luft wie von selbst einströmen kann. So entsteht automatisch ein stärkender Atemrhythmus aus langem Ausatmen und tiefem Einatmen.

Beachten Sie, dass Ihre Art zu atmen Ihre Angst verstärken kann. Das geschieht immer dann, wenn Ihr oberflächliches, flaches Atmen Ihrem Körper chronisch Sauerstoff vorenthält und dann zu Sauerstoffarmut führt. Der Mangel an Sauerstoff bewirkt ein ständiges, leichtes Angstgefühl.

Andrerseits führt ein übertrieben kräftiges Einatmen, das »kampfvorbereitende« Atmen (Hyperventilation), nach einiger Zeit zu Übelkeit, Ohnmacht und Panik.

Merksatz:

Es ist essenziell, den Atem zu verlangsamen. Erst dann erleben Sie, wie sich Ihr Körper beruhigt, sich Gedanken ordnen und Sie innere Gelassenheit gewinnen.

Der Atem ist unsere wichtigste Energiequelle. Der Atem versorgt uns nicht nur mit Sauerstoff, sondern auch mit feinstofflicher Energie. Die Inder nennen diese Lebensenergie »Prana«[1], die Chinesen »Chi« und die Japaner »Ki«.

Stellen Sie sich einmal vor: Ihre Lebensenergie, Ihr Prana wird im ganzen Körper verteilt. Blut und Prana gehören zusammen wie Reiter und Pferd. Prana ist der Reiter, das Blut ist das Pferd. Wohin das Pferd geht, geht auch der Reiter. Wenn Ihr Prana frei fließt, ist der Körper leicht und stark und der Geist klar und weit. Mit jedem Einatmen nehmen Sie Lebensenergie in sich auf, mit jedem Ausatmen reinigen Sie den Körper. Wenn der Atem langsam und tief geht, öffnen sich unsere Meridiane und die Zellen werden energetisiert.

Einatmen und Ausatmen bilden in ihrem natürlichen Rhythmus gemeinsam einen Atemzug, wie Tag und Nacht, Ebbe und Flut, Entstehen und Vergehen. In der Ruhepause nach dem Ausatmen, wenn der Atem gegangen ist und wir das Einatmen erwarten, in diesem Moment vollkommener Stille erreichen wir eine große mentale Tiefe.

---

[1] Der Begriff »Prana« ist im Sanskrit grammatikalisch männlich (»der Prana«). In der deutschsprachigen Literatur wird »Prana« in einigen Werken grammatikalisch weiblich (Synonym für »die Lebenskraft«, in anderen Quellen grammatikalisch sächlich (»das universelle Leben«) dekliniert. In diesem Buch wird die grammatikalisch männliche Form verwendet (»der Lebensatem«).

Übung: Zwanzig verbundene Atemzüge

Dies ist eine sehr einfache, aber wirkungsvolle Atemübung. Besonders geeignet für Einsteiger, für alle, die noch nie eine Atemübung gemacht haben. Bereits diese einfache Atemübung steigert Ihre innere Harmonie und erhöht Ihr Energieniveau.

- ❖ Setzen Sie sich mit geradem Rücken hin, Ihre Füße liegen flach auf dem Boden.
- ❖ Sie machen vier Atemzüge wie gewohnt. Das Einzige, was Sie verändern, ist: Jedes Mal nach dem Ausatmen warten Sie zwei Sekunden, bevor Sie wieder einatmen.
- ❖ Das heißt: Ein – aus (wie gewohnt) – zwei Sekunden warten – ein – aus (wie gewohnt).
- ❖ Vier Wiederholungen.
- ❖ Danach: Ein möglichst langes Ausatmen.
- ❖ Damit haben Sie eine Sequenz von fünf Atemzügen erreicht.

Diese Abfolge von fünf Atemzügen wiederholen Sie noch vier Mal. Es sind zwanzig Atemzüge, die Ihre seelische und körperliche Spannung auflösen. Ihr Körper wird insgesamt weicher, und Sie erfahren eine neue Leichtigkeit und Lebensfreude.

Übung: Wahrnehmung und Lenkung des Atems

Sie können in die drei Bereiche Becken, Bauch und Brust einatmen. Diese Übung verbessert Ihre Körperwahrnehmung, indem Sie bewusst spüren, wie sich beim Einatmen diese drei Bereiche erweitern, um nach dem Ausatmen wieder in die Normalposition zurückzugehen.

Setzen Sie sich mit geradem Rücken hin, Ihre Füße liegen flach auf dem Boden.

Schritt 1: Atmen in den Bauch. Legen Sie beide Hände auf den Unterbauch und nehmen Sie wahr, wie der Bauch sich mit dem Ein- und Ausatmen hebt und senkt. Auch hier gilt: Nach jedem Ausatmen zwei Sekunden warten, bevor Sie wieder einatmen.

Schritt 2: Rippenbögen. Winkeln Sie Ihre Arme an und legen Sie Ihre Hände auf die unteren Rippenbögen seitlich auf die Flanken. Atmen Sie in den Brustkorb, sodass sich Ihre Rippenbögen dehnen. Spüren Sie diese Dehnung des Brustraumes.

Schritt 3: Schlüsselbeine. Legen Sie Ihre Fingerspitzen links und rechts auf Ihre Schlüsselbeine. Atmen Sie jetzt vor allem in den oberen Teil der Lunge ein. Bauch und Brust bleiben möglichst passiv. Spüren Sie diese kurze flache Atmung.

Schritt 4: Sie verbinden diese drei Räume zu einer fließenden Atembewegung. Beim Einatmen strömt Ihr Atmen in den Beckenraum, füllt ihn und erweitert ihn. Gleich einer Welle ziehen Sie den Atem hoch, füllen und erweitern den Brustraum und ziehen den Atem bis in die Lungenspitzen hoch. Sie warten zwei Sekunden und atmen aus. Beim Ausatmen leeren Sie zuerst den oberen, dann den unteren Brustraum und schließlich den Bauchraum.

Bleiben Sie in dieser fließenden Atembewegung solange Sie es wünschen. Nach einigen Wiederholungen können Sie Ihre Hände wegnehmen und auf die Knie legen. Nun begleiten Sie Ihren Atemweg mit Ihren Gedanken.

Sie können das Atmen mit guten, stärkenden und heilsamen Worten begleiten und Ihre Energie zusätzlich bereichern. Beim Einatmen sagen Sie: Kraft, Lebensfreude, Danke. Beim Ausatmen sagen Sie: Vertrauen, Ruhe, ICH bin.

Der Atem als Träger der Gedanken

Denken und atmen sind untrennbar verknüpft. Allein an der Atmung lässt sich erkennen, wie es einem Menschen geht, wie sein Gemütszustand augenblicklich ist. Wer angstvolle Gedanken hegt, atmet stoßweise und flach, je nach Art der Angst. Wer Gedanken hegt, die Stress machen, atmet hektisch. Ist die Atmung schnell, sind Gedanken unruhig und verworren.

Bei Lampenfieber ist es besonders wichtig, nur durch die Nase ein- und auszuatmen. Die Nasenatmung aktiviert das Zwerchfell: Sie atmen voller und der Organismus beruhigt sich. Sie können die flache Hand auf den Mund legen und so lange bewusst durch die Nase ein- und ausatmen, bis die körperlichen Symptome verschwunden sind.

Zusammenfassend heißt das:

- Ein Zeichen der inneren Stärke ist eine langsame, rhythmische und angemessen tiefe Atmung aus dem Beckenbereich.
- Langsame und rhythmische Atmung bewirkt Konzentration und klare Gedanken.
- Sie ermöglicht Emotionskontrolle, Emotionen wie Ärger und Wut können umgelenkt werden.

Übung: Atem beobachten

Bereits das Achten auf den eigenen Atem lenkt das Bewusstsein nach Innen und erzeugt Ruhe.

Der wichtigste Schritt der Veränderung ist der erste, er gilt der Selbstbeobachtung. Konzentrieren Sie sich also ganz auf Ihre Atmung. Wie ist sie? Ist sie flach, überschnell oder natürlich und ruhig, ist sie rhythmisch? Werden Sie beim Sprechen oft atemlos, müssen nach jedem Wort Luft holen? Geht Ihnen oft die Luft aus, so dass Sie nach Luft schnappen müssen?

Überprüfen Sie Ihre Atmung in verschiedenen Situationen:

In welchen Situationen verschlägt es Ihnen buchstäblich den Atem? Was denken Sie in diesen Situationen? Versuchen Sie, Ihre Gedanken in Worte zu fassen.

Führen Sie zwei Wochen lang ein Atem-Tagebuch, in dem Sie täglich Ihre Atembeobachtungen einschreiben. Zieht sich ein roter Faden durch Ihre Beobachtungen? Sind es immer die gleichen Situationen und die gleichen Menschen, die Sie aus dem Rhythmus bringen?

Übung: Rundatmen (Grundübung der Atemtechnik)

Setzen Sie sich mit geradem Rücken hin, am besten geeignet ist ein Stuhl, kein bequemer Sessel und kein Bettrand. Ihre Fußsohlen sind flach nebeneinander auf dem Boden.

- ❖ Legen Sie Ihre Hände auf den Unterbauch.
- ❖ Mit Ihren Gedanken gehen Sie in diesen Beckenbereich.
- ❖ Ihr Becken ist eine Energieschale.
- ❖ Stellen Sie sich vor, darin ist strahlende Energie.
- ❖ Durch die Nase atmen Sie nun in diesen Beckenbereich ein, Ihre Hände bewegen sich dabei nach außen.
- ❖ Begleiten Sie Ihren Atem (Ihre Energie) auf dem Weg aus der Bauchschale nach oben, bis zu den Schultern.
- ❖ Halten Sie den Atem zwei Sekunden an und atmen Sie danach durch die Nase sehr lange aus.
- ❖ Erneut atmen Sie in den Beckenbereich ein, der Bauch wölbt sich nach außen.
- ❖ Danach begleiten Sie mit Ihren Gedanken das Einatmen wieder nach oben.

- Sie halten zwei Sekunden an und atmen durch die Nase wieder lange aus.
- Ein regelmäßiger Atemrhythmus entsteht. Wiederholen Sie jeden Tag diese Grundübung, indem Sie mindestens 15 Atemzüge in Folge machen.

Dies ist eine langsame, ruhige Vollatmung. Wichtig ist dabei, dass sich der Bauch beim Einatmen nach außen wölbt. Das Zwerchfell wird durch die sich mit Luft füllenden Lungen nach unten gedrückt.

Gönnen Sie sich jeden Tag einmal eine kurze Powerpause: Sie unterbrechen für einige Minuten Ihre Arbeit, Schließen die Augen, werden sich Ihrer tiefen Wurzeln bewusst, legen Ihre Hände auf den Unterbauch und machen bewusst fünf solcher Atemzüge.

Verinnerlichen Sie diese einfachen Übungsschritte:

STOPP sagen - Arbeit unterbrechen - Hände auf den Unterbauch legen - aus der Tiefe einatmen - Energie in Gedanken nach oben begleiten – zwei Sekunden warten - ausatmen – fünfmal wiederholen - Tagesarbeit fortsetzen.

Übung: Die 4 / 7 / 8 Dreiecks-Atmung

Diese Atemtechnik ist eine Bauchatmung und bietet sich an, wenn Sie besonders aufgeregt sind, Angst haben oder sich in einer außergewöhnlichen Stresssituation befinden. Sie wird Ihnen helfen, in einer Notsituation selbstsicher und handlungsfähig zu bleiben.

- In angenehmer Geschwindigkeit atmen Sie in den Unterbauch ein und zählen dabei bis vier.
- Langsam atmen Sie aus. Sie verlängern das Ausatmen, indem Sie bis sieben zählen.

- Jetzt folgt eine Atempause, Sie halten den Atem an und zählen bis acht. Diese Atempause nach dem Ausatmen ist wichtig und sorgt dafür, dass Sie den Sauerstoff, den Sie eingeatmet haben, weitestgehend nutzen.
- Dann beginnen Sie wieder mit dem Einatmen und Zählen bis vier.

Bereits nach dem vierten Zyklus werden Sie eine entspannende Wirkung wahrnehmen. Machen Sie diese Atemübung drei bis fünf Minuten, ohne zu unterbrechen.

Sie können sich angewöhnen, öfters über den Tag verteilt, diese Übung zu machen. Dann wird sich eine allgemeine innere Ausgeglichenheit einstellen.

Übung: Atmung mit meditativem Charakter (4 / 4 /4 Atemtechnik)

Diese Atemtechnik ist eine intensive Brustatmung und eine hervorragende Stärkung Ihrer Mentalkraft. Sie führt zu einer Tiefenentspannung, ermöglicht Selbstbeherrschung und Emotionskontrolle. Ihre persönliche Stresswahrnehmung ist reduziert und die Konzentrationskraft verbessert sich.

- Sie setzen sich mit geradem Rücken hin, Füße flach am Boden
- Zu Beginn der Übung leeren Sie Ihre Lungen so stark es geht.
- Nun atmen Sie vier Sekunden durch die Nase ein, indem Sie langsam bis vier zählen. Sie ziehen die Luft in die Lunge ein, machen den Brustkorb groß und atmen bis in die Schlüsselbeinregion.
- Jetzt folgt vier Sekunden lang ein Atemstopp.
- Danach atmen Sie vier Sekunden vollständig durch die Nase aus.

- ❖ Jetzt beginnen Sie die Übung von vorne, indem Sie sofort mit dem Einatmen beginnen. Das heißt, nach dem Ausatmen folgt keine Pause
- ❖ Konzentrieren Sie sich vollkommen auf diesen Atemrhythmus. Sie werden feststellen, dass sich Ihre Gedanken beruhigen oder sich sogar im Nichts verlieren. Diese Übung ist ein wunderbares Training für Ihre Emotionskontrolle.

Sind Sie genervt und haben das Bedürfnis, jemanden anzuschreien, dann atmen Sie zuerst in diesem vier – vier- vier Rhythmus.

Die Körper – Atem Verbindung

Unsere Muskeln sind immer daran beteiligt, wenn wir denken und Emotionen empfinden. Unsere Muskeln ziehen sich zusammen, sind angespannt, wenn wir uns ärgern, inneren Druck empfinden oder Angst haben. Wenn wir gemütlich im Liegestuhl ein Buch lesen und das Zeitgefühl vergessen, sind unsere Muskeln sehr entspannt. Wie wir bereits gelernt haben, unterscheidet sich je nach Situation unser Atemrhythmus Die Atmung ist Schwankungen ausgesetzt. Es ist wichtig zu verstehen, dass Beeinflussung in beide Richtungen geht.

Das heißt: Ihr mentales Befinden beeinflusst Ihren Atemrhythmus (schnell, oberflächlich, tief, langsam) und somit die Anspannung Ihrer Muskeln, andererseits können Sie willentlich Ihren Atemrhythmus verändern und optimieren damit sowohl Ihr mentales als auch körperliches Befinden.

Auch dieser Mechanismus zeigt: Der Mensch ist eine Einheit, jeder Bereich beeinflusst den anderen.

Merksatz:
Verändern Sie Ihren Atemrhythmus, dann verändert sich Ihr seelisches sowie körperliches Befinden.

Unterstützen Sie Ihren Atem mit Ihrer Vorstellungskraft, das heißt mit einer Visualisierung, dann ist die Entspannung zusätzlich intensiviert. Trainieren Sie mit nachfolgenden Übungen diese Verbindung.

Atem – Vorstellungskraft – Körper

Übung: Innerlich still werden

Diese Atemübung wird Ihnen helfen, wenn Sie wütend sind und unzufrieden. Eine Situation oder ein Mensch hat Sie aufgewühlt, Sie haben das Bedürfnis zu schreien und zu schimpfen.

Setzen Sie sich auf einen Stuhl, Ihre Füße liegen flach am Boden, Sie spüren Ihre Verbindung zur Mutter Erde. Es ist gut, wenn Sie sich vor ein Fenster setzen und während dieser Übung durch das Fenster in die Weite blicken.

Denken Sie jetzt genau nach: Was hat Sie so aufgewühlt? Wem haben Sie die Macht übergeben, Sie in diese Unzufriedenheit, diesen inneren Druck zu bringen? Hören Sie jetzt Ihrem inneren Gespräch ganz genau zu.

Atmen Sie ein, atmen Sie ganz lange aus. Beim Einatmen stoppen Sie das Selbstgespräch. Beim Ausatmen lassen Sie alle Worte laut heraus, die sich angesammelt haben.

Beim Einatmen soll Stille sein.

Beim Ausatmen sagen Sie alles, was Ihnen auf der Seele liegt.

Das Einzige, was Sie bei dieser Übung beachten müssen, ist: Keine Wiederholungen Ihrer Schimpftiraden. Was Sie beim Ausatmen gesagt haben, ist gesagt, ist draußen und wird nicht mehr wiederholt. Das braucht es auch gar nicht, denn Sie haben es ausgeschieden, es existiert nicht mehr.

Sie werden die Erfahrung machen, dass es schon nach kurzer Zeit nichts mehr zu sagen gibt und vollkommene Stille herrscht. Das ist gut so.

Übung: In einen Körperpunkt hineinatmen

Mit dieser Übung lösen Sie die Anspannung in einem Körperteil, indem Sie genau in diesen Körperteil hineinatmen. Machen Sie sich bewusst, dass Sie mithilfe Ihrer Vorstellungkraft in jeden Punkt Ihres Körpers hineinatmen können. Sie intensivieren die Wirkung Ihres Atmens, indem Sie sich vorstellen, dass entlang Ihrer Wirbelsäule eine helle Energiebahn verläuft.

Jetzt zur Übung: Angenommen, Ihr Nacken ist verspannt.

- ❖ Setzen Sie sich mit geradem Rücken hin, die Füße liegen flach auf dem Boden.
- ❖ Schließen Sie Ihre Augen und gehen mit Ihrer Aufmerksamkeit zum Nacken.
- ❖ In Gedanken gleiten Sie langsam entlang Ihrer Wirbelsäule auf der Innenseite hinunter.
- ❖ Entlang der Wirbelsäule, auf der Innenseite verläuft ein heller Energiekanal.
- ❖ Vor Ihrem inneren Auge sehen Sie, dass dieser helle Energiekanal beim letzten unteren Wirbel verlängert ist, aus Ihrem Körper heraustritt und weiter in die Erden verläuft.
- ❖ Nun atmen Sie entlang diesem Energiekanal ein, Sie stellen sich vor, wie Sie aus der Mutter Erde Energie hochatmen.

- Die Atemenergie steigt hoch bis in Ihren Nacken.
- Beim Ausatmen stellen Sie sich vor, wie sich die Atemenergie in Ihrem Nacken verteilt.
- Sie konzentrieren sich jetzt nur auf Ihren Nacken.
- Sie spüren, wie die Atemenergie durch Ihren Nacken hindurchfließt.
- Ihr Nacken ist entspannt, durchlässig, vollkommen gewichtslos.
- Ihr Nacken ist leicht, gar nicht da, nur fließende Energie.

Vielleicht gelingt es Ihnen beim ersten Mal noch nicht, sich ganz auf einen Punkt im Körper zu konzentrieren. Darum wiederholen Sie diese Übung oft. Sie wirkt nicht nur entspannend, sondern auch schmerzlindernd.

Mentale Körperentspannung

Der Körper glaubt, was Sie ihm sagen. Ihre Gedanken, Ihre Worte, die Sie aussprechen und Ihre Emotionen sind Energieströme. Dies sind Bewegungen von Energie durch Ihren Körper. Das lässt sich leicht beweisen, denn starke Emotionen sind stets von Wärmegefühl und Temperaturanstieg begleitet. Wie bereits gesagt, Ihre Muskeln sind immer daran beteiligt, wenn Sie Emotionen empfinden.

> *Merksatz:*
> Gedanken, Emotionen und innere Bilder erzeugen Nervenimpulse, die immer entweder eine Muskelanspannung oder -entspannung erzeugen.

Eine angenehme Empfindung stellt sich ein, wenn sich gewisse Muskeln anspannen und andere gleichzeitig entspannen. Dieser Wechsel und vor allem das Lösen der Spannung sind wichtig.

Unangenehme Empfindungen sind hingegen mit einer andauernden Spannung verbunden. Ist die Spannung stark, treten Schmerzen auf.

Übung: In den Körper hineinspüren

In den Körper hineinspüren macht glücklich, verbreitet ein Wohlgefühl, löst Spannungen und macht lebendig. Wie erleben Sie Ihren Körper? Als Freund, als Last, als irgendein Gefäß, als strahlenden Kelch? Ihr Körper ist ein Ort des Wohlbefindens. Ist er das für Sie noch nicht, so soll er es werden.

Das in den Körper Hineinspüren geschieht langsam. Setzen Sie sich bequem hin. Schließen Sie Ihre Augen. Fragen Sie sich: Wo in meinem Körper ist es gerade angenehm? Registrieren Sie auch, wo im Körper es sich unangenehm anfühlt. Durchschreiten Sie mit Ihrer Aufmerksamkeit Ihren Körper. Beginnen Sie im Kopfbereich und gleiten Sie mit Ihrer Aufmerksamkeit langsam durch den Körper bis zu den Füssen. Spüren Sie an einem Ort Wärme, ein unklares Kribbeln? Will Ihnen ein Körperteil, ein Organ etwas sagen?

Mit dieser Übung richten Sie Ihre Aufmerksamkeit von außen nach innen. Der körperliche Stresspegel sinkt, weil die Gefahr von außen nicht mehr registriert wird. Der Körper fühlt sich nicht mehr bedroht, Ihr Denken fließt ruhiger oder es pausiert. Dieses innere Durchschreiten lässt den Körper von Spannung auf Entspannung umschalten.

Übung: Meditative Körperentspannung

Diese Körperentspannungsübung hat einen tief meditativen Charakter und führt Sie Schritt für Schritt in den Alphazustand. Sie durchschreiten Ihren Körper, spannen jeden Körperteil zuerst an, dann entspannen Sie ihn wieder.

Mit dieser Übung beginnen Sie im Kopfbereich. Legen Sie sich bequem hin und schließen Sie Ihre Augen.

Gehen Sie mit Ihrer Aufmerksamkeit zu Ihrer Stirn. Begrüßen Sie Ihre Stirn. Werden Sie sich bewusst, dass Sie eine Stirn haben. Spannen Sie Ihre Stirn an, bleiben Sie drei Sekunden in dieser Anspannung. Danach lassen Sie den Druck wieder los.

Verabschieden Sie sich von Ihrer Stirn. Gehen Sie mit Ihrer Aufmerksamkeit weiter zu Ihren Augen. Begrüßen Sie Ihre Augen. Werden Sie sich bewusst, dass Sie zwei Augen haben. Drücken Sie Ihre Augenlider zusammen, bleiben drei Sekunden so und lassen dann die Spannung los. Nehmen Sie die Entspannung intensiv wahr. Verabschieden Sie sich von Ihren Augen und gehen Sie mit Ihrer Aufmerksamkeit weiter zu Ihrer Nase.

Begrüßen Sie Ihre Nase und werden Sie sich bewusst, dass Sie eine Nase haben. Rümpfen Sie Ihre Nase, halten die Anspannung drei Sekunden und lassen dann los. Verabschieden Sie sich von Ihrer Nase und gehen weiter zu Ihrem Mund.

Begrüßen Sie Ihren Mund und werden Sie sich bewusst, dass Sie einen Mund haben. Drücken Sie die Lippen aufeinander und bleiben in dieser Anspannung drei Sekunden, dann lassen Sie los.

Anschließend spannen Sie das ganze Gesicht an, bleiben drei Sekunden angespannt und lassen dann los, Nehmen Sie die Entspannung bewusst wahr.

Setzen Sie die innere Reise durch Ihren Körper fort, jeden Körperteil begrüßen Sie wertschätzend, spannen ihn an, halten die Anspannung drei Sekunden und entspannen danach.

Ihre innere Reise geht zum Nacken, Brustkorb, Schulterblättern (Sie ziehen die Schulterblätter nach hinten zusammen), danach folgen der Rücken, Bauch, Oberarm rechts, Unterarm rechts, ganzer rechter Arm, Oberarm links, Unterarm links, ganzer linker Arm, Gesäß, Oberschenkel rechts, Wade rechts, Oberschenkel links, Wade links, beide Beine gleichzeitig, beide Füße, alle Zehen.

Danach bleiben Sie einige Zeit liegen und spüren die Entspannung. Sie ist begleitet von Leichtigkeit, Gewichtslosigkeit, Absichtslosigkeit. Öffnen Sie Ihre Augen und kommen Sie in den Raum zurück. Ihr Atem ist jetzt ruhig. Strecken Sie sich. Beginnen Sie langsam, Ihre Finger, Hände und Füße zu bewegen. Rollen Sie sich auf die Seite und stehen aus dieser Position langsam auf.

Dies ist eine sehr intensive Körperentspannung. Sie können jederzeit Ihre Körperreise verkürzen.

Übung: Körper-Kurzentspannung

Dies ist eine ideale und schnelle Entspannungsmethode für unterwegs. Am Arbeitsplatz kanalisieren Sie schnell Spannung aus dem Körper.

- ❖ Sitzen Sie mit geradem Rücken.
- ❖ Halten Sie mit beiden Händen den Rand Ihrer Sitzfläche links und rechts fest.
- ❖ Drücken Sie mit beiden Händen möglichst kräftig nach oben, Sie drücken also den Stuhl gegen Ihr Gesäß.
- ❖ Ihre Arme sind angespannt.
- ❖ Halten Sie den Druck, bis Ihre Arme zu zittern beginnen.
- ❖ Lassen Sie den Druck los.

Übung: Wusch und weg

Diese Übung erlaubt es Ihnen, die Anspannung nach Herzenslust herauszuschreien.

- Setzen Sie sich mit geradem Rücken hin, die Füße liegen flach auf dem Boden.
- Ballen Sie Ihre Hände zur Faust und legen Sie sie links und rechts unter das Schlüsselbein.
- Schauen Sie entspannt geradeaus, indem Sie einen Punkt in der Ferne fixieren.
- Vergegenwärtigen Sie sich die Situation, die Sie im Moment anspannt.
- Mit einem Ausruf und einer schnellen Bewegung werfen Sie Ihre Fäuste nach vorne.
- Sie öffnen die Fäuste mit einem lauten »Wusch«.
- Wiederholen Sie diese Bewegung, so oft Sie es wünschen.

Kurzfassung: Fäuste unter das Schlüsselbein legen – an die belastende Situation denken – Fäuste nach vorne werfen und öffnen – »Wusch« rufen – von vorne beginnen

Übung: Sich wie eine Katze strecken

Haben Sie schon einmal Katzen beobachtet, wie sie sich strecken und ihre Muskeln dehnen? Sie strecken die Vorderpfoten von sich und senken dabei den Oberkörper nach unten. Häufig gähnen sie gleichzeitig. Dieser Prozess der Muskeldehnung ist ein Ausdruck der Wohligkeit und Behaglichkeit.

Diese Übung machen Sie im Sitzen, immer dann, wenn sich Ihr Körper schwer anfühlt.

- Sitzen Sie aufrecht auf einem Stuhl, mit beiden Füßen auf dem Boden.
- Beugen Sie Ihre Ellenbogen und halten Sie die Hände mit den Handflächen nach vorne vor Ihre Schultern.
- Atmen Sie ein, ziehen Sie die Schulterblätter zusammen, strecken Sie die Brust heraus und schauen Sie etwas nach oben.
- Atmen Sie aus, drücken Sie Ihre Handflächen nach vorne, legen Sie das Kinn auf die Brust und machen Sie den oberen und unteren Rücken rund.
- Atmen Sie ein, ziehen Sie die Schulterblätter zusammen, beugen Sie die Ellenbogen und ziehen Sie die Hände zurück, mit den Handflächen nach vorne vor Ihre Schultern.
- Strecken Sie die Brust heraus.
- Atmen Sie aus, drücken Sie die Handflächen nach vorne und machen Sie den Rücken rund.
- Wiederholen Sie die Bewegungen harmonisch mit gleichmäßiger Geschwindigkeit.

Je regelmäßiger Sie Entspannung trainieren, desto schneller reagieren Ihr Körper, Ihre Gedanken und Ihre Emotionen darauf. Ihr Unterbewusstsein wie auch Ihr Körper werden beim wiederholten Üben auf Entspannung konditioniert, das heißt: Sobald Sie die Augen schließen, Ihren Ruheort visualisieren oder mit einer Atemübung beginnen, setzt tiefe Entspannung ein. Ihr Unterbewusstsein erkennt, dass dies der Weg in die Entspannung ist und hilft Ihnen, Entspannung schneller zu erreichen. Das hört sich möglicherweise unwirklich an, jedoch ist es genau so: Wenn Sie eine Tätigkeit, hier die Entspannungsübung, oft wiederholen, tritt die Wirkung schneller ein.

Merksatz:
Legen Sie regelmäßige Entspannungspausen ein, dann erreichen Sie mehr, Sie sind konzentrierter und klarer bei dem, was Sie tun.

Viele Menschen denken, keine Zeit für eine Pause zu haben. Mit Vollgas und pausenlos sind sie beschäftigt und erleben, dass ihre Effizienz trotz Anstrengung und Bemühungen sinkt. Dann tun sie genau das Falsche: Sie treten noch mehr aufs Gaspedal.

Genau diese Erfahrung machte der Holzfäller in folgender Geschichte. Er wollte beim Vorarbeiter einer Holzgesellschaft einen guten Eindruck hinterlassen und fällte mit seiner Axt an einem einzigen Tag achtzehn Bäume. Angestachelt vom Lob des Vorarbeiters, beschloss der Holzfäller, am folgenden Tag das Ergebnis seiner Arbeit noch zu übertreffen.

Trotz aller Anstrengung gelang es ihm am folgenden Tag, nur fünfzehn Bäume zu fällen. »Ich muss müde sein«, dachte er und begann am nächsten Tag schon im Morgengrauen mit dem Fällen der Bäume. Doch er schaffte diesmal nur sieben Bäume und den darauffolgenden Tag verbrachte er damit, mit Mühe zwei Bäume zu fällen.

Als der Vorarbeiter kam, schwor der Holzfäller, dass er bis zum Umfallen geschuftet habe. Der Vorarbeiter schaute sich die Axt an und fragte ihn: »Wann hast du denn deine Axt das letzte Mal geschärft?«

»Die Axt schärfen?« fragte der Holzfäller »Dazu hatte ich keine Zeit, ich war zu sehr damit beschäftigt, Bäume zu fällen.«

Meditation

Die Meditation ist ein weiterer Weg, um zur Ruhe zu kommen, dieser Weg führt weg vom Kopf in den Raum der inneren Stille. Solange wir im Kopf bleiben, sind wir immer irgendwie beunruhigt, da gehen Gedanken immer hin und her. Stellen wir uns ganz einfach eine Leiter vor, wir steigen hinunter an einen Ort, wo der Lärm des Lebens leiser wird und verstummt.

Meditation heißt nicht, dass wir immer ganz still sein müssen, jegliche Gedanken sind aufgelöst und es herrscht Gedankenstille. Dem ist nicht so. Gedanken werden weiterhin auftauchen, wir können sie nicht abstellen. Aber an diesem inneren, stillen Ort beachten wir sie nicht, wir gestatten ihnen, zu kommen und zu gehen, sie beunruhigen uns nicht.

In der westlichen Welt wird Meditation mit einer strengen Konzentration verbunden. Sitzend im Lotossitz, Hände auf den Knien, Daumen und Zeigefinger berühren sich, Augen sind geschlossen. Das Gesicht verklärt. Ist Meditation wirklich so gemeint?

Meditation ist eine Praxis, die aus dem Osten stammt und schon über 5.000 Jahre ausgeübt wird. Wir kennen Meditation als Tradition der Yoga und des Buddhismus. Die buddhistischen Mönche sitzen nicht immer im Lotossitz und ihre Handhaltung ist auch nicht die, bei welcher der Daumen die Spitze des Zeigefingers berührt.

Buddhistische Mönche sind fröhliche Menschen, sie geben uns ein wunderbares Bild, wie sie Meditation verstehen. Sie vergleichen das menschliche Gehirn mit einer Kiste kreischender Affen. Diese kreischenden Affen sind unsere Gedanken. Alles, was wir tun müssen, ist diese Affen zu beschäftigen, ihnen eine Banane zu geben, damit sie schweigen. Die Affen werden nicht fortgejagt, sie werden gefüttert. Verstehen Sie diese Metapher? Wir können unsere Gedanken nicht wegjagen oder sie uns verbieten. Sie dürfen sein, wir müssen sie bloß beschäftigen. Das tun wir, indem wir unserem Atem folgen und uns Bilder des Lichts vorstellen. Und das können wir an jedem Ort und in jeder Stellung tun.

Ärgern Sie sich also nicht, wenn Sie immer wieder abschweifen und irgendwelche Probleme auftauchen. Lassen Sie sie einfach weiterfließen. Setzen Sie sich keinen Druck auf, lassen Sie Gedanken und Emotionen ziehen. Solange Sie denken, Sie müssten sich auf Anhieb entspannen, wird es nicht funktionieren. Trennen Sie sich von dieser zwanghaften Vorstellung, Meditation finde auf einem Sitzkissen statt und müsse wie eine Pflicht täglich erledigt werden.

Es spielt auch keine Rolle, wie lange Sie meditieren, das muss nicht jeden Tag gleich lange sein. Vielleicht genügt es, sich einige Minuten bequem hinzusetzen und sich an den eigenen Kraftort zu begeben. Ein anderes Mal genießen Sie in einer Mittagspause Ruhe im Schatten eines Baumes oder Sie nutzen eine Bus- oder Zugfahrt, um Ruhe zu finden, bevor Sie nach Ihrem Feierabend zu Hause ankommen.

Sie können innere Ruhe nicht mit Gewalt herbeiführen: »Jetzt muss ich mich beruhigen.« Sie spüren genau, wann für Sie die richtige Zeit ist, um in die Ruhe zu kommen. Immer dann, wenn Sie spüren, dass alles gut ist, so wie es ist, sind Sie bereits in der Meditation. Dies kann geschehen, wenn Sie ein Kind in die Arme nehmen, wenn Sie eine Blume betrachten oder den Wind in Ihrem Gesicht spüren.

Es folgen einige Möglichkeiten der Meditation, jede Übung lässt sich an irgendeinem Ort machen, so lange wie Sie wünschen. Nichts muss sein, alles darf so sein, wie es sich entwickelt.

Dies sind Rituale des Lichts, visualisieren Sie das Licht und spüren Sie es. Sie können kurze »Übergangsrituale« machen, bevor Sie eine Arbeit beginnen, vor einem Auftritt, einem wichtigen Gespräch, bevor Sie müde zu Hause ankommen.

Übung: Den Raum füllen

Schließen Sie Ihre Augen. Sie stellen sich vor, wie Sie sich in einem großen, für Sie angenehmen Raum befinden. Sie strahlen Energie aus und Ihre Energie füllt den gesamten Raum.

Wo Sie sich auch befinden, diese Vorstellung können Sie an jedem Ort und in jedem Raum praktizieren, genau dort, wo Sie wirken, wo Sie eine Leistung erbringen, wo Sie Ihr Wohlgefühl steigern wollen. Sie betreten einen Raum, Sie bleiben stehen, Sie können die Augen schließen oder auch nicht, und füllen energetisch diesen Raum. Ein wunderbares Empfinden der Ruhe und inneren Stärke ergibt sich aus dieser Visualisierung.

Übung: Das Strahlen des Diamanten

Diese Übung ist sehr ähnlich, jetzt konzentrieren Sie sich auf das Licht in Ihrem Körper. Sie stellen sich vor, Ihr Herz sei ein Diamant. Sie können die Augen schließen und visualisieren, wie das Strahlen des Diamanten Ihren Körper durchflutet. Jede Zelle Ihres Körpers wird durchdrungen von dieser heilsamen Energie.

Auch diese Übung lässt ich an jedem Ort machen, Sie müssen Ihre Augen nicht einmal schließen. Schauen Sie in die Ferne und spüren Sie zugleich die Kraft des inneren Diamanten.

Übung: Das Licht aufnehmen

Sie sitzen an einem ruhigen Ort, dies kann eine Parkbank sein, ein Baumstamm, Ihr Autositz oder Ihr Lieblingssessel zu Hause. Meditation ist überall möglich.

Stellen Sie sich vor und spüren Sie, wie sich alle Poren Ihres Körpers öffnen. Bei jedem Atemzug nehmen Sie das strahlende Licht des Universums in Ihren Körper auf. Ihre Gedanken und Ihre inneren Bilder versinken in dieser Energievorstellung.

Sie atmen Licht ein, Sie atmen Energie ein. Jeder Atemzug stärkt Ihre Seele, Ihre Selbstsicherheit, Ihr Selbstvertrauen. Sie fühlen sich ruhig, gestärkt, Gedanken ordnen sich, innere Gelassenheit tritt ein. Genießen Sie dieses Aufnehmen des Lichts in Ihren Körper.

Übung: Schutzmantel des Lichts

Auch dies ist eine Licht-Übung. Sie visualisieren jetzt einen Energiekegel, der Sie umhüllt.

Sie sitzen bequem mit geradem Rücken und lassen Ihre Gedanken achtlos ziehen, sie kommen und gehen.

Sie schließen Ihre Augen.

Nun stellen Sie sich einen silbrig-hellen Lichtstrahl vor, er kommt von oben und umhüllt Ihren Körper.

Je tiefer der Lichtstrahl sinkt und Ihren Körper umgibt, desto sicherer und ruhiger fühlen Sie sich.

Der Energiestrahl bewegt sich weiter abwärts, sinkt in den Boden, verbindet Sie mit der Kraft der Erde.

Während der Meditation müssen Sie die Augen nicht geschlossen halten.

Merksatz:

Meditation ist keine Übung, sondern eine Lebenshaltung. Wenn Sie das verstanden haben, dann wird das ganze Leben zu einer Meditation.

8. Kraft des Visualisierens

Von klein auf ist Ihnen die Kraft der Fantasie gegeben, sie ist Ihre einzigartige Ressource. Tagtäglich greifen Sie auf Ihre Vorstellungskraft zurück und strukturieren mit ihrer Hilfe den Tag. Stellen Sie sich vor, Sie fahren mit Ihrem Auto zu einem wichtigen Gespräch. In Gedanken gehen Sie bereits im Voraus die möglichen Fragen durch, mit denen Sie konfrontiert werden könnten. Geraten Sie unterwegs in einen Stau, überlegen Sie schnell und stellen sich vor, ob es eine Ausfahrt, eine Umfahrung oder eine Nebenstraße gibt.

Ihre Vorstellungskraft ist etwas ganz Natürliches. Haben Sie den Eindruck, Sie seien nicht fantasiebegabt, auch gut, Sie können Ihre Vorstellungskraft trainieren. Schlussendlich ist es auch nicht notwendig, aus jedem Gedanken ein surreales Kunstwerk zu machen.

Visualisierung ist Ihre Fähigkeit, sich Dinge oder Situationen so genau vorzustellen, als wären sie real und wirklich geschehen. Mithilfe Ihrer Fantasie erzeugen Sie ein klares Bild von etwas.

Denken in Bildern hat gegenüber der Sprache einen wesentlichen Vorteil: Sprache zergliedert eine Bewegung, Bilder bewahren die Ganzheit.

Visualisierung geschieht in zwei Richtungen:

- Als **Erinnerungsbild** zurückgerichtet: Sie erinnern sich an etwas, das Sie bereits erlebt haben. Dies ist eine Visualisierung der Vergangenheit.
- Als **Zielbild** nach vorne gerichtet. Sie visualisieren zukünftige Situationen.

Eine Visualisierung hat vorerst etwas Unwirkliches an sich. Einerseits besitzt der Mensch die Fähigkeit, sich etwas vorzustellen, das vergangen und vorbei ist, andererseits kann er sich innere Bilder davon machen, das noch gar nicht ist.

Ein Maler hat zuerst eine Idee oder eine Inspiration, dann schafft er ein Gemälde. Ein Bildhauer sieht im rohen Stein bereits die Skulptur, die er daraus meißeln wird. Am Anfang stehen immer Gedanken über etwas, daraus entstehen Bilder über dieses Etwas, dann kommt die Realisierung.

Das heißt, Ihre Gedanken werden in Ihrem Gehirn immer in Bilder umgewandelt. Ihre Gedanken sind Energien, ebenso die Bilder, die daraus entstehen. Das wichtigste Gedankengesetz ist das Gesetz der Anziehung und besagt, dass jeder Gedanke magnetisch ist und genau das in Ihr Leben hineinzieht, was der Qualität des jeweiligen Gedankens entspricht. (Mehr zum Gesetz der Anziehungskraft in meinem Buch »Dein Erfolg ist ganz oder gar nicht«). Dasselbe Gesetz gilt auch für Ihre visualisierten, inneren Bilder. Sie wirken magnetisch.

Merksatz:

Mit Ihren Vorstellungsbildern ziehen Sie immer das, was Sie sich vorstellen, sei es Vergangenheit oder Zukunft, in Ihre gelebte Gegenwart.

Es ist sehr wichtig zu verstehen, dass jede Vorstellung, die Sie haben im JETZT stattfindet. Jedes Vorstellungsbild erzeugt Gefühle, die zu diesem Bild gehören. Das bedeutet: Obwohl Sie etwas in der Vergangenheit erlebt haben, erzeugen Sie im JETZT die Gefühle, die zu dieser Erinnerung gehören. Energetisch betrachtet, erleben Sie die vergangene Situation in der Gegenwart nochmal. Das ist sehr nützlich und spielt für das Erreichen einer Leistung eine entscheidende Rolle. Aber nur dann, wenn es sich um aufbauende und nützliche Erinnerungen und Gefühle handelt. Erinnern Sie sich an eine demütigende, ärgerliche oder angsterfüllte Situation und durchleben Sie diese immer wieder, dann erneuern Sie die dazugehörigen, schwierigen Gefühle. Das heißt, mit jeder Wiederholung verstärken Sie die negativen Empfindungen.

Erwischen Sie sich dabei, wie Sie immer wieder über vergangene Missgeschicke und Misserfolge nachdenken und sogar darüber sprechen, dann sagen Sie: » STOPP, das will ich ja gar nicht haben.« Danach fügen Sie sofort ein neues Bild nach mit dem, was werden soll.

Merksatz:

Visualisieren Sie Zukunftsbilder, immer das, was werden soll, was Sie gerne hätten und wie Sie gerne wären.

Jedem Erfolg, jeder Leistung geht eine klare Vorstellung dessen voraus, was werden soll. Sie geben dem Unterbewusstsein eine klare Anweisung in Form von einem Bild.

Das ist nichts Neues. Dies ist ein Hilfsmittel, dessen sich jeder Sportler bedient. Ein bekanntes Beispiel gibt Roger Bannister. Sein Ziel war es, an den olympischen Spielen 1954 eine Meile unter 4 Minuten zu laufen. Viele Wochen voraus stellte er sich dieses

Ziel vor und erreichte es: Er lief an den olympischen Spielen 1954 die Meile als erster unter 4 Minuten, nämlich mit 3:59,4 Min.

Merksatz:
Bevor ein Ziel in der Realität erreichbar wird, ist die bildliche Vorstellung des Ziels notwendig.

Ein Ziel zu visualisieren, heißt nicht, sich zurückzulehnen und zu warten, bis es im Außen geschieht. Das Visualisieren ist ein Werkzeug, ein starkes Hilfsmittel, welches das Denken verändert und die Selbstsicherheit so sehr stärkt, dass bessere Leistung möglich ist. Wer sein Ziel liebt, der liebt auch den Weg und die Arbeit dorthin. Wer das Visualisieren verstanden hat, wird auch die Zwischenschritte und Teilerfolge visualisieren.

Merksatz:
Das sich vorstellen, etwas zu erreichen, von dem man weiß, dass es auf der obersten Leistungsgrenze des Möglichen steht, bereitet uns gedanklich vor, eine höhere Leistung zu erbringen.

Prüfen Sie selbst, in welchen Lebenssituationen Sie bisher Ihre Vorstellungskraft, mehr unbewusst als bewusst eingesetzt haben. Beispielsweise beim Festlegen Ihres Ferienortes: Sie stellen sich einen Ferienort vor, informieren sich über diesen Ort und buchen mit größter Wahrscheinlichkeit ebendort Ihre Ferien. Oder Sie blättern in einem Modejournal, stellen sich vor, dieses oder jenes Kleidungsstück würde gut zu Ihnen passen und bestellen es.

Geht es um materielle Dinge, ist es eher einfach, mit der Vorstellungskraft zu spielen. Sie gehen durch ein Möbelgeschäft, sehen ein Sofa, in das Sie sich sofort verlieben. Zu Hause stehen Sie in Ihrem Wohnzimmer und stellen sich das Sofa vor. Sie denken:

Ja, dieses Sofa kann ich mir in meinem Wohnzimmer wunderbar vorstellen.

Doch wenn es um die Vorstellung der eigenen Persönlichkeit geht, wird es mit dem Visualisieren etwas anspruchsvoller. Den meisten Menschen kommt es gar nicht in den Sinn, sich selbst, das eigene Verhalten oder die eigene Ausstrahlung zu visualisieren.

Testen Sie selbst. Nachfolgend gebe ich Ihnen einige (ideale) emotionale Bilder. Nehmen Sie ein Blatt Papier zur Hand, lesen Sie jede Aussage und schreiben Sie unmittelbar, ohne lange zu überlegen, auf, was Sie vor Ihrem inneren Auge sehen:

- Ich bin erfolgreich.
- Ich bin glücklich.
- Mein Leben ist schön.
- Ich bin wohlhabend.
- Ich bin vital.

Erfolgreich, glücklich, schön, wohlhabend, vital sind leere Worte, wenn Sie dahinter kein Bild sehen. Vielleicht entgegnen Sie jetzt: Ich kann mir kein Bild machen, weil ich gar nicht erfolgreich bin, weil ich mich nicht glücklich fühle und ich kein Geld habe. Wie kann ich mich dann wohlhabend sehen?

Jetzt sind wir beim Grundproblem des Menschen angekommen. Er stellt sich gerne und leicht vor, was ihm fehlt oder was er nicht mehr haben will. Wenn es um Angst geht, um Versagen, um die eigene Minderwertigkeit, da blüht die Fantasie. Da stellt sich der Mensch die schwierigsten Szenarien vor, die er bisher erlebt hatte, kaut sie immer wieder durch und ist sich dessen nicht bewusst, dass er sie damit nur verstärkt. Der Mensch hat ein »ich will nicht« Tonband verschluckt.

Das Leben will von Ihnen nicht wissen, was Sie NICHT wollen und was Ihnen FEHLT.

Merksatz:
Das Leben stellt Ihnen ganz klare Fragen: »Was willst du? Wie soll es aussehen? Wie soll es sich anfühlen?«

Das ist nicht schwierig, mit etwas Übung werden Sie Ihr Denken absolut umpolen können. Bedenken Sie: Wenn Sie es schaffen, sich das Scheitern, die ärgerlichen Erlebnisse, Beleidigungen und Ängste in allen Einzelheiten vorzustellen, dann schaffen Sie es auch, sich Ihre Mentalkraft und Ihren Erfolg vorzustellen.

Es ist eine große Herausforderung, sich im Leben das vorzustellen, was noch nicht ist und erst werden soll. Doch im Mentaltraining funktioniert es genau auf diese Weise. Bevor Sie etwas bekommen, müssen Sie es vor Ihrem inneren Auge sehen, dass Sie es bereits haben. Vertrauen Sie und visualisieren Sie, dann kommen Resultate in Ihr Leben. Dies ist die Reihenfolge.

Merksatz:
Was Sie sich nicht vorstellen können, kann nicht werden. Was Sie sich vorstellen können, tritt in Ihr Leben. Prüfen Sie also genau, mit welchen Bildern Sie spielen, denn sie sind daran, sich zu verwirklichen.

Basisverständnis des Visualisierens

Ihre Vorstellungskraft ist ein entscheidendes Instrument, um Mentalkraft auf ganz unterschiedlichen Gebieten Ihres Lebens zu üben und zu erreichen. Das bedeutet, Sie spielen in Ihrem Kopf systematisch erwünschte Bewegungen, Reaktions- und Verhaltensweisen durch. Je häufiger Sie diese Vorstellungen wiederholen, desto selbstverständlicher und schneller werden Veränderungen geschehen.

Der Mensch nimmt die Welt mit verschiedenen Sinnen wahr, deshalb beinhaltet der Begriff »Vorstellungskraft« die Wahrnehmung durch alle fünf Sinne: Sehen, Hören, Riechen, Schmecken und Tasten.

Übung: Schulung der Sinneswahrnehmungen

Hier einige Möglichkeiten, um im Alltag mit dieser Methode vertraut zu werden. Bald werden Sie feststellen, dass Sie nicht nur bezüglich Ihrer Vorstellungskraft Fortschritte gemacht haben, nein, Ihr Leben wird reicher, erlebnisvoller, lebendiger, farbiger, interessanter werden. Sie nehmen bewusster wahr, was sich um Sie herum abspielt. Zusätzlich erleben Sie sich selbst feinfühliger und aufmerksamer.

Nachfolgend können Sie sich mit Übungen, die Ihre Vorstellungskraft trainieren, vertraut machen. Üben Sie spielerisch, ganz situativ, wo sich Gelegenheit ergibt.

Training der visuellen Vorstellungskraft:

Setzen Sie sich in Ihrem vertrauten Raum hin, wählen Sie einen Gegenstand und betrachten Sie ihn zwei Minuten lang: Größe, Oberflächenbeschaffenheit, Farbe, Details. Danach schließen Sie die Augen und visualisieren Sie den Gegenstand vor Ihrem inneren Auge.

Schließen Sie Ihre Augen und denken Sie an ein Zimmer Ihrer Wohnung oder Ihres Hauses. Stellen Sie sich vor, Sie stehen in der Türe dieses Raumen. Vor Ihrem inneren Auge schreiten Sie langsam den Raum ab, von rechts nach links. Beschreiben Sie laut und möglichst detailliert, wie der Raum aussieht.

Schließen Sie Ihre Augen und rufen Sie ein Erlebnis der letzten Tage ins Gedächtnis zurück. Vor Ihrem inneren Auge spielt sich das Erlebnis nochmal ab. Beschreiben Sie laut: Innen oder draußen, Tageszeit, Lichtverhältnisse, Raum, Umgebung, Menschen, Gegenstände, Farben. Bewegungen der beteiligten Personen. Bewegen sich draußen die Blätter im Wind?

Training der auditiven Vorstellungskraft:

Schließen Sie Ihre Augen, visualisieren Sie das gleiche Erlebnis wie in der vorangehenden, visuellen Übung. Erweitern Sie die Erinnerung, indem Sie die Stimmen der beteiligten Personen mit Ihrem inneren Ohr hören. Hoch, tief, leise, laut, wütend, mild, Klangfarbe?

Schließen Sie Ihre Augen und stellen Sie sich Ihren letzten Urlaub am Meer vor. Hören Sie das Rauschen der Brandung, Das Schreien der Möwen, das Klirren der Schiffsketten, das Rufen der Matrosen?

Schließen Sie die Augen. Vor Ihrem inneren Auge sehen Sie sich auf einem Bauernhof. Hören Sie Tierlaute, Traktorengeräusch, Menschnestimmen?

Jeden Tag nehmen Sie sich vor, ein Geräusch, eine Stimme oder ein Musikstück ganz bewusst wahrzunehmen. Nur eins, jedoch sehr bewusst. Am Abend schließen Sie die Augen und spielen die erlebte akustische Wahrnehmung nochmals ab.

Training der kinästhetischen Vorstellungskraft:

Hier geht es um das Widergeben der Bewegungsempfindungen.

In Ihrer Vorstellung befinden Sie sich auf einem Spielplatz. Sie setzen sich auf eine Schaukel, zuerst schaukeln Sie langsam, dann immer höher und höher. Gehen Sie ganz in diese Empfindung des Schwebens und des Fallens hinein.

Sie stellen Sich vor, wie Sie noch in letzter Minute zum Einkaufen eilen. Sie haben es wirklich eilig, Ihre Schritte sind hastig, die innere Uhr tickt. Sie spüren diese innere Hetze.

Vor Ihrem inneren Auge sehen Sie sich auf einem steilen Wanderweg aufwärts kletternd. Auf dem Rücken tragen Sie einen Rucksack. Spüren Sie das Gewicht des Rucksacks? Die Anspannung der Beinmuskeln?

Training der olfaktorischen Vorstellungskraft:

Hier geht es um die Sensibilisierung Ihres Geruchssinns. Es gibt viele Menschen, die sich gut an Düfte erinnern können. Sie begegnen jemandem, dessen Parfum Sie an einen Menschen aus Ihrer Vergangenheit erinnert. Sie riechen an einem Gewürz und in Ihnen taucht sofort die Erinnerung an ein längst vergangenes Erlebnis auf: Vielleicht war es ein Spaziergang durch einen Kräutergarten, eine Wanderung, ein köstliches Essen mit einer geliebten Person.

Riechen Sie ganz bewusst an Kräutern, Blumen, Blättern, Früchten. Schließen Sie Ihre Augen und holen Sie den Duft wieder in Erinnerung.

Riechen Sie ganz bewusst an Speisen, während Sie kochen. Holen Sie später den Duft wieder in Erinnerung.

Nehmen Sie den Duft eines geliebten Menschen bewusst wahr, seine Haut, seine Haare.

Sensibilisieren und erinnern Sie sich an Parfums, die Sie an einem Menschen wahrnehmen, an Gerüche in einer fremden Wohnung in einem öffentlichen Gebäude.

Nehmen Sie sich vor, sich einen Tag lang nur auf Gerüche zu konzentrieren und diese bewusst wahrzunehmen.

Training der gustatorischen Vorstellungskraft:

In bestimmter Anordnung ist die Zunge mit Geschmacksknospen übersäht. Diese definieren die einzelnen Geschmacksrichtungen, bitter, süß, sauer, salzig. Geruchs- und Geschmacksinn arbeiten unzertrennlich zusammen. Erst beides zusammen ergibt das Aroma einer Speise.

Gewöhnen Sie sich daran, langsam und bewusst zu essen, Zunge und Nase sollen Zeit bekommen für Wahrnehmung, auch der Nuancen. Vielen Menschen ist dieses Essbewusstsein abhandengekommen. Hastiges Essen, Lesen oder Fernsehschauen während des Essens, im Vorbeigehen noch schnell etwas hinunterwürgen. Wo bleiben der Genuss und die Wertschätzung für die Speisen? Essen, um zu funktionieren, ist zu wenig.

Merksatz:

Jeden Tag bieten sich unzählige Möglichkeiten, die Welt bewusst mit Sinnen wahrzunehmen und diese Wahrnehmung rückblickend als Visualisierung zu trainieren.

Übung: Vorstellung des Gegenteils

Dies ist eine sehr wirksame Gymnastikübung des Visualisierens. Einerseits lernen Sie, sich ungewöhnliche Bewegungsabläufe vorzustellen, andererseits lösen Sie sich von den Wertmaßstäben wie vernünftig oder töricht, möglich oder unmöglich, gut oder schlecht. Sie stehen auf einem neutralen Null-Feld, sozusagen über der Situation und visualisieren »nur«.

Stellen Sie sich Alltagssituationen und Tätigkeiten in genau entgegengesetzter Richtung, wie sie üblicherweise ablaufen, vor. Sie stellen sich den Rückwärtsfilm vor.

Beispiele:

- ❖ Ein Skifahrer saust elegant die Piste herunter, nun wird er mit gleicher Geschwindigkeit elegant die Piste hochgezogen.
- ❖ Sie wecken Ihre Kinder, bereiten sie für den Kindergarten vor und begleiten sie. Nun bewegen Sie sich vom Kindergarten rückwärts, gehen rückwärts durch die Haustüre, das Frühstück fliegt vom Tisch wieder in den Kühlschrank, ….

Erweitern Sie diese Übung, indem Sie sich genau das Gegenteil dessen vorstellen, was für Sie bisher als »normal und üblich« galt.

Beispiel:

Sie betrachten mit einem Fernrohr einen Adler, nun stellen Sie sich vor, der Adler beobachtet Sie.

Spielen Sie mit Ihrer Fantasie, alles ist möglich. Diese Übung macht Spaß, zugleich erweitert sie die Elastizität Ihrer Vorstellungskraft.

Zelebrieren des Lebens

Der Begriff »zelebrieren« trifft genau die Bedeutung, die wir unserem Leben beimessen sollten. Zelebrieren heißt feiern, freudvoll gestalten und erleben. Zelebrieren heißt nicht, etwas langsam tun und dramatisieren, sondern in Gedanken bei der Sache zu sein und sie dankbar erledigen. Auch dann, wenn es schwierig ist.

Leben heißt nicht, Zeit verstreichen zu lassen, sondern die Sinne einzuschalten und gewahr werden, was geschieht.

Die vorangegangenen Übungen sind eine Aufforderung an Sie, Ihr Leben zu zelebrieren, indem Sie sich Zeit nehmen, um Ihr Bewusstsein zu schulen und Ihre Konzentration zu lenken. Dies soll spielerisch geschehen.

Während einer beliebigen Tätigkeit, einer Zugreise, eines Essens oder Kochens, einer Besprechung, eines Kinobesuchs, vollkommen gleichgültig wo Sie sich aufhalten und was Sie tun, Sie spielen mit Ihren Sinnen und nehmen Ihr »Leben« bewusst wahr. Mit Ihrer Konzentration »durchlaufen« Sie Ihre Sinne. Das ist ganz einfach, soll Ihnen Spaß bereiten und zugleich mehr und mehr zur Gewohnheit werden.

Als Beispiel nehmen wir eine Besprechung. Selbstverständlich sind Sie auf den Inhalt Ihrer Kommunikation konzentriert. Nehmen Sie sich sekundenweise Zeit und betrachten Sie bewusst Ihr Gegenüber und den Raum (visuelle Wahrnehmung), konzentrieren Sie sich auf die Qualitäten, Tonfall und Lautstärke der einzelnen Stimmen (auditiv), wie fühlt sich das Sitzen an, wie das Halten Ihres Trinkglases (kinästhetisch), aus dem Gemisch der Düfte im Raum sondern Sie einzelne heraus, ein Parfum, das heraussticht, der Geruch eines laufenden Geräts, des angebotenen Getränks (olfaktorisch), kosten Sie den Kaffee, den angebotenen Rotwein oder den Fruchtsaft (gustatorisch).

Sie spielen mit Ihrer Konzentration und schulen sie zugleich. So entwickelt sich aus einer langatmigen, anstrengenden, befürchteten oder verhassten Besprechung eine Erlebnisreise der Sinne. Dadurch verändert sich Ihre Lebensqualität beträchtlich, Sie werden nicht gelebt, Sie leben ein lebendiges Leben.

Merksatz:

Die Fähigkeit zu visualisieren verändert Ihre Ausstrahlung, Sie sind neugieriger, lebensbejahender, lebensstärker geworden. Sie haben gelernt, Ihre Sinneswahrnehmungen zu genießen und können Ihre Konzentration willentlich lenken.

Visualisieren der idealen Persönlichkeit

Alles, was Sie bisher über das Visualisieren gelernt haben, wenden Sie nun an, um Ihre Persönlichkeit nach Ihren Wünschen zu verändern und zu stärken. Sie sind auf dem Weg, selbstsicherer, gelassener und resilienter zu werden. Das können Sie erreichen, indem Sie sich vorstellen, wie Sie idealerweise das alles schon sind.

Folgende Übungen können nur wirken, wenn Sie mit Bleistift und Papier arbeiten. Das Schreiben hilft, Ihre Vorstellung zu verdeutlichen. Nehmen Sie sich Zeit, denn jetzt stehen Sie vor der Herausforderung, sich ein genaues Bild Ihrer starken Persönlichkeit zu machen. Ihre inneren Bilder haben die Kraft, Ihr Verhalten nach außen zu verändern. Je präziser Ihre Bilder, desto präziser Ihre Veränderung.

Übung: Ideale Persönlichkeit

Nehmen Sie sich Zeit und überlegen Sie genau: In welchem Bereich ist Veränderung notwendig? Es geht um SIE! Sie wollen eine starke Persönlichkeit sein. Was gelingt bereits und was noch nicht?

Nehmen Sie ein Blatt Papier, denken Sie über eine Situation, in der Sie sich unsicher gefühlt haben, nach.

Gehen Sie in die Position eines Betrachters, indem Sie sich in dieser betreffenden Situation von außen zuschauen.

Teilen Sie das Blatt durch eine senkrechte Linie.

In die linke Spalte schreiben Sie: So will ich nicht mehr sein. Diese Körperhaltung, diese Mimik, diese Stimme und diese Worte sind ein Zeichen meiner Schwäche.

In die rechte Spalte schreiben Sie: So will ich sein.

Bereits dieses Aufschreiben ist der erste Schritt einer großen Veränderung, denn Ihre Wahrnehmung für sich selbst ist sensibilisiert.

Schließen Sie Ihre Augen. Wie fühlt sich Selbstsicherheit und mentale Stärke an? Füllen Sie Ihre Visualisierung mit Leidenschaft und Emotionen an. Beobachten Sie Ihr neues ICH. Sie müssen sich in Ihr neues ICH verlieben. Dies ist ein Film Ihrer neuen Persönlichkeit.

Lassen Sie während des Tages immer wieder positive Bilder Ihrer neuen Persönlichkeit aufleuchten, das kann nur sekundenweise sein.

Merksatz:

Machen Sie in Ihrer Vorstellung aus Ihnen diejenige Person, die Sie sein wollen und Sie werden zu der Person, die Sie werden können.

Übung: Heldenmut visualisieren

Die Vorstellungskraft des Menschen ist ein faszinierendes Werkzeug: Indem Sie sich vorstellen, wie Sie sich in einer bevorstehenden Situation verhalten wollen, werden Sie sich, wenn diese Situation dann eintrifft, wirklich so verhalten. Voraussetzung ist, dass Sie folgende Schritte beachten:

Zuerst schreiben Sie eine bevorstehende Situation auf, in der Sie überzeugender, ruhiger, motivierter, aktiver wirken wollen. Dies kann ein Gespräch mit Ihrem Vorgesetzten sein, eine Kundenberatung, eine Präsentation, ein wichtiges Gespräch mit Ihren Kindern oder Ihrem Partner.

Nun schreiben Sie die Anleitung zu Ihrem Ziel, indem Sie alle Details, auf die Sie besonders genau achten wollen, beschreiben. Der Titel Ihres Ziels heißt: »Meine Idealvorstellung von mir selbst«. Sie schreiben in vollständigen Sätzen in der Gegenwart. Stichworte sind nicht erlaubt. Das wichtigste Wort heißt »Ich«.

Beispielsweise so: Mit zielbewusstem Schritt betrete ich den Raum. Meine Körperhaltung ist gerade, vital und natürlich. Auch mein Kopf steht gerade und ich lächle, weil ich mich auf das bevorstehende Gespräch freue. Mein Atem geht ruhig aus der Tiefe meines Körpers. Jetzt bleibe ich stehen und fühle mich stabil und kraftvoll. Ich spüre meine Wurzeln und die Kraft, die sie mir geben. Mit meinem Gegenüber habe ich Augenkontakt. Ich habe einen ruhigen Blick und halte dem Blick des Gegenübers stand. Ich höre mich sprechen. Meine Stimme ist klar, sonor und angemessen stark. Ich spreche in mäßigem Tempo, das steigert meine Kompetenz und Glaubwürdigkeit. Ich bringe meine Ideen klar auf den Punkt. Ich habe den Mut, meine Bedürfnisse und meine Fragen zu äußern.

Ihr Idealdrehbuch ist geschrieben. Jetzt schließen Sie Ihre Augen und spielen den Film vor Ihrem inneren Auge ab. Wiederholen Sie den Film mindestens dreimal hintereinander. Verstärken Sie die Wirkung, indem Sie während des Visualisierens sprechen: »Ja, jetzt betrete ich mit sicherem Schritt den Raum. Jetzt gehe ich zielbewusst auf meinen Kunden zu. Jetzt...jetzt...jetzt... So begleiten Sie mit kurzen Aussagen Ihren Film. Hören Sie innerlich Ihre Stimme? Fühlen Sie in Ihrem Inneren während des

Visualisierens die Spannung der Situation? Spüren Sie die innere Beruhigung beim Wiederholen der Visualisierung?

Merksatz:
Je öfter Sie eine Visualisierung wiederholen, desto entspannter wird der Vorgang, je entspannet der Vorgang, desto schneller die Verwirklichung.

Der ideale Zeitpunkt für eine Visualisierung ist der Morgen, unmittelbar nach dem Aufwachen oder der Abend vor dem Einschlafen.

Nach einigen Wiederholungen ist Ihnen die Vorstellung Ihrer idealen Persönlichkeit selbstverständlich geworden. Das Visualisieren hat sich automatisiert und ist jetzt ein Teil von Ihnen. Ihr inneres Bild von sich selbst ist mit Ihrer Ausstrahlung und Ihrem äußeren Auftritt kongruent. Das heißt, im Außen spiegeln Sie das starke Selbstbild, das Sie sich innerlich erworben haben.

Hier betone ich nochmal, dass Ihre Beharrlichkeit und Disziplin sehr wichtig sind und den großen Unterschied zwischen Erfolg und Misserfolg ausmachen. Da es keine Abkürzung zum Erfolg gibt, ist tägliches und unermüdliches Training erforderlich. Am Anfang werden Sie sich zum Visualisieren ermahnen müssen, dann immer seltener und schließlich wird das Visualisieren zu Ihnen und Ihren Vorbereitungen auf etwas gehören, so wie sie ganz selbstverständlich vor einer Reise Ihr Fahrzeug mit Treibstoff befüllen.

Übung: Der innere Film des idealen Tages

Jeder Tag beginnt schon am Vorabend, das heißt, jeden Abend stellen Sie sich den kommenden Tag in der Idealausrüstung vor. Dies ist eine Gewohnheit, die Ihr Leben nochmals bereichern wird. Damit öffnen Sie sich allen positiven Möglichkeiten, die Ihnen der nächste Tag bieten kann und wird.

Schließen Sie Ihre Augen und machen Sie den kommenden Tag zu einem »imaginären Erfolgserlebnis«. Denken Sie groß, indem Sie emotional geladene Selbstgespräche führen: »Ich sehe mich glücklich, weil …«, »Mit Freude gehe ich …«, »Begeistert mache ich …«, »Es fühlt sich sehr gut an, dass …«

Möglicherweise spüren Sie bei dieser Übung einen inneren Widerstand, weil Sie es gar nicht glauben können, was Sie da zu sich selbst sagen. Das ist normal. Es ist lediglich Ihr Bewusstsein, das sich einmischt, rebelliert und sich dagegenstellt. In dieser Übung überspringen Sie das Bewusstsein, denn es will Sie bremsen und in die alte Gewohnheit der Unsicherheit zurückwerfen.

Ihre Selbstgespräche und Ihre inneren Bilder sollen in direktem Dialog mit Ihrem Unterbewusstsein stehen, das ist alles, was zählt. Im Unterbewusstsein entstehen Programme, hier entsteht Veränderung. Sie geben die Anweisung, das Unterbewusstsein führt aus. Das ist die Reihenfolge.

So geschieht kreative Gestaltung Ihrer idealen Persönlichkeit und Ihrer Zukunft. Je emotionaler, desto wirksamer. Werfen Sie alle Scheu und Widerstände ab und üben Sie Ihren idealen Tagesablauf.

Unterstützen Sie die inneren Bilder Ihres idealen Tagesablaufes mit selbstbestärkenden Aussagen:

- Ja, ich bin es wert, glücklich zu sein.
- Ja, ich bin es wert, stark und selbstsicher zu sein.
- Ja, jeden Tag bin ich stärker.
- Ja, ich vertraue mir, dass ich es schaffe.

Übung: Tagesrückschau

Am Abend schauen Sie auf Ihr Tageserleben zurück. Hat es eine für Sie schwierige Situation gegeben, in der Sie lieber anders reagiert hätten? Kritisieren Sie sich nicht und machen Sie sich keine Vorwürfe.

Gehen Sie nun gedanklich nochmals in dieses Erlebnis, fühlen Sie nochmal hinein und verändern Sie. Wie hätten Sie idealerweise reagiert? Erleben Sie die Situation neu. Beachten Sie, dass Sie in Ihrer Vorstellung nur die eigene Handlungs- und Reaktionsweise ändern können. »Was würde ich anders machen, wenn ich die Situation nochmals leben könnte?«

Mit dieser Übung füllen Sie die betreffende Situation mit neuer Energie und geben damit Ihrem Unterbewusstsein neue Anweisungen: »Das nächste Mal will ich es so haben.«

Das Unterbewusstsein: Der Ort der Veränderung

In allem, was Sie denken, fühlen und visualisieren, stehen Sie in Kontakt und im Gespräch mit Ihrem Unterbewusstsein. Alles, was Sie beschäftigt, alles, was Sie verändern wollen, können Sie Ihrem Unterbewusstsein anvertrauen und es um Unterstützung bitten.

Merksatz:

Ihr Unterbewusstsein ist die Schnittstelle zwischen Denken, Fühlen, Visualisieren und der Verwirklichung.

Übung: Dem Unterbewusstsein ganz nahe sein

Immer dann, wenn Sie sich entspannen und sich Ihre Gedanken beruhigen, spüren Sie die Gegenwärtigkeit Ihres Unterbewusstseins deutlicher. Ihr Unterbewusstsein ist immer da, immer an Ihrer Seite, oft spricht es zu Ihnen, doch Sie sind zu beschäftigt, um es zu beachten und ihm zuzuhören. Die Stimme Ihres Unterbewusstseins ist leise. Wenn es darum geht, in Ihrem Leben etwas zu verändern, Ihr Ziel in die Hand zu nehmen und etwas zu bewirken, ist Ihre Beziehung zum Unterbewusstsein der bestimmende Punkt.

Folgende Übung ist eine einfachen Vorstellungsreise, sie beruhigt Ihre aufgewühlten, sprunghaften Gedanken und führt Sie in eine tiefe Entspannung. In dieser Entspannung hört Ihnen das Unterbewusstsein zu. Teilen Sie ihm den inneren Film Ihres Ziels mit und es wird für Sie arbeiten.

- Sie sitzen aufrecht auf einem Stuhl, schließen Ihre Augen, legen Ihre Hände auf die Knie und stellen sich vor, wie sich eine Lichtkugel durch Ihren Körper bewegt.
- Auf der Höhe Ihres dritten Auges visualisieren Sie eine Lichtkugel, dies ist eine angenehme Empfindung von Licht und Wärme.
- Sie stellen sich vor, wie die Lichtkugel langsam durch Ihren Körper abwärts sinkt.
- Lassen Sie sich viel Zeit.
- Je tiefer die Lichtkegel sinkt, desto entspannter fühlen Sie sich.
- Je tiefer die Kugel sinkt, desto leichter und schwereloser fühlen Sie sich.
- Die Verbindung zum Körper, zum Raum, zum Zeitempfinden verschwimmt.

- Übergeben Sie jetzt Ihren inneren Film dem Unterbewusstsein, indem Sie in diesem Zustand der Entspannung Ihre Vorstellungsreise durchspielen.
- Was soll werden?
- Wie fühlt sich das an, was werden soll?
- Sie müssen das, was werden soll, so deutlich und klar sehen und spüren, als hätten Sie es schon. Es liegt in der Zukunft, aber Sie spüren die Erreichung JETZT.

Merksatz:
Mit Ihrer Visualisierung ziehen Sie die vorgestellte Zukunft in die gelebte Gegenwart.

Übung: Das stärkende Gespräch mit dem Unterbewusstsein

Ihr Kontakt zu Ihrem Unterbewusstsein ist sehr wichtig. Schenken Sie ihm deshalb regelmäßig Ihre bewusste Aufmerksamkeit, heißen Sie es willkommen, führen Sie ein Gespräch mit ihm und danken Sie ihm für seine Unterstützung.

Je häufiger Sie das Zwiegespräch mit Ihrem Unterbewusstsein führen, desto klarer werden Sie seine Stimme hören, die sich als Intuition, Hinweis, gute Idee und inneres Vertrauen offenbart.

- Setzen Sie sich mit geraden Rücken hin, Ihre Füße flach auf dem Boden.
- Ihre Hände liegen auf Ihren Knien.
- Ihre rechte Hand umfasst den linken Daumen.
- Schließen Sie Ihre Augen.
- Mit Ihrer Aufmerksamkeit gehen Sie in Ihren Unterbauch, hier ist Ihr Energiezentrum.
- Sprechen Sie nun innerlich mit Ihrem Unterbewusstsein: Zuerst danken Sie für alles, was Sie an diesem Tag Schönes erlebt

haben. Zählen Sie einzeln auf. Sagen Sie innerlich: »Ich danke dir, dass…«

- Danach sagen Sie, was schwierig war: »Mühe hat mir bereitet, dass…«, »Ich habe nicht verstanden, warum…«
- Bitten Sie um Unterstützung: »Liebes Unterbewusstsein, ich bitte dich…«, »Ich vertraue dir, dass…«
- Bedanken Sie sich für alles, was Sie beabsichtigen, und was werden soll, dabei sprechen Sie so, als hätten Sie schon bekommen: »Ich danke dir, dass ich eine starke Persönlichkeit bin und ich diese Stärke ausstrahle.«
- Bedanken Sie sich für die Erreichung Ihres Ziels. Sprechen Sie so, als hätten Sie schon bekommen: »Liebes Unterbewusstsein, ich danke dir, dass ich…«
- Bleiben Sie in dieser Verbindung mit Ihrem Unterbewusstsein, solange Sie es wünschen.
- Verabschieden Sie sich von Ihrem Unterbewusstsein.
- Atmen Sie drei lange Atemzüge ein und aus.
- Nehmen Sie Ihre Hände in die Höhe vor das Gesicht und reiben Sie die Handflächen aneinander.
- Formen Sie mit Ihren Handflächen eine Schale und spüren Sie die Wärme, welche aus dieser Handschale herausströmt.
- Öffnen Sie Ihre Augen und gehen Sie gestärkt Ihrer Tagesbeschäftigung nach.

Merksatz:

Das Unterbewusstsein kennt keine Zeit, es kennt nur das JETZT. Deshalb sprechen Sie mit dem Unterbewusstsein über Ihre Ziele, Wünsche und Ideen immer so, als hätten Sie sie schon bekommen.

Sprechen Sie nie in der Zukunftsform. Beachten Sie folgenden Unterschied:

Angenommen, Sie formulieren in der Zukunftsform: »Liebes Unterbewusstsein, ich danke dir, dass ich meine Prüfung erfolgreich bestehen werde.« Das Unterbewusstsein versteht, dass es noch nicht so weit ist und wartet.

Richtig: Sie formulieren so, als hätten Sie schon: »Liebes Unterbewusstsein, ich danke dir, dass ich meine Prüfung erfolgreich bestanden habe.« Das Unterbewusstsein versteht, dass Sie bereits haben. Wenn Sie bereits haben, heißt das für das Unterbewusstsein, dass Sie stark sind, weil Sie es bereits haben. Es wird Sie in Ihrer Selbstsicherheit unterstützen, so, dass Sie die Prüfung wirklich bestehen werden.

Das Unterbewusstsein bestärkt Sie NUR in dem, was Sie bereits haben, nicht in dem, was Sie haben werden. Deshalb ist es essenziell wichtig, mit dem Unterbewusstsein mit der Botschaft: »Ich habe schon …« zu sprechen.

Die Kraft der Farben

Im Alltag begegnen uns mannigfach Farben, wir sind schon so an sie gewöhnt, dass wir sie nicht sonderlich bemerken. Am ehesten fallen sie uns auf, wenn sie knallig sind, in einer Werbung, als Ampel oder wenn uns jemand in einem knallgelben oder knallroten Kleid entgegenkommt.

Farben begleiten uns überall und beeinflussen uns mehr, als wir denken. Farben können in uns Erinnerungen wachrufen, sie können uns Geschichten erzählen, uns traurig, nachdenklich oder fröhlich machen. Mit Farben verbinden wir bestimmte

Empfindungen. Kälte verbinden wir mit der Farbe Blau, Langeweile mit Grau, frische mit Gelb oder Orange.

»Ich habe nichts dagegen, wenn man die Farbe sogar zu fühlen glaubt …«, schrieb Goethe in seiner Farbentheorie. Nahezu sein gesamtes Leben beschäftigte er sich mit naturwissenschaftlichen Phänomenen.

Farben eignen sich wunderbar, die eigene Sinneswahrnehmung zu verfeinern. Nehmen Sie sich einmal vor, auf die Farbigkeit Ihrer Umgebung bewusst zu achten und Ihre Aufmerksamkeit für die Farbnuancen zu schärfen. Grau ist nicht einfach grau und rot ist nicht einfach nur rot.

Gehen Sie auf Entdeckungsreise. Unterscheiden sich Morgen- und Abenddämmerung in ihren Farbtönen voneinander? Betrachten Sie die Wolken. Welche Farbtöne versprechen Regen?

Wechseln Sie auf Ihrer Farbreise nicht einfach von Gegenstand zu Gegenstand, bleiben Sie längere Zeit beim Betrachten zum Beispiel des Waldes und versinken Sie in die Grün- und Brauntöne. Nehmen Sie die Schattierungen wahr und das Glitzern der Farben im Licht. Wie beeinflussen Regentropfen die Farbtöne?

Sie werden feststellen, dass Farben auf Ihre Stimmung, auf Ihre Seele einwirken. Gibt es Farben, die Sie aufwühlen, die bedrücken, die entspannen? Welche Farben bevorzugen Sie anzuziehen an einem Tag, an dem Sie in Schwung sind? Gibt es Farben, in denen Sie sich bald müde fühlen?

Farben wirken, Farben sind Sinneswahrnehmungen und Lichtenergien, die unser Gehirn erreichen. Die unterschiedlichen Farbqualitäten wirken unterschiedlich auf unser Bewusstsein.

So bietet die Betrachtung des Farbspektrums eine weitere Möglichkeit, eine tiefe Entspannung und den Kontakt zum Unterbewusstsein zu erreichen. Farben sind Lichtenergien, welche Sie dabei unterstützen, in einen meditativen Zustand abzusinken.

Nachfolgende Übung ist eine Reise durch »Farbräume«. Sie betreten Räume, tauchen in die jeweilige Farbe ein und lassen die Energie dieser Farben durch Sie hindurchströmen. Ihre Gedanken beruhigen sich, Ihr Bewusstsein wird »umgangen« und Sie können mit Ihrem Unterbewusstsein kommunizieren.

Übung: Reise durch Farbräume

Legen oder setzen Sie sich bequem hin, atmen Sie in Ihren Unterbauch, bis Sie sich innerlich etwas beruhigt haben. Mit jedem Einatmen nehmen Sie Ruhe auf, mit jedem Ausatmen lassen Sie Unruhe ausströmen.

In Ihrer Vorstellung sehen Sie sich vor einem wunderschönen Haus stehen, einem Haus, dessen Anblick sich für Sie wohl anfühlt. Dies kann ein Holzhaus im Wald sein, eine Villa, Ihr eigenes Haus oder ein Haus an einem fernen Strand. Die Haustüre lädt Sie ein, hineinzugehen und Ihr Traumhaus zu betreten.

Sanft drücken Sie die nur angelehnte Türe, Sie betreten einen Raum, der unmittelbar auf Sie zu wirken beginnt.

Dieser Raum ist mit zinnoberroter Farbe ausgestattet. Die Wände aus roter Seide schimmern im Licht, der Teppichboden und die Sessel darauf, in zinnoberrote Farbe eingetaucht. Auf dem Tisch steht eine Vase mit frischen, roten Blumen und darüber hängt ein samtig glänzender Lampenschirm in diesem wunderbaren, leuchtenden Rot. Ein überwältigend schöner Anblick, den Sie jetzt genießen. Ihr Gemüt ist warm und stark. Sie fühlen Ihre Lebenskraft und sind motiviert, Ihr Leben zu gestalten. Verweilen Sie in diesem Raum, solange Sie es wünschen.

Die Türe zum nächsten Raum öffnet sich und mit langsamem Schritt treten Sie hinein.

In diesem Raum warten orange Flächen auf Sie, die sofort in Ihnen eine unbeschreibliche Sehnsucht und Kreativität erwecken: »Ja, ich will.« Wände, Boden, die durchschimmernden Vorhänge strahlen Frische und Lebendigkeit aus. Die Schwingung dieser Orangekraft erweckt in Ihnen die Freude und die Neugier, Ihr Leben lebendig zu leben. Mit Ihren Händen streichen Sie über die orangefarbenen Objekte in diesem Raum: Über Stuhllehnen, Vitrinen und Ziergegenstände. Gestalten Sie in Ihrer Fantasie Ihren Raum. Sie nehmen die Schwingung der Farbe Orange auf, fühlen sich mutig, Ihre Träume zu verwirklichen.

Die Türe zum nächsten Raum öffnet sich und mit langsamem Schritt betreten Sie ihn.

Hier ist alles in ein heiteres Gelb eingetaucht. Der Raum strahlt gleich der Sonne. Sie fühlen sich aufgenommen, ein ruhiges Gefühl durchströmt Sie, Sie entspannen sich immer mehr. Sie geben sich ganz dieser Farbe hin, fühlen und empfinden die Schwingung. Sie genießen diese innere Beruhigung. Die Wände strahlen in einem heiteren Gelb, in diesem Raum fühlen Sie die Behaglichkeit und Wärme. Der Tisch ist mit einem gelben Tuch überzogen, darauf steht eine Schale mit warmgelbem Korn. Bleiben Sie und atmen sie Ruhe und Entspannung ein.

Die Türe zum nächsten Raum öffnet sich und mit langsamem Schritt betreten Sie ihn.

Sie werden von einem hellen Grün empfangen. In der Energie dieses Raumes sinken Sie immer mehr und mehr in eine angenehme Leichtigkeit. Sie spüren innere Ruhe und eine nie dagewesene Selbstsicherheit. Alles ist in Ordnung so wie es ist. Sie betrachten die Bilder mit Naturmotiven, die Grüntöne fließen in dunklere Nuancen und nehmen Sie mit in eine innere Tiefe. Sie genießen diese Schwingung und Zeitlosigkeit.

Die Türe zum nächsten Raum öffnet sich und mit langsamem Schritt betreten Sie ihn.

Dieser Raum in hellem Blau erweckt in Ihnen die Sehnsucht nach Weite, nach End- und Zeitlosigkeit. Wie auf Wellen getragen, schweben Sie in mentaler Leichtigkeit. Sie spüren Vertrauen in sich selbst, in Ihr Leben. Sie atmen diese Farbe ein, indem Ihr Blick über Wände, Sessel, Böden gleitet. Der Horizont zwischen Wirklichkeit und Traum scheint zu verschwimmen, Sie sind Ihrem Unterbewusstsein ganz nah.

Die Türe zum nächsten Raum öffnet sich und mit langsamem Schritt betreten Sie ihn.

Die Wände dieses Raumes sind mit lila Stoff ausgestattet, ein Lila gleich dem Flieder im Frühling. In diesem Raum empfinden Sie Ihr vollkommenes inneres Gleichgewicht. Die Grenze zur Wirklichkeit ist vollkommen aufgehoben. Das Zeitgefühl ist aufgelöst. Die Verbindung zum Unterbewusstsein ist offen. Sie leben Ihren Traum. Traum und Wirklichkeit, Unterbewusstsein und Sie sind eins.

Die Türe zum nächsten Raum öffnet sich und mit schwebendem Schritt betreten Sie den letzten Raum.

Der letzte Raum empfängt Sie in einem würdevollen Violett. Sie nehmen die Schwingung dieser Farbe wahr, konturlos, ohne Bezug zu irgendeinem Gegenstand. Die Schwingung dieser Farbe durchdringt Sie und erweckt in Ihnen die Bereitschaft für ein offenes Gespräch mit Ihrem Unterbewusstsein. Ihr Geist ist klar, Sie haben innere Ruhe gefunden. Sie sind zeitlos, konturlos, absichtslos. Sie sind. Sie stellen Ihrem Unterbewusstsein Fragen und bekommen Antworten. Sie haben Bilder Ihrer Wünsche, Sie leben diese Wünsche, damit sie sich zu realisieren beginnen.

In diesem Zustand der tiefen Entspannung bleiben Sie, solange Sie es wünschen. Um wieder ins Tagesbewusstsein zurückzukehren, ballen Sie energisch Ihre Fäuste, lösen sie wieder, zählen laut und energisch eins – zwei – drei. Dann öffnen Sie die Augen.

Danke sagen

Der Mensch ist ein seltsames Wesen. Er besitzt viel Gutes. Dies auf der materiellen, körperlichen und seelischen Ebene. Doch er beachtet nicht, dass er es hat. Sobald er es aber nicht mehr hat, vermisst er es und es wird ihm bewusst, dass er es einmal doch gehabt haben musste.

Kurz: Überlegen Sie und zählen Sie auf, was Sie alles haben und es als selbstverständlich hinnehmen.

Eine Geschichte erzählt von einem Edelmann, der sich auf den Weg machte, das Glück zu suchen. Die liebsten Gegenstände, die er besaß, packte er in einen Beutel, schwang ihn auf den Rücken und begab sich in die Welt.

Auf dem Wegrand saß ein Bettler, als der Edelmann an ihm vorbeiging, stand der Bettler auf, riss mit einer plötzlichen Bewegung den Beutel von der Schulter des Edelmanns und rannte davon. Der entsetzte Edelmann hinterher. Der Bettler rannte kreuz und quer durch den Wald und dann wieder auf die Straße. Den Beutel mit der Habe des Edelmanns stellte er nun mitten auf die Straße und versteckte sich schnell hinter einem Stein.

Der Edelmann erreichte keuchend die Straße, sah seinen Beutel, rannte zu ihm, nahm ihn in die Arme, lachte, jauchzte und tanzte vor Glück. Der Bettler hinter dem Stein schüttelte den Kopf und sagte: »Wie wenig es doch braucht, um glücklich zu sein.«

Das Gute, das uns jeden Tag widerfährt, der Besitz, den wir haben und genießen, die Gesundheit und Freiheit von Schmerzen, das alles sind Wunder, die wir als selbstverständlich hinnehmen, aber sie sind nicht selbstverständlich. Wie vieles ist in unserem Leben vollkommen in Ordnung und wir nehmen es achtlos hin! Immer wieder schauen wir auf das Wenige, das gerade nicht oder noch nicht in Ordnung ist und beklagen uns.

Haben Sie sich schon einmal dafür bedankt, dass Sie kein Kopfweh haben, dass Sie am Morgen zur Arbeit gehen können, dass Sie Schuhe an den Füssen tragen, dass Sie sich mit sauberem Wasser die Hände waschen, dass Sie an einer Blume duften?

Indem Sie Ihr Herz mit Dankbarkeit für jeden Umstand in Ihrem Leben erfüllen, beginnt die höchste Kraft des Universums zu wirken. Dankbarkeit ist die stärkste Energie und zieht in Ihr Leben genau das, wofür Sie sich bedanken.

Merksatz:

Danken Sie für das Gute, das Sie schon haben, dann vermehren Sie das Gute in Ihrem Leben.

Es ist ganz einfach: Gewöhnen Sie sich daran, dankbar durch das Leben zu gehen. Praktizieren Sie Dankbarkeit in zwei Schritten:

Öffnen Sie Ihr Bewusstsein für das, was Sie bereits haben und bedanken Sie sich dafür, für jede Kleinigkeit. Dadurch ziehen Sie noch mehr Gutes in Ihr Leben.

Bedanken Sie sich schon im Voraus für das, was noch werden soll, damit ziehen Sie genau das in Ihr Leben.

Merksatz:

Dankbarkeit hat eine magnetische Wirkung. Bedanken Sie sich für etwas, dass Sie noch nicht haben, so, als hätten Sie es bereits und es beginnt, sich in Ihrem Leben zu verwirklichen.

Übung: Dankbarkeit fühlen

Dankbarkeit können Sie lernen, indem Sie jeden Tag mindestens fünf Punkte finden, für die Sie dankbar sind. Schließen Sie Ihre Augen, vergegenwärtigen Sie sich fünf Situationen, die Sie an diesem Tag erlebt haben. Gehen Sie ganz in dieses Empfinden der Dankbarkeit hinein, atmen Sie sie ein, spüren Sie die Freude, die daraus entsteht.

Wenn Sie jeden Aspekt Ihres Lebens mit diesem guten Gefühl der Dankbarkeit verbinden, wird Ihr ganzes Leben zu einem guten Gefühl. Auf diese Weise ändert sich Ihr Leben.

Übung: Die Liste der eigenen Fähigkeiten

Diese Übung ist schriftlich zu erledigen. Richten Sie Ihre Aufmerksamkeit auf Ihre Fähigkeiten.

Schreiben Sie auf, was Sie können und bedanken Sie sich dafür:

»Danke vielmals, dass ich …«, oder »Ich bedanken mich aus ganzem Herzen, dass ich …«

Schreiben Sie Ihre Fortschritte auf und was Sie mithilfe der mentalen Übungen gelernt haben: »Danke vielmals, dass ich … verbessert habe«, oder: »Danke vielmals, das ich gelernt habe …«

Mit dieser Übung richten Sie Ihre Aufmerksamkeit auf die Entwicklung Ihrer Persönlichkeit. Ihre Aufmerksamkeit hat eine magnetische Wirkung.

9. Veränderung beginnt JETZT

Sobald Sie den ersten Veränderungswunsch schriftlich festgelegt haben, die ersten Übungen gemacht und Erfolgsresultate gespürt haben, wird Ihr Selbstwertgefühl steigen. Nutzen Sie diesen Rückenwind und trainieren Sie beständig weiter. Jeder noch so kleine Triumph ist kostbar, addiert sich zu einem bemerkenswerten Sümmchen und schwillt zu einem überwältigenden Erfolg an.

Eine starke Persönlichkeit zu werden ist ein Prozess, ein Ultramarathon. Lernen Sie, das Stolpern und Hinfallen zu akzeptieren. Stehen Sie auf, schütteln Sie den Staub ab, wiederholen Sie die Übungen zuverlässig und weichen Sie schwierigen Situationen nicht aus. Das ist alles.

In diesem Buch haben Sie alle Werkzeuge erhalten, mit deren Hilfe Sie zu mehr Selbstkontrolle und mentaler Kraft gelangen. Als erstes haben Sie gelernt, sich selbst zu akzeptieren. Selbstakzeptanz und Selbststeuerung sind die Schlüssel zu allem, was Sie erreichen wollen.

Sie haben gelernt, sich selbst zu vertrauen und jemand zu sein. Niemand kann so stark an Ihnen zweifeln und Sie in Frage stellen, wie Sie sich selbst. Letztlich kann auch keine Stimme von außen Sie so sehr beschädigen und zerstören, wie Ihre eigene. Die wichtigsten Gespräche, die Sie führen und jemals führen werden, sind die Gespräche mit sich selbst. Der Zweifel wird nie ganz schweigen, er ist eine natürliche Reaktion eines Menschen, der daran ist, sich zu verändern. Aber Sie werden es schaffen, die negative Beeinflussung von außen und die eigenen Zweifel aufzuheben. Der Schlüssel ist Ihre Frage:

»Woher weiß ich, dass die Stimme meines Zweifels stimmt? Und wenn es ganz anders ist?«

Sie haben gelernt, die Kräfte Ihrer Gedanken zu verstehen und werden von nun an sorgfältiger »nachdenken«. Sie werden schwierigen Situation nicht aus dem Weg gehen, sondern mit starker Körperhaltung hindurchschreiten und jederzeit das Beste geben. Mehr ist nicht notwendig.

Sie werden Ihre Gefühle wahrnehmen, sie verstehen, sie zügeln und sich nicht von ihnen beherrschen lassen. Ihre innere Gelassenheit ist ein kostbares Gut, das Ihnen in schwierigen Situationen zur Seite steht. Mit bewusster, auch kurzer Entspannung füllen Sie Ihre Energiereserven auf. In der Entspannung visualisieren Sie Ihre ideale Persönlichkeit und verstärken dadurch Ihr starkes Verhalten im Außen. Alles, was Sie tun, unterstützen Sie mit Ihrem starken Willen und Ihrem Durchhaltevermögen.

Lächeln Sie, wenn Sie ausrutschen und machen Sie kein Drama daraus. Sie sind nicht die erste und einzige Person, die auf die Nase gefallen ist. Stehen Sie unverzüglich auf, schauen Sie sich nicht um, wer Ihnen beim Hinfallen zugeschaut hat, genießen Sie das Aufstehen, richten Sie den Blick nach vorn und gehen Sie unbeirrt weiter. Lächeln Sie dabei und strahlen Sie Lebensfreude aus.

Das ist gelebte Mentalkraft.

Danksagung

Am Ende des Buches habe ich das Verlangen, mich zu bedanken und spüre, wie anspruchsvoll es doch ist, diese Energie der Dankbarkeit in Worte zu fassen.

Gedanken, Ideen, Vorhaben, die mich zur Umsetzung drängen, prägten schon immer mein Leben. Diese innere Dynamik betrachte ich als Geschenk und zugleich als Herausforderung für mich, aber auch für Menschen, die mich umgeben. Immer war es mir wichtig, meinen Ideen Gehör zu verschaffen, mich austauschen zu können, um Rat fragen zu dürfen und mich durch Inputs inspirieren zu lassen.

Ein Buch zu schreiben, ist eine Entscheidung, ein Buch bis zum Ende zu schreiben, hat danach sehr viel mit Durchhalten und mit dem Glauben an sich selbst zu tun. Ein solches Projekt in seelischem Alleingang auf die Beine zu stellen, ist nicht möglich.

Mich umgeben sehr viele wertvolle und liebe Menschen. Klienten, die mir vertrauen. Sie spüren meine Empathie und meinen unerschütterlichen Glauben an sie. Das führt zu einer sehr herzlichen und Erfolg bringenden Zusammenarbeit. Danke Ihnen allen von Herzen.

Die Seele muss Ruhe finden und sich zu Hause fühlen, wenn man mit einem Langzeitprojekt beschäftigt ist. So geht es mir. Innere Ruhe und der Glaube an sich selbst, ja, diese Eigenschaften machen es erst möglich, etwas Sinnvolles zustande zu bringen.

Den Menschen, die mir diese essenzielle Prägung der inneren Kraft mitgegeben haben, danke ich hier und gebe zu, kein Wort ist gut genug, um meiner Dankbarkeit gerecht zu werden.

Diese Menschen sind:

- ❖ Peter: Die Liebe meines Lebens. Bis zu deinem letzten Atemzug hast du mich seelisch unterstützt und mir zu verstehen gegeben: »Du bist gut, so wie du bist und ich liebe dich so wie du bist. Es ist alles in Ordnung.«
- ❖ Cyrill und Tizian, meine Söhne, ihr seid meine Freude, meine Freunde und meine Berater. Unsere gegenseitige Liebe und Respekt geben meinem Leben stabilen Boden: »Lasst uns zusammensitzen und lachen, besprechen, lösen.«
- ❖ Jörg: Der geschätzte Freund und ewiger Optimist.
- ❖ Mein Vater, der im Alter von 94 Jahren verstarb: Uns verband und verbindet eine tiefe seelische Symbiose, dies auch über seinen Tod hinaus. Stets liebe- und verständnisvoll lebte er mir eine einzigartige Leistung, Disziplin, Freundlichkeit und Besonnenheit vor, die mich beeindruckte und tief prägte. »Du schaffst das, ich weiss es «, wie oft hast du das zu mir gesagt!

Und zuletzt ganz wichtig:

- ❖ Ich danke Frau Simone C. Franzius, der Verlagsinhaberin, die mein Manuskript aufgenommen hatte. Schon bei unserem ersten Kontakt ist mir ihr überaus freundlicher Ton zwischen den wertschätzenden Zeilen aufgefallen. Ihre Anregungen zur Erweiterung meines Manuskripts habe ich gerne umgesetzt. Ihre Spontaneität, Entscheidungskraft und Schnelligkeit der Projektrealisierung beeindrucken mich.

- Ebenso gebührt mein Dank dem Lektorat, das gekonnt aus meinem Manuskript das vorliegende Buch gestaltete und entstehen liess. Danke für die Freundlichkeit unserer Kommunikation, danke für die Geduld, meine Ideen zu berücksichtigen.

Über die Autorin

Marjeta Gurtner ist diplomierte Mentaltrainerin. Sie war eine Schülerin von Kurt Tepperwein und erwarb das Diplom zur Mentaltrainerin an der Tepperwein Mentalakademie in Österreich. Seit 2005 ist sie selbstständige Beraterin, Mentaltraining-Dozentin und Seminarleiterin. Sie erweiterte das holistische Mentaltraining und entwickelte ein eigenes Mentaltraining System, das sie in ihrer eigenen Akademie, an der sie eine professionelle Mentaltrainer-Ausbildung anbietet, weitergibt.

Auf dieser Grundlage coacht und berät sie Sportler, Führungskräfte und Kunstschaffende.

Den ersten Berührungspunkt mit Mentaltraining erfuhr sie schon sehr früh. Nach abgeschlossenem Gymnasium widmete sie sich in Zürich dem Musikstudium. Die häufigen Bühnenauftritte und die Präsenz vor Publikum machten sie erstmals mit mentalen Übungen vertraut.

Nach 15jähriger Tätigkeit als Musikerin absolvierte sie an der Zürcher Hochschule in Winterthur ihr Zweitstudium: Kulturmanagement FH. Nach erfolgreichem Masterabschuss begann bald der persönliche Kontakt zu Kurt Tepperwein und der Entschluss zum Mentaltrainer Diplom.

Marjeta Gurtner vertritt und lebt die Überzeugung: »Eine klare Ausrichtung, eine deutlich definierte Methode, ein gekonntes Gespräch mit dem Unterbewusstsein, Disziplin und Beharrlichkeit, das sind Aufwärts-Treppen zur Mentalkraft und zum Erfolg in jedem Lebensbereich.«

Gerne können Sie Kontakt aufnehmen.

Möchten Sie von Ihren Veränderungen erzählen, eine Frage stellen oder sich durch ein persönliches Training beraten lassen, Marjeta Gurtner freut sich über Ihre Kontaktaufnahme.

Haben Sie Interesse an einer professionellen Mentaltrainer Ausbildung, hier erhalten Sie Informationen:

Marjeta Gurtner
Erfolgskultur Leben!
direkt@marjeta-gurtner.ch
www.marjeta-gurtner.ch

Weitere Ratgeber bei FRANZIUS

»Schwierige Rollenumkehr - Die Sandwich-Generation in der Pflicht« von Dorothee Döring

Die Generation der Babyboomer steht vor einer großen Herausforderung: Die eigenen Eltern werden alt und benötigen Hilfe. Diese neue Verantwortung bringt oft Unsicherheit und Konflikte mit sich, da sowohl Eltern als auch Kinder unvorbereitet in diese Rollenwechsel geraten.

Dieser Ratgeber unterstützt erwachsene Kinder dabei, die Balance zwischen Anspruch und Wirklichkeit zu finden. Er bietet Denkanstöße und praktische Tipps, um die Angst vor Verantwortung sowie Tabus rund um Alter, Sterben und Tod abzubauen. Themen wie geistige und körperliche Einschränkungen, Demenz und die Belastungen der Langzeitpflege werden ebenso behandelt wie gesunde Abgrenzung und der Umgang mit dem Pflegenotstand.

Ein unverzichtbarer Begleiter für alle, die sich der Pflege und Unterstützung ihrer alternden Eltern stellen müssen und nach Wegen suchen, dies mit Empathie und ohne schlechtes Gewissen zu meistern.
Softcover A5, ca. 192 Seiten
ISBN: 978-3-96050-253-1

»You can heal anyone - Heilen ist angeboren: Instinktive Heilmethoden für alle« von Frederick Dodson

Heilung ist eine natürliche Fähigkeit, die tief in der menschlichen Natur verwurzelt ist. Von den frühen Tagen der Menschheit an haben Menschen intuitive Wege gefunden, um Schmerzen und Leiden zu lindern. Die sanften Hände einer Mutter, die eine verletzte Stelle ihres Kindes beruhigen, oder der beruhigende Einfluss eines Arztes, der seine

Patientin tröstet, sind nur einige Beispiele dafür, wie die Heilkraft spontan und ohne formale Ausbildung manifestiert werden kann.
In Kriegszeiten haben Soldaten einander durch einfache, aber **wirkungsvolle** Methoden der ersten Hilfe unterstützt, oft mit erstaunlichen Ergebnissen. Ebenso haben Energieheiler im Laufe der Geschichte Techniken entwickelt, die auf dem Verständnis der energetischen Verbindungen basieren, die alles Leben durchdringen.
Dieses Buch führt Sie in verschiedene Heilmethoden ein, die sich auf Handauflegen, Gebet und die universelle Energie des Bewusstseins stützen. Diese Techniken sind so einfach und doch so mächtig, dass sie in jeder Situation angewendet werden können.
Der Autor hat in 35 Jahren Coaching diese Methoden immer wieder erfolgreich angewendet und zeigt Ihnen, wie Sie diese Werkzeuge nutzen können, um sowohl andere als auch sich selbst zu heilen.

Sie werden entdecken, dass die Fähigkeit zu heilen schon immer in Ihnen vorhanden war und nur darauf wartet, aktiviert zu werden.
Softcover A5, ca. 144 Seiten.
ISBN: 978-3-96050-261-6

»Erfolgreich sein - Success attracts success « von Frederick Dodson
Dieses Buch ist das Ergebnis von 35 Jahren Forschung zu den Determinanten von Erfolg, Leistung, Errungenschaften und Wohlstand. Basierend auf vielen Jahren Coaching-Erfahrung, Forschung und realen Ergebnissen sind dies die entscheidenden Schlüssel zu einem überaus erfolgreichen Leben in allen Bereichen.
Softcover A5, ca. 220 Seiten
ISBN: 978-3-96050-258-6

»Verschenke deine Zeit sinnvoll - Die Kunst, Zeit bewusst in das zu investieren, was dich erfüllt« von Regula Meile
Die Kunst, Zeit bewusst in das zu investieren, was dich erfüllt

Hast du den Eindruck, nie genügend Zeit für die Dinge zu haben, die dir wichtig sind? Hast du oft das Gefühl, das Leben zieht an dir vorbei? Sehnst du dich danach, dein Leben mehr nach deinen Vorstellungen zu gestalten, anstatt ständig zu versuchen, allen Erwartungen gerecht zu werden? Den Erwartungen der Gesellschaft, deines sozialen Umfeldes und den Erwartungen, die du selbst an dich stellst?

Dieses Buch hilft dir dabei, die "Stopp-Taste" zu drücken, Automatismen zu hinterfragen, eine neue Perspektive einzunehmen und die Veränderungen anzugehen, die es braucht, damit du am Ende deines Lebens nicht voller Reue lediglich auf ungelebte Träume, unrealisierte Projekte und ungepflegte Beziehungen zurückblickst.

Die Autorin zeigt anschaulich und einfühlsam, mit Inspirationen und einfachen Übungen neue Wege auf, die Zeit und Aufmerksamkeit in lebendige Beziehungen und jene Projekte zu investieren, die wirklich zählen. Bist du bereit?
A5 Format, ca. 288 Seiten
Hardcover ISBN: 978-3-96050-233-3
Softcover ISBN: 978-3-96050-234-0
E-Book ISBN: 978-3-96050-235-7
Hörbuch ISBN: 978-3-96050-236-4

»Unsere Augen im Fokus _ Durchblick bei Fehlsichtigkeiten, Brillen, Sehproblemen und Schulstress« von Christina Flegl
Softcover A5, ca. 204 Seiten
Mit 17 Abbildungen.
ISBN: 978-3-96050-249-4

»Magnetic Wealth Attraction – Sei ein Magnet für Wohlstand, Überfluss und Fülle - Deutsche Erstausgabe« von Frederick Dodson
Taschenbuch A5, ca. 144 Seiten, ISBN: 978-3-96050-180-0
Aus dem Englischen übersetzt von Petra Liermann
Auch als Hörbuch erhältlich!

Hörbuch CD mit mp3-Dateien
Spieldauer 3h26min, Gelesen von Florian Hartnack
ISBN: 978-3-948464-26-4

Als digitaler Download bei den großen Online-Portalen wie beispielsweise audible, deezer, Thalia, BookBeat u.v.m. unter der ISBN 978-3-948464257

»200 Ratgeber oder dieser« von Dr. Florian Hartnack
Die Essenz aus über 200 Ratgeber-Bestsellern zu den Themen: Glück, Gelassenheit, Gesundheit, Schlaf, Ernährung, Stress, Bewegung, Zeitmanagement, Kommunikation, Beziehungen, Erziehung und Finanzen. Mit Literaturtipps!
Hardcover A5, ca 200 Seiten ISBN: 978-3-96050-218-0
Softcover A5, ca 200 Seiten, ISBN: 978-3-96050-217-3
Auch als Hörbuch, gelesen vom Autor selbst, erhältlich unter der ISBN 978-3-96050-239-5.

»Increase your Energy: Mehr Gesundheit, Erfolg und Glück – Deutsche Erstausgabe« von Frederick Dodson
Aus dem Englischen übersetzt von Petra Liermann
Softcover A5, ca. 292 Seiten, ISBN: 978-3-96050-136-7
Erscheint auch als Hörbuch unter der ISBN 978-3-96050-138-1

»Enneagramm und Hochsensibilität - Die neun Persönlichkeitstypen und ihr Entwicklungspotenzial« von Dr. Marianne Skarics
A5-Format, ca 340 Seiten
ISBN: 978-3-96050-215-9 (Hardcover), 978-3-96050-170-1 (Softcover)

»Nicht offensichtliche Megatrends – Wie man erkennt, was andere übersehen, und die Zukunft vorhersagt«
Deutsche Erstausgabe des Titels »Non Obvious Megatrends: How to See What Others Miss and Predict the Future«
Von Rohit Bhargava
Aus dem Englischen übersetzt von der FRANZIUS Verlag GmbH
A5-Format, ca. 300 Seiten
ISBN 978-3-96050-198-5 (Hardcover)
ISBN 978-3-96050-091-9 (Softcover)

»Handbuch Kommunikation« von Frederick Dodson
Wie Sie Ihre Ausstrahlung, Stimme und den Wortschatz verbessern sowie Präsenz, Integrität und Authentizität erlangen
Taschenbuch A5, ca 200 Seiten, ISBN: 978-3-96050-223-4
Aus dem Englischen übersetzt von der Franzius Verlag GmbH

»Mit dem LEADERSHIP-COURSE zu innerer Stärke, Souveränität und positiver Führungskraft« von Frederick Dodson
Taschenbuch A5, ca. 96 Seiten
Aus dem Englischen übersetzt von der Franzius Verlag GmbH
ISBN: 978-3-96050-225-8

»Entzündungen natürlich behandeln – Die grüne Taschenapotheke«
Von Prof. Dr. Nadine Berling
A5 Format, ca. 132 Seiten, mit 24 schwarz-weiß Fotos
Softcover ISBN: 978-3-96050-210-4
Hardcover ISBN: 978-3-96050-203-6

»Wenn Millennials übernehmen - Bereiten Sie sich auf die amüsant einfache Geschäftswelt der Zukunft vor (Deutsche Erstausgabe)« Von Jamie Notter und Maddie Grant
A5-Format, ca. 240 Seiten
Aus dem Englischen übersetzt von der FRANZIUS Verlag GmbH
Hardcover ISBN: 978-3-96050-208-1
Softcover ISBN: 978-3-96050-206-7

»Grenzenlos – Wie man seine Berufung findet und mit drei weiteren essentiellen Faktoren die individuelle Balance schafft, um im völligen Einklang mit dem eigenen Leben zu sein« von Laura Gassner Otting (Deutsche Erstausgabe)
A5-Format, ca. 150 Seiten
Aus dem Englischen übersetzt von der FRANZIUS Verlag GmbH
Hardcover A5, ISBN: 978-3-96050-197-8
Softcover A5, ISBN: 978-3-96050-192-3

»Das Handbuch der ketogenen Ernährung«
von Fabrizio P. Calderaro
Taschenbuch, ca. 220 Seiten, ISBN: 978-3-96050-071-1

»KETOGA - Ketogene Ernährung und Yoga«
von Fabrizio P. Calderaro
Taschenbuch, ca. 348 Seiten, ISBN: 978-3-96050-120-6

»Elternratgeber«
von Yngra Wieland
Kinder selbstbewusst begleiten –
Wie Eltern die »Copy-Paste-Falle« vermeiden

»Weiblichkeit leben - Zurück in die Steinzeit oder vorwärts in ein neues Leben«
von Petra Liermann
Taschenbuch, 116 Seiten, ISBN: 978-3-96050-067-4

»Eine Seele in zwei Körpern - Der Weg der Dualseelen in eine glückliche Beziehung«
von Petra Liermann
Taschenbuch, ca 230 Seiten, ISBN: 978-3-96050-118-3

»Eine glückliche Seele in zwei Körpern - Dualseele 2.0«
von Petra Liermann
Taschenbuch, ca. 108 Seiten, ISBN: 978-3-96050-178-7

Novitäten im Franzius Verlag

»Der Erwählte - Wie die Tagebücher von Thomas Mann verschwanden« von Torsten Schmandt
Der Roman spielt in den Jahren 1933/34, zur Zeit des Konfliktes, ob Thomas Mann ins Exil geht oder in Deutschland bleibt.
ISBN: 978-3-96050-251-7

»Kein Tag ohne Luzie« von Karin Büchel
Roman nach einer wahren Begebenheit über den Mord an einer deutschen Sängerin in Griechenland.
ISBN: 978-3-96050-247-0

»TRETmühlen Treue« von Reinhold Franz-Reisert
Dieser Roman spielt in einem fiktiven Dorf im Spessart in der Zeit vom 1. Weltkrieg bis zum Anfang der siebziger Jahre.
ISBN: 978-3-96050-244-9

»Blutspur 629«, Band 3 der »Rich & Mysterious«-Reihe
Krimi von Neal Skye, ISBN 978-3-96050-214-2

»Rechne mit dem Tod«, Band 3 der Edda-Valby-Reihe
Schweden-Krimi von Neal Skye, ISBN 978-3-96050-243-2

»Fette Sau – Ich bin gegen Mobbing, und Du?«
Roman von Christiane Kromp, ISBN 978-3-96050-201-2

**»Nachbeben –
Oder gehört das ganze Leben in die Änderungsschneiderei?«**
Roman von Sybille Statz, ISBN 978-3-96050-192-2

»Endstation Himmel«
Roman von Angelika Lorenz, ISBN 978-3-96050-186-2

Kinder- und Jugendbücher

»Acello und das alte Museum«
Band 5 der »Acello«-Reihe
Von Mirjam Wyser, ISBN 978-3-96050-220-3

»Die Kristallkinder und die Suche nach dem Gralskelch«
Band 4 der »Kristallkinder«-Reihe
(mit 12 ganzseitigen Illustrationen von Gabriele Merl)
Von Mirjam Wyser, ISBN 978-3-96050-227-2

»Der weise Zauberer – Abenteuer im Traumland«
Band 2 der Geschichten rund um den weisen Zauberer
(mit 13 ganzseitigen Illustrationen von Gabriele Merl)
Von Mirjam Wyser, ISBN 978-3-96050-241-8